微生物学实验教程系列

真菌生物学实验教程

李　颖　李明春　主编

科学出版社
北　京

内 容 简 介

本教材由中国农业大学组织编写，汇集了各位参编教师多年教学积累的素材，并根据当前教学实际需要编写而成。本教材选择了代表性真菌的形态、生理、遗传学研究的特点，向读者展示了真菌（包括卵菌、黏菌）的多样性，以及当前对于它们形态、生态、生理生化、遗传学研究的技术，包括菌株的分离、纯化和鉴定，细胞的生长与发育，细胞自噬现象的检测，细胞 DNA 和 RNA 的快速提取及检测，真菌突变体构建的策略，外源基因在真菌中的表达及目的蛋白的分析等。同时收集了中国农业大学在真菌学实验教学中积累的与本实验教程密切相关的示范图例、录像和学名发音带读录音等配套的资料，见科学出版社教学服务网站。

本书可供理、工、农、医学及师范类院校生物学专业本科生、研究生使用，也可作为微生物学及相关领域研究人员的参考书。

图书在版编目（CIP）数据

真菌生物学实验教程 / 李颖，李明春主编. —北京：科学出版社，2014.6

微生物学实验教程系列

ISBN 978-7-03-041112-9

Ⅰ. ①真… Ⅱ. ①李… ②李… Ⅲ. ①真菌–生物学–实验–高等学校–教材 Ⅳ. ①Q949.32-33

中国版本图书馆 CIP 数据核字（2014）第 129188 号

责任编辑：王玉时 / 责任校对：邹慧卿

责任印制：赵 博 / 封面设计：迷底书装

科学出版社 出版

北京东黄城根北街 16 号

邮政编码：100717

http://www.sciencep.com

北京凌奇印刷有限责任公司印刷

科学出版社发行 各地新华书店经销

*

2014 年 6 月第 一 版 开本：720 × 1000 B5

2024 年12月第九次印刷 印张：12

字数：251 000

定价：49.00 元

（如有印装质量问题，我社负责调换）

微生物学实验教程系列编委会

《真菌生物学实验教程》编委会

主　　编　李　颖　李明春

主　　审　邢来君

参编名单（按姓氏汉语拼音排序）

胡启文　第三军医大学

李　颖　中国农业大学

李明春　南开大学

梁连铭　云南大学

田杰生　中国农业大学

王　瑜　中国农业大学

张国珍　中国农业大学

张金祥　吉林大学

总　　序

中国农业大学生物学院微生物学科创建于1958年，由原北京农业大学植保系和土化系的微生物学教研组合并组建而成，是我国高等院校第一个农业微生物学专业。1981年被国务院学位委员会列为第一批博士点，1993年被评为农业部重点学科，2001年被评为国家级重点学科。

本学科特色是研究、挖掘和利用丰富的微生物资源，为农业生产服务。研究方向包括根瘤菌资源调查和系统发育学、固氮酶的生化机制及遗传调控、真菌生理及遗传学、药用及食用真菌学、微生物发酵工程、土壤和环境微生物学，并在此基础上，加强了微生物分子遗传，增加了病毒学、免疫学和生物质能源等研究方向。1985年，原在植保系的微生物专业参与了中国农业大学生物学院的组建，建立了微生物系，于2003年更名为"微生物及免疫学系"。目前本系开设的本科生课程包括：微生物生物学，原核生物进化与系统分类学，真菌生物学，微生物生理学，微生物遗传学，微生物发酵工程，食用菌学，资源与环境微生物学，病毒学及免疫学，每门课程均有理论课和实验课。

本系俞大绂教授等老一代学者及多位已经退休的老师在微生物学教学思想、课程设置及团队建设等方面，为学科发展做出了巨大的贡献，也为后人的工作奠定了良好的基础。在教学中突出的特色是理论课程与实验课程的紧密结合，特别是对于本专业入门的实验课程，积极推进将"死标本"的观察转变为学生自行分离和观察活体标本，使学生们从被动地接受知识转变为主动地参与学习，有利于促进学生们掌握实验技能，并锻炼思考和分析能力。这种教学理念和模式一直沿用至今。目前本系担任教学工作的是一支中、青年教师结合的队伍，他们责任心强、思想活跃、虚心进取，不断进行教学改革，积极探讨在新的形势下，如何正确解决"基础与创新"、"理论与实践"、"教学与科研"的关系，认真履行着教师的职责。

本套实验教程的基本资料均来自教师们多年的积累。本系历来坚持教学与科研并重的原则，在多年的发展过程中，逐步规划将教师的科研方向与所承担的课程内容紧密相关，保证教学内容中基础知识与前沿知识相结合，很多实验设计出自任课教师的科研积累。大家齐心协力，勇于创新，不断更新实验教学内容，使各门实验课程的教学工作一直受到学生的好评。

本系承担的9门本科生微生物学实验课程一直没有编写正式出版的教材。最近，在大家的努力和领导的支持下，各位主编在近年完成实验课教学大纲修订的前提下，汇集了来自其他兄弟院校教师们的智慧，终于完成 9 本实验教程的编写，这是大家共同努力的结果。

衷心感谢南开大学邢来君教授、山东大学陈冠军教授、山西大学赵良启教授欣然接受我们的邀请，不仅为本套教材的审稿付出辛勤劳动，同时作为本套实验教程编委会成员，为保证教材的质量献计献策。感谢中国农业大学生物学院领导的支持和“教育部高等学校专业综合改革试点”项目的资助，感谢来自兄弟院校全体参编教师们的认真合作。感谢科学出版社为编辑和出版本套教材所付出的努力。希望这套实验教程的出版，为本学科和相关学科读者的学习和工作带来有益的参考，也希望广大读者提出批评和建议，以便我们今后做出修改。

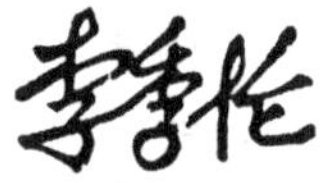

2014 年 1 月

前　言

真菌是地球生物圈中仅次于动物和植物的第三大类真核生物。无论是在人类探索生命的奥秘中还是在解决人类可持续发展的重大问题中，真菌像动植物一样是不可或缺的极为宝贵的自然资源。当今世界生物信息技术高速发展，学科之间的交叉已成为必然的发展趋势，由此而产生的新技术的问世为生物学家揭示生命本质的研究提供了良好的机遇。1996 年，在欧洲、美国、加拿大和日本共 96 个实验室的 633 位科学家通力协作下，第一个真核生物酿酒酵母（*Saccharomyces cerevisiae*）的基因组测序完成，由此开创了生物基因组学的新纪元，也为深入研究真菌的生物学特性及促进医疗卫生、工业、农业、环境保护及能源开发等多个领域的发展带来了不竭动力。真菌作为真核生物的原始代表被推向生物技术的前沿，面对这种挑战，我国的真菌学科需要追赶国际先进水平，培养高层次创造型人才和产生高水平科研成果是真菌学科发展的关键。

为改变当前各院校真菌实验教学的松散状况，中国农业大学与南开大学等 5 所高校教师合作，本着宽口径、厚基础、着力培养人才的创新意识，提高创新思维能力，共同编写了《真菌生物学实验教程》一书。为我国真菌学科的教学发展做出了应有的努力，为培养我国真菌学科的优秀人才打下了坚实的实验技术基础，为通往真菌的神秘世界架起一座桥梁是本书编写者的共同心愿。

本书采用现代真菌研究的技术原理和方法，以真菌的形态分类、生理代谢及遗传变异的典型实验作为选材的指导思想，既强调了不同研究方法的理论意义，又详细描述了操作步骤，并对关键步骤做了重点提示，对主要设备原理及使用方法进行了简要说明。每个实验都提出问题供读者思考和讨论。本书还提供了目前公认并常用的真菌分类体系。中国高等真菌学科的开拓者和中国黏菌研究的奠基人、著名植物病理学家、教育家周宗璜教授生前无偿赠予的黏菌子实体标本，我们已珍藏多年，借这次编写实验教程的机会，将部分黏菌拍摄成图片展现给读者。

本书选图有些由本课程教师和学生自行拍摄，除特殊说明外，还引用了《菌物学概论》（2002）、《半知菌图谱》（1980）等书的图例，已在书中说明。本教程实验一～实验六由李颖、田杰生编写，实验七由张国珍编写，实验八、实验十二、实验十五～实验十七由李颖编写，实验九～实验十一由李明春编写，实验十三、实验十四由张金祥编写，实验十八由王瑜编写，实验十九由梁连铭编写；实验二十由胡启文编写；一些模式真菌切片图和黏菌照片由田杰生和中国农业大学生物学院本科生李凝箫、孙媛等拍摄，全书由李颖和李明春统筹整理，由邢来君教授主审。此外，本书配备的附加文件中还收集了本科生邓斯文、吴家曦、李妍、刘建新、张倩和韩宇明等同学自行分离和鉴定所得到的菌株信息、图片，有张一语同学自行培养及拍摄的水霉游动孢子录像，有典型真菌学名发音带读录音（见科学出版社教学服务网站 www.sciencep.com）。

本书的撰写得到了中国农业大学生物学院“教育部高等学校专业综合改革试点”项目的资助；感谢现在法国工作的 Morris Cindy 博士、Philippe Nicot 博士和中国农业大学生物学院微生物及免疫学系王贺祥教授以标准纯正的英语和中文发音带读真菌学名；感谢中国农业大学电子显微镜室贾君镇老师和光学显微镜室周海鹰老师、梁丽萍老师分别提供了扫描电镜和冷冻切片样品的制备方法及图片；感谢科学出版社给予的全力支持与帮助。在此也向为本书编写提供实验材料和参加预试的中国农业大学生物学院博士研究生关菲菲、王贵利、黄金金、王旭及南开大学博士研究生喻其林和硕士研究生丁晓慧表示衷心感谢！

我们希望把教学中所用的资料信息提供给指导教师和学生，然而限于作者水平，仍然存在不足之处，望广大读者提出批评和建议，以便本书再版时做出修订。

编　者

2014 年 3 月

目　　录

实验一　壶菌纲、卵菌纲代表菌形态特征观察

一、实验目的

1. 学习培养低等卵菌纲真菌的技术。
2. 学习低等真菌的制片技术。
3. 观察所提供的真菌标本、示范片及自行培养的菌体特征，学会描述各种结构特征。

二、实验原理

壶菌门壶菌纲真菌和管毛生物界（Stramenopila，又称假菌界），卵菌纲真菌是一些形态结构由简单到复杂的低等真菌，目前虽然它们在分类地位上已经有较大区别，但在形态特征上有一些共同的特点。它们的营养体有多种类型，无性繁殖全部产生具有鞭毛的游动孢子，有性生殖产生合子或卵孢子。绝大多数水生，少数两栖、腐生、寄生和专性寄生。在早期的分类中，壶菌门属于鞭毛菌亚门，目前分类体系已经取消了这个亚门，因此，壶菌纲提升为壶菌门。

原来属于鞭毛菌亚门的卵菌纲真菌目前归属于原生生物（Protista）的管毛生物界。它们的主要特点是：①细胞壁主要为β-葡聚糖和纤维素，而不是其他真菌特有的几丁质；②营养体通常为二倍体，而不是单倍体；③赖氨酸合成途径与植物类似，是二氨基庚二酸途径，而其他真菌为氨基己二酸途径；④有性生殖为雄器和藏卵器直接交配的卵配生殖，这在其他真菌中很少见；⑤卵菌 25S rRNA 分子质量、线粒体、高尔基体、细胞核膜及细胞壁超微结构均与其他真菌有较大差异，而与藻类更为相似。因此，在《真菌词典》第八版（1995 年）中首先将卵菌归属为藻物界（Chromista），目前已划归于管毛生物界的卵菌门（Oomycota），卵菌门只有一个纲——卵菌纲（Oomycetes）。

本实验选取几种典型的低等真菌为材料，使学生从分离培养、形态特征、无性生殖和有性生殖特点等方面对它们有所了解，特别是对于一些农作物的致病菌，需要明确它们在自然界的生活史。

三、实验材料

1. 示范片

蚕豆油壶菌（*Olpidium viciae*，油壶菌属）：半永久装片。

玉米节壶菌（*Physoderma zeae-maydis* 或 *Physoderma maydis*，又称玉米褐斑病菌，节壶菌属）：永久石蜡切片。

黄瓜拟霜霉（*Pseudoperonospora cubensis*，拟霜霉属）：半永久装片。

莴苣盘梗霉（*Bremia lactucae*，盘梗霉属）：半永久装片。

葡萄生单轴霉（*Plasmopara viticola*，又称葡萄霜霉病菌，单轴霉属）：半永久装片。

狗尾草霜霉（*Basidiophora* sp.，圆梗霉属）：半永久装片。

禾生指梗霉（*Sclerospora graminicola*，又称谷子白发病菌，指梗霉属）：半永久装片。

致病疫霉（*Phytophthora infestans*，又称马铃薯晚疫病菌，疫霉属）：半永久装片。

白锈菌（*Albugo candida*，又称十字花科白锈菌，白锈菌属）：永久切片。

2. 自行分离的活体培养物

自行分离的活体培养物分离和培养方法见下文，自行制作水压片，观察。

水霉（*Saprolegnia* sp.）及绵霉（*Achlya* sp.）。

瓜果腐霉（*Pythium aphanidermatum*）。

四、实验内容及步骤

请按下列顺序逐一观察、绘制或显微拍照，记录并掌握每种真菌的形态特点。实验观察内容如下。

1. 壶菌纲（Chytridiomycetes）

壶菌营养体形态变化较大，较高等的开始有原始的丝状体，无性繁殖产生后端具有单根尾鞭的游动孢子；有性生殖最主要的方式是两个同型的游动配子交配形成合子，本纲只有壶菌目（Chytridiales）中的少数成员寄生于高等植物而引起病害，重要的有油壶菌属（*Olpidium*）和节壶菌属（*Physoderma*）。

（1）油壶菌属（*Olpidium*）

蚕豆油壶菌（*Olpidium viciae*）：观察从蚕豆病叶处挑取病斑制作的示范片，该片为蚕豆油壶菌侵染后期的休眠孢子囊堆，菌体内生，没有菌丝，整体产果形成孢囊。其生活史见图 1-1。

（2）节壶菌属（*Physoderma*）

玉米节壶菌（*Physoderma maydis*）：此菌危害玉米叶鞘及叶片基部主脉，使其呈紫褐色疮状隆起的病斑，用针挑开病部表皮时，可见大量黄褐色粉状物，即病菌休眠孢子囊堆，因此又称玉米褐斑病菌（*Physoderma zeae-maydis*）。观察实验提供的切片，仔细观察单个休眠孢子囊形态，可以看到个别囊盖打开的情况，区分与蚕豆油壶菌的差异。

如果从田间采集到感病的玉米病叶，可按如下方法自行制片观察：在载玻片上滴加一滴乳酸酚（又称乳酚油），用接种针挑取休眠孢子囊于乳酸酚液滴上，盖上盖玻片镜检，可见到扁球形金黄色休眠孢子囊，有褐色的厚外壁，在扁平的一面隐约可见裂纹。孢子囊萌发时，自裂纹处开裂成盖，释放游动孢子（图 1-2）。

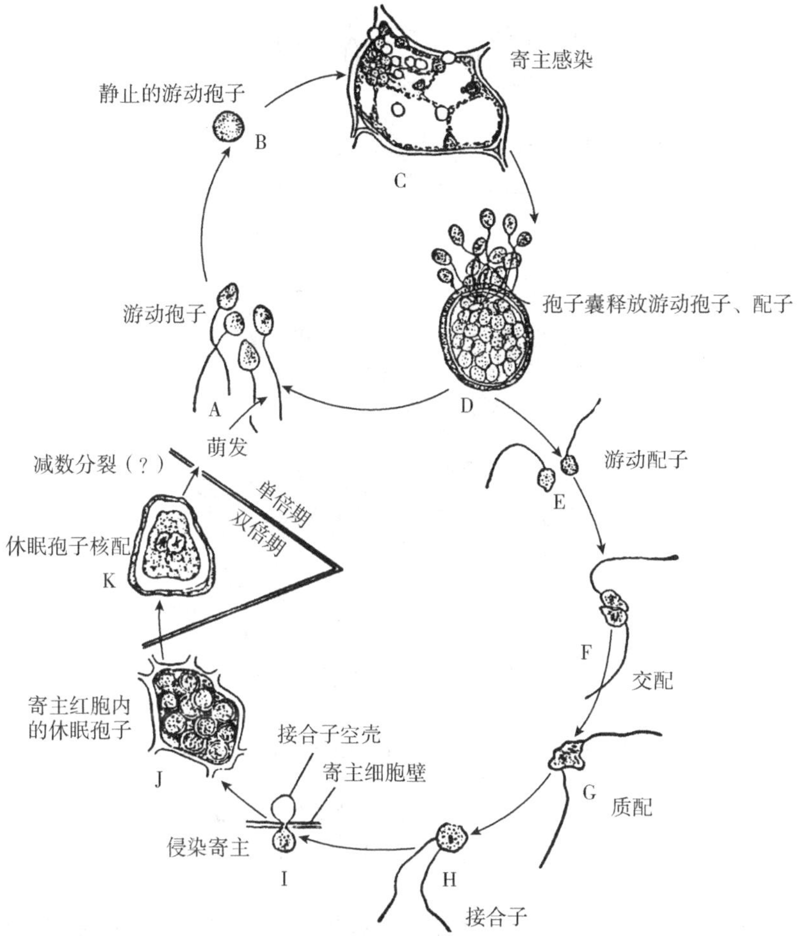

图 1-1 蚕豆油壶菌（*Olpidium viciae*）生活史

休眠孢子囊萌发的方法：取新鲜玉米褐斑病组织，剪取病部用水冲洗，再用无菌水洗数次，置于有滤纸的无菌培养皿内，加无菌水数滴保温，在 23～30 ℃有散射光处培养 4～48 h，挑取病斑置载玻片上，高倍显微镜观察，可见孢囊开盖，游动孢子游出。

2. 卵菌纲（Oomycetes）

卵菌的特征是营养体为真正的菌丝体；无性繁殖产生具有一根尾鞭和一根茸鞭的游动孢子，有性生殖通过异型的雄器和藏卵器交配产生卵孢子。以营养体的特征、游动孢子的类型和藏卵器内卵孢子数目作为分类的依据，将卵菌纲分为水霉目、霜霉目、水节霉目、链壶菌目。

（1）水霉目（Saprolegniales）

A. 菌种的采集与分离方法

a. 直接采集

采集水中的果实、枝条等直接分离，将这些材料带回实验室，自来水冲洗，然

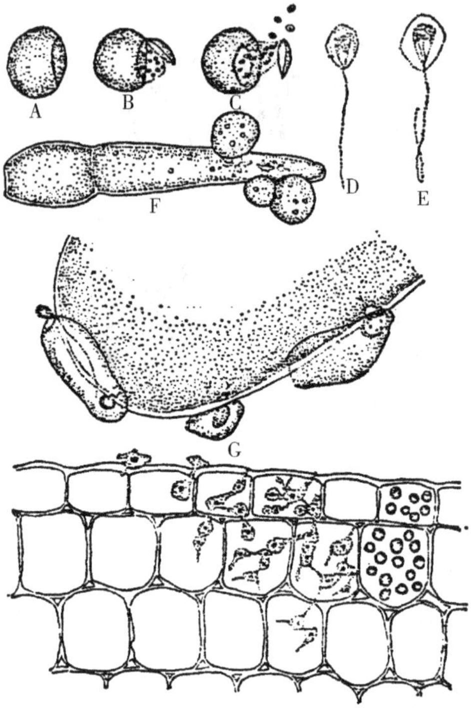

图 1-2 玉米节壶菌（*Physoderma zeae-maydis*）

A～C. 休眠孢子萌发；D. 厚壁孢子囊中的游动孢子；E. 休眠孢子囊所生的游动孢子；F. 未成熟的厚壁孢子囊；G. 空薄壁孢子囊，孢囊层生已经开始；H. 病菌侵入寄主形成根状菌丝体和膨大细胞，后形成休眠孢子

后用镊子取长在这些材料外表的菌丝体，置显微镜下观察，当确认为目标菌种时，在水中投入同类基物，置阴凉处培养（17～20 ℃），3～5 d 后，这些新投入的基物上往往被接种而生长出新的菌丝体。

b. 诱饵培养

1）取未完全成熟的苹果、梨或葡萄等果实，装在不锈钢丝网内（苹果表面有蜡质，宜用棉花蘸些乙醚抹去），沉在溪水或水池中，最好是在有机质不多的水内，5～7 d。每天观察菌的生长情况。当在显微镜下看到有少量菌丝顶端产生游动孢子囊时，把诱饵取回放到实验室，先用自来水冲洗，挑选几个菌丝生长茂盛的诱饵，放在装有无菌水的烧杯内（或培养皿内），连续冲洗几次，静置培养，适时观察，直至在显微镜下观察到孢子囊破裂，释放游动孢子时，用无菌的细微吸管吸取游动孢子，直接转入事先制备好的培养基平皿中培养。

2）在盛有清水的培养皿内（或烧杯），加入一层稻田土（表层土 6～9 寸[①]深为

① 1 寸≈0.0333 m。

宜），待土壤沉降至底部后，再加入煮熟去壳的大麻籽作基物，培养皿放置于阴暗处（17～20 ℃），器皿上最好盖上两层纱布，保证通气，每天肉眼观察，经 3～5 d 后，可见到基物表面长出白色菌丝体，将带有菌丝的大麻籽取出，清水冲洗，置另一器皿清水中继续培养，每天换水冲洗，观察。

另外，可以直接从河流、小溪取水，过滤除去杂质，分别放在烧杯或培养皿内，将煮熟的大麻籽去壳投入水中，按上述方法培养和适时观察。

B. 观察

a. 水霉属（*Saprolegnia*）

菌丝有分枝但无横隔，菌丝顶端较膨大的部分有一隔膜，这是水霉棒状的游动孢子囊，其内颗粒状的为游动孢子，注意观察游动孢子的释放情况和孢子囊有无层出现象。观察时可以直接将长有菌丝的基物置于载玻片上，不要盖盖玻片，但需滴加少量水，以使菌丝舒展开，如果看到菌丝顶端膨大出现横隔，则可判定为孢子囊。孢子囊内原生质均匀切割，逐渐形成大小均匀的颗粒，一般 20～30 min，可见小颗粒逐渐蠕动，当游动孢子成熟时，顶破孢囊顶部，快速释放游动孢子。游动孢子游出后一段时间才静止（这点与绵霉不同），然后逐渐形成肾形游动孢子再重新游动。

在不良环境下，菌丝可形成一种休眠状态的结构，称为芽孢或厚垣孢子。一旦条件好转，可萌发形成菌丝或具短柄的游动孢子。

取水霉有性生殖的菌体或封片，观察菌丝顶端或中部膨大为圆形的藏卵器，内有多个卵球，雄器侧生。水霉有时进行孤雌生殖，很难观察到雄器。

参考图 1-3A、图 1-3B，观察上述描述的水霉各部分结构特点，绘图表示游动孢子囊、藏卵器、雄器及厚垣孢子等形态，并在图中准确标注各结构的名称。

b. 绵霉属（*Achlya*）

菌丝分枝无隔，游动孢子囊圆筒状或棍棒状，顶生。游动孢子的形成及释放与水霉类似，但由于其游动孢子第一游时间很短，当孢子游出孢囊后立即静止，在孢囊口聚集，然后再逐渐形成第二型游动孢子，这点与水霉不同。绵霉无性孢子囊放空游动孢子后，在其侧面长出新的孢囊，并可重复多次生长，没有孢囊层出现象，这点也是与水霉的区别。孢子囊呈聚散形排列。有性生殖藏卵器球形，雄器侧生，棍棒形。藏卵器内产生多个卵孢子（图 1-3C、图 1-3D）。

观察菌体形态、游动孢子的释放情况，绘图表示游动孢子囊，比较水霉属与绵霉属的异同。

（2）霜霉目（Peronosporales）

霜霉菌是卵菌纲中较高等的类型，其孢囊梗与菌丝有明显区别，本实验通过对一些重要属的观察来了解其形态特征和分类依据。

霜霉目真菌与水霉目真菌的主要区别是藏卵器中只形成一个卵孢子；游动孢子没有两游现象，孢子囊一般是产生在特殊分化的孢囊梗上：孢子囊较易从孢囊梗上脱落。

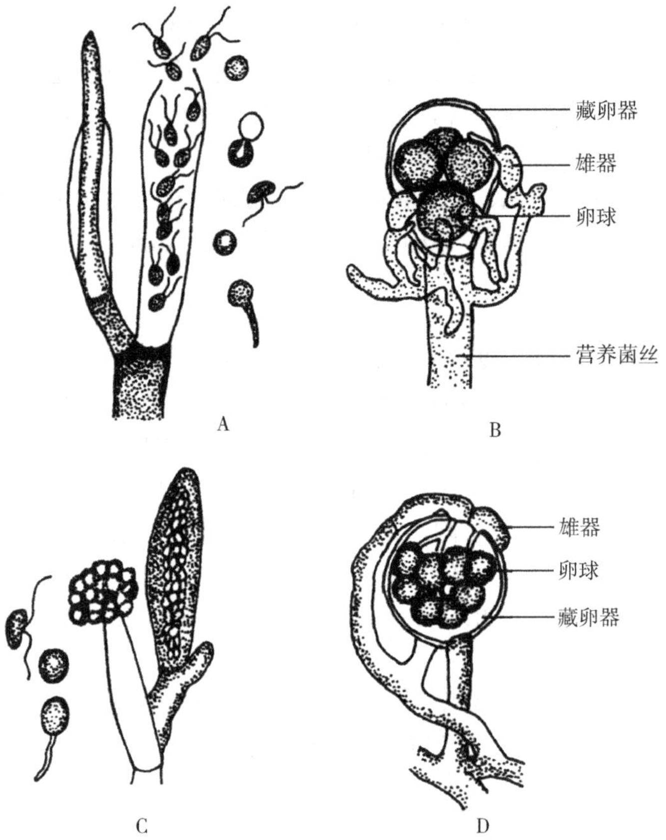

图 1-3　水霉（*Saprolegnia*）和绵霉（*Achlya*）的繁殖结构

A. 水霉无性繁殖；B. 水霉有性繁殖；C. 绵霉无性繁殖；D. 绵霉有性繁殖

根据孢囊梗的形态特点，霜霉目分为腐霉科（Pythiaceae）、白锈菌科（Albuginaceae）和霜霉科（Peronosporaceae）。请观察以下各属特征。

A. 腐霉属（*Pythium*）

菌种分离：取黄瓜地表层土，放于一个大培养皿内，加水使土壤潮湿，将新鲜黄瓜切成 2 寸长（以低于培养皿为限），先将切好的黄瓜浸入 95%乙醇溶液中，拿出，在火焰上过一下进行表面消毒，将消毒的黄瓜插入湿土中，盖上培养皿盖保湿培养，25 ℃培养 2～3 d 或更长时间，当发现黄瓜上长出白色菌丝体时，将菌丝挑出放在载玻片上制成水封片，在显微镜下观察，可见到不规则的裂瓣状孢子泡囊和游动孢子的释放情况。挑取少量菌丝或吸取少量游动孢子移入培养基，即可得到纯净菌种，培养 7 d 左右，可观察到卵孢子出现（图 1-4）。将菌丝体挑出置于无菌水中（18～20 ℃）培养 24～36 h，也可发现有性生殖。或将瓜果腐霉（*Pythium aphanidermatum*）斜面菌种的少许菌丝移置在清水中，在 18～20 ℃下培养 24～36 h，然后用解剖针从水中挑取少量菌丝制片镜检。

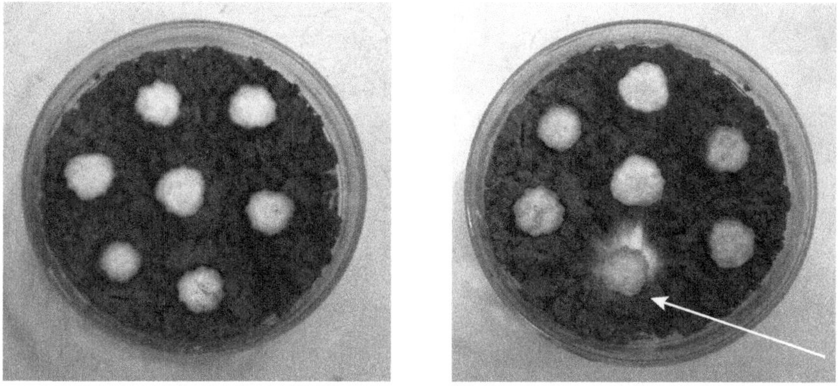

A　　　　　　　　　　B

图 1-4　瓜果腐霉的分离示意图

A. 分离示意图；B. 2～3 d 后在基物上长出的腐霉菌丝（箭头所指）

本次实验的具体做法是，在黄瓜地取土后置大培养皿（直径 13 cm）中，土壤中加入自来水使之充分湿润；取细嫩黄瓜，切成 3 cm 左右小段，先蘸消毒乙醇后再在酒精灯上灼烧消毒，插入潮湿的土壤中，见图 1-4A，盖好皿盖，置 25 ℃温箱培养 2～3 d，一旦看到黄瓜周围长出白色菌丝（箭头所指）即可取出，采用简单制片技术观察菌丝及其无性繁殖器官。如果拟观察有性世代，可将菌丝挑出置另一洁净培养皿（直径 9 cm）中，用少量自来水冲洗（可用纱布替换培养皿盖），8 h 后即可观察到有性结构（图 1-5）。

观察蔬菜幼苗猝倒病标本，注意受害部位和症状特点。

观察菌丝是否有隔膜，游动孢子囊着生方式及形态特征，孢子囊萌发，泄管和泡囊的形态等。绘图表示各部分结构特点，并标注各部分结构的名称。

B. 霜霉科代表属

霜霉科真菌是维管束植物的专性寄生菌，孢囊梗与菌丝明显不同，通常从植物气孔上伸出，按一定形式分枝，孢子囊单生于每一分枝的顶端，同时产生，同时成熟，脱落之后产生游动孢子或直接萌发为芽管。

霜霉各属孢囊梗形态特征区别明显，观察实验提供的示范片和标本，根据下列提供的检索表，绘图，并标注各部分名称（参见分属检索表和图 1-6）。

霜霉科分属检索表

1. 孢囊梗肥壮，顶部不规则分枝，粗而紧密，卵孢子大量产生，卵孢子充满藏卵器壁……………………………………………………指梗霉属（*Sclerospora*）

如禾生指梗霉（*Sclerospora graminicola*）

1. 孢囊梗较细小，卵孢子没有充满藏卵器壁……………………………………2

2. 孢囊梗为棍棒状，或圆柱状，顶端膨大，上生短枝，顶端生孢子囊……………………………………………………………………圆梗霉属（*Basidiophora*）

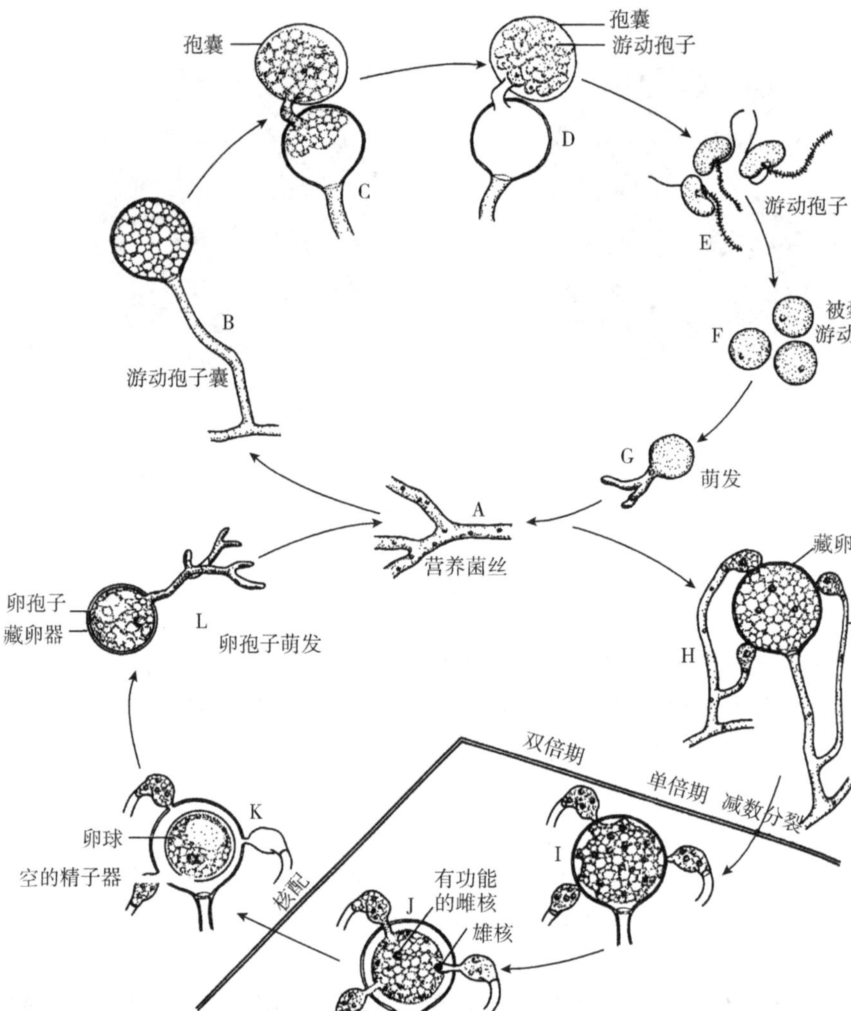

图 1-5　腐霉生活史示意图

2. 孢囊梗具有明显分枝……………………………………………………………… 3
3. 孢囊梗单轴分枝或拟对称分枝 ……………………………………………………… 4
3. 孢囊梗双分叉……………………………………………………………………………… 5
4. 孢囊梗单轴分枝，分枝与主枝成直角，分枝末端平钝，孢子囊卵圆形，顶端有乳头状突起 ……………………………………………………单轴霉属（*Plasmopara*）

如葡萄生单轴霉（*Plasmopara viticola*）

4. 孢囊梗拟对称分枝，分枝与主枝成锐角，分枝末端尖锐……………………………………………………………………………………拟霜霉属（*Pseudoperonospora*）

如黄瓜拟霜霉（*Pseudoperonospora cubensis*）

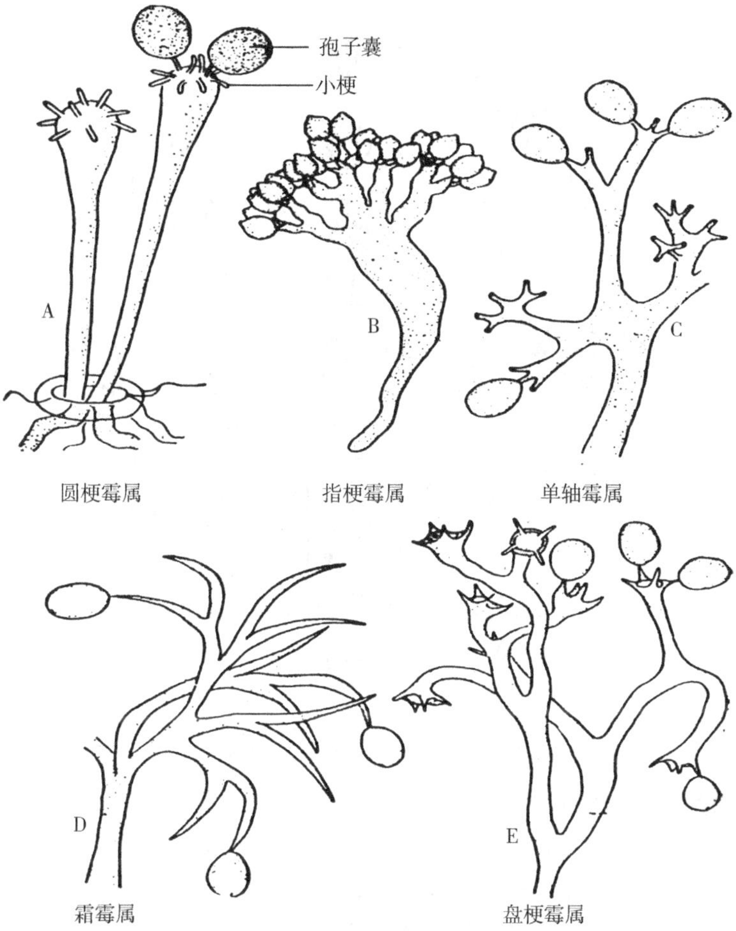

图 1-6　霜霉 5 种孢囊梗形态图

5. 分枝末端尖细，孢子囊无乳头突起 ……………………………… 霜霉属（*Peronospora*）

如寄生霜霉（*Peronospora parasitica*）

5. 分枝末端膨大，呈盘状，边缘上生小梗，其上生孢子囊，孢子囊有乳头状突起 …… 6

6. 藏卵器和卵孢子壁薄，无纹饰 …………………………………………… 盘梗霉属（*Bremia*）

如莴苣盘梗霉（*Bremia lactucae*）

6. 藏卵器壁较厚，具纹饰 ……………………………………………… 拟盘梗霉属（*Bremiella*）

C. 疫霉属（*Phytophthora*）

取致病疫霉（*Phytophthora infestans*）制片，镜检游动孢囊梗、游动孢子囊和游动孢子，注意孢囊梗分枝的特点及游动孢子囊的形态。

孢子囊一般脱落，萌发时不形成泡囊，游动孢子在孢子囊内形成，从乳头状突起部泄出（图 1-7）。

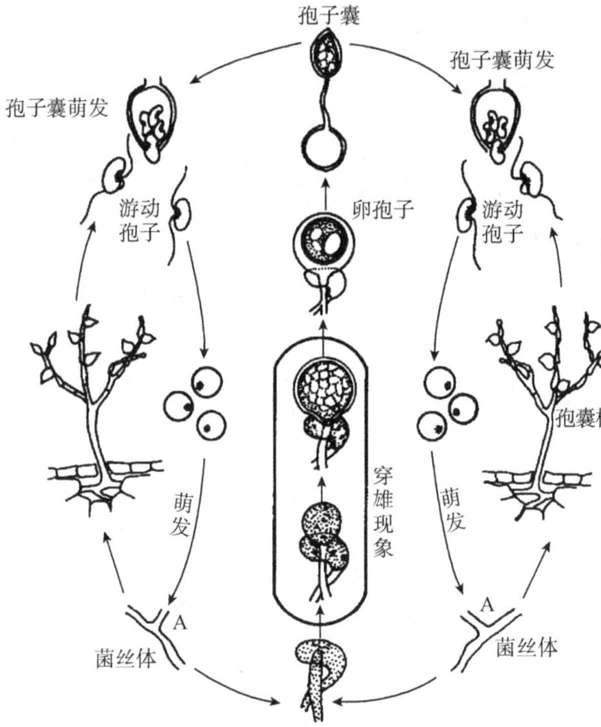

图 1-7　致病疫霉（*Phytophthora infestans*）的生活史

D. 白锈菌属（*Albugo*）

取十字花科白锈病（*Albugo candida*）标本，注意受害部位、症状特点，切取白锈病病叶制片镜检（或镜检示范片），注意孢子囊梗着生的位置、形态和排列特点，孢子囊的形态，注意观察藏卵器内卵孢子的数目，藏卵器壁与卵孢子壁是否愈合，另取该菌无性世代制备片，观察孢子囊梗的形态，特别要注意分枝特点（图 1-8）。

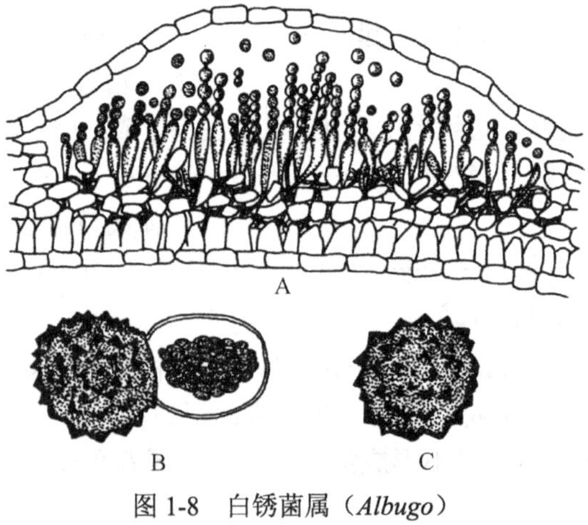

图 1-8　白锈菌属（*Albugo*）

A. 寄主表面的孢囊堆；B. 卵孢子萌发；C. 卵孢子

五、实验报告（作业）

1. 观察并拍照（或绘图）实验菌株或半永久装片，注意标注菌株各部位名称，提交作业。

2. 分离自己采集样品中的真菌。注意在制作 PDA 平板前，在培养基中需先加入经过滤除菌的链霉素（100 000 U/mL），加入量为 0.1mL/100mL 培养基。

六、思考题

1. 如何区分水霉和绵霉？

2. 霜霉和疫霉在形态上各有何特点？关键的区别是什么？

七、参考文献

C J 阿历索保罗, C W 明斯, M 布莱克韦尔. 2002. 菌物学概论. 第四版. 姚一建, 李玉译. 北京: 中国农业出版社

Kirk P M, Cannon P F, Minter D W, et al. 2008. Dictionary of Fungi(Tenth Edition). UK: CAB International

附：半永久装片的制作方法

（1）材料　乳酸酚、甘油明胶、加拿大胶、干净玻片、解剖针等。

（2）步骤　将采集的病叶保湿（取培养皿，底部置一张湿润的滤纸，将病叶置于滤纸上，保湿一段时间，如果病叶是新鲜的，只需置室温 1 h 左右，如果病叶是干的，可以保湿过夜）→滴加一滴乳酸酚置玻片中央→用解剖针挑取病斑置于乳酸酚内→将病斑尽量挑散→滴加甘油明胶→盖上盖玻片，轻轻压平→将玻片置于平稳的地方→稍风干→用小刀轻轻刮去盖玻片周围的甘油明胶→用加拿大胶封住盖玻片四周。

实验二　接合菌门真菌的鉴定

一、实验目的

1. 学习丝状真菌简单的制片技术，注意尽量保证菌株原始状态，避免人为破坏。

2. 本实验针对接合菌门毛霉目中具有典型代表性的真菌进行观察，了解它们的菌体特征及生活史特点。

3. 本实验提供具有编号的菌株（无菌名标记），将菌株分别按编号顺序鉴定到属。

二、实验原理

接合菌门真菌多数为腐生菌，腐生于土壤、植物残体、动物粪便和各种有机物上。少数为寄生菌，寄生于人体、动物、植物和其他真菌上。绝大多数营养体为发达的菌丝体，菌丝无隔多核，少数在幼嫩时便形成隔膜。细胞壁成分主要是几丁质。无性繁殖产生孢囊孢子或分生孢子，孢囊内产生许多数目不定、不动的孢囊孢子，有的为单孢孢子囊（如小克银汉属），类似分生孢子。有性生殖由配子囊交配产生接合孢子。

本实验请学生以自行鉴定的方式进行，根据教师提供的真菌，自行制作水封片（也称水压片），经观察后对不同编号的菌株进行鉴定。制作真菌水封片的浮载剂为乳酸酚，由甘油、苯酚、乳酸和水按一定比例配制而成。其中甘油可以在一定时间内保证样品的湿润状态，以便可以长时间观察，乳酸和苯酚可以保证样品不被其他细菌污染，具有防腐的作用。由于菌丝体含水量较多，在制片挑取菌丝时，应尽量保证动作轻微，否则会菌丝断裂过多或孢子脱落，不易观察到自然生长状态。此外，学会分辨和描述每个菌株的形态特征，是本实验需要掌握的关键内容。

三、实验材料

1）教师提供的未知菌株（只标注编号）。

2）载玻片、盖玻片、乳酸酚、接种针、解剖针及显微镜等。

四、实验内容及步骤

将教师提供的菌种按编号分别制水封片（用乳酸酚作为浮载剂），显微镜下观察各菌株形态特征，并按以下描述将菌株逐一鉴定到属。

（一）毛霉目（Mucorales）

毛霉目真菌种类很多，形态各异，各分类系统之间差异较大，但其分类的依据主要是：孢子囊的有无；孢囊梗的形态和分枝状况；囊轴的有无及特征；孢囊壁的厚薄，孢囊孢子的放射情况；接合孢子及其配囊柄的形态特征等。

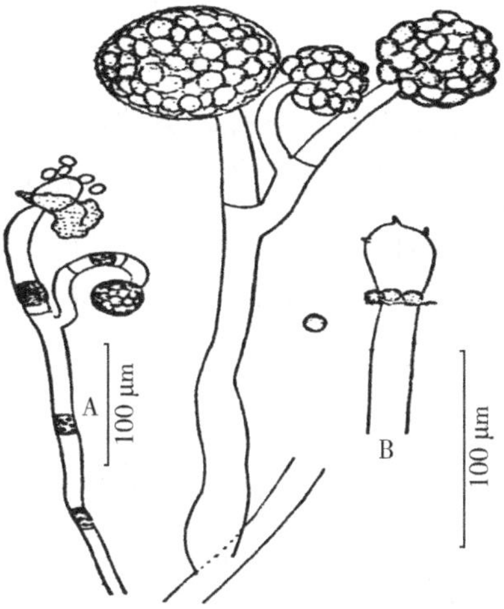

图 2-1　毛霉属（*Mucor*）无性繁殖特征

1. 毛霉科（Mucoraceae）

（1）毛霉属（*Mucor*）

菌丝茂盛，有气生菌丝与基内菌丝，但无匍匐菌丝和假根。孢囊梗的顶端只产生大型孢子囊。无性繁殖器官是孢囊梗上的孢子囊，有囊轴，无囊托（图 2-1A），孢囊壁破裂脱落后可见囊领（实为孢囊壁的残留）（图 2-1B）。孢囊孢子球形、椭圆形或其他形状，单细胞。接合孢子着生在菌丝体上。配囊柄无附属丝。有些菌株菌丝体上可形成厚垣孢子。

（2）根霉属（*Rhizopus*）

具有假根和匍匐菌丝，孢囊梗与假根对生。孢子囊有囊轴和囊托，但无囊领。其他特征与毛霉类似（图 2-2、图 2-3）。

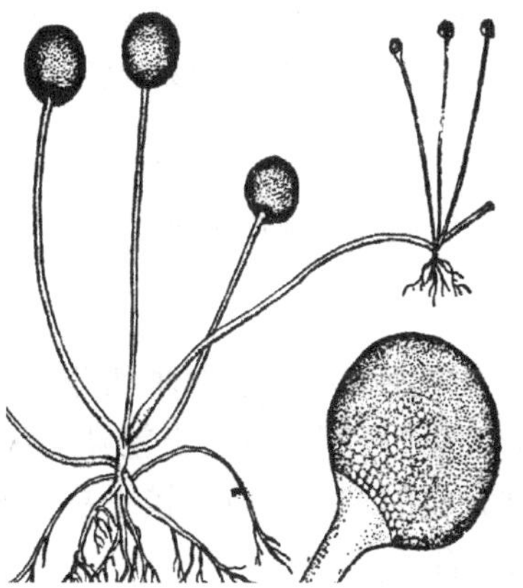

图 2-2　根霉属（*Rhizopus*）无性繁殖特征

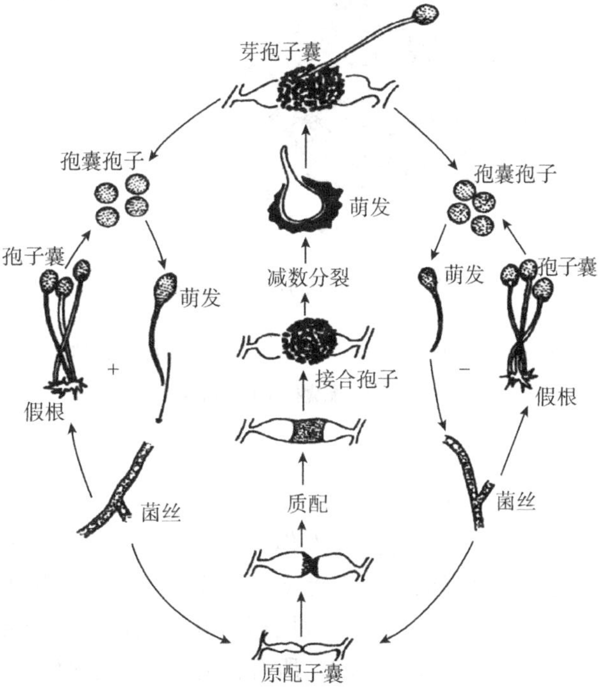

图 2-3　匍枝根霉（*Rhizopus stolonifer*）的生活史

（3）犁头霉属（*Absidia*）

与根霉类似，其存在的不同点为孢囊梗着生在匍匐丝中间，不与假根对生。孢子囊具囊轴、囊托、囊领，有的囊轴顶端有乳头状突起，或呈刺状（图 2-4）。

（4）须霉属（*Phycomyces*）

菌丝体分枝繁茂，粗壮，呈橙色，孢囊梗长，直立，典型的不分枝，有金属光泽，很像胡须。两配子囊呈钳状或夹子状，配囊柄上的附属丝顶端呈分叉状分枝（图 2-5）。

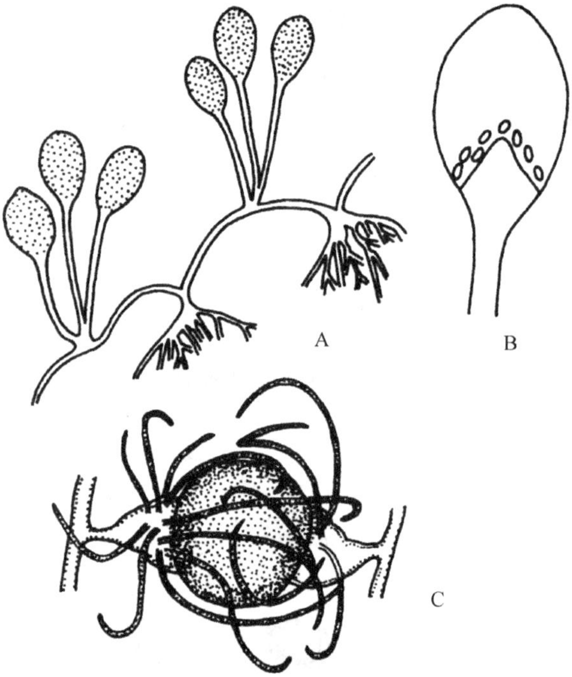

图 2-4　犁头霉属（*Absidia*）

A. 孢子囊、孢囊梗、匍匐菌丝、假根；B. 孢囊和囊轴；C. 接合孢子、配囊柄及其附属丝

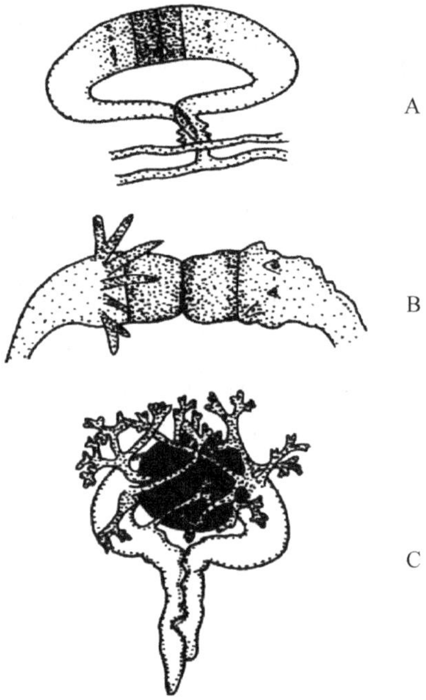

图 2-5　闪光须霉（*Phycomyces nitens*）接合孢子的形成过程

A. 配囊柄接合（钳状）；B. 配囊柄长出附属丝；C. 成熟接合孢子

（5）接霉属（*Zygorhynchus*）

菌落、菌丝体及无性孢子都近似毛霉，孢囊梗单生，不分枝或呈假轴状分枝。孢囊老后易消失，留有囊领。有囊轴。最大特点是接合孢子两配子囊大小差异悬殊，一个较直但小，另一个大而粗，并弯曲，常在孢囊梗分枝的末端形成，较少在其他菌丝末端形成（图 2-6）。所有种的接合孢子都是同宗配合。

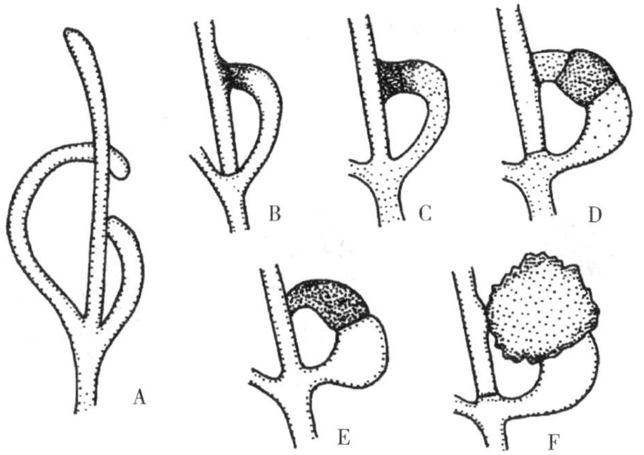

图 2-6　异配囊接霉（*Zygorhynchus heterogamus*）接合孢子的形成过程（A～F）

2. 枝霉科（Thamnidiaceae）

枝霉属（*Thamnidium*）　菌丝分枝繁茂，起初无隔，老后有隔。无匍匐丝和假根。孢囊梗的顶端着生具有囊轴的大型孢子囊，孢囊梗中间的侧生分枝上产生多个无囊轴的小型孢子囊，成熟时，小型孢子囊脱落（图 2-7）。有性生殖配囊柄对生，无附属物。接合孢子球形，有瘤状突起。

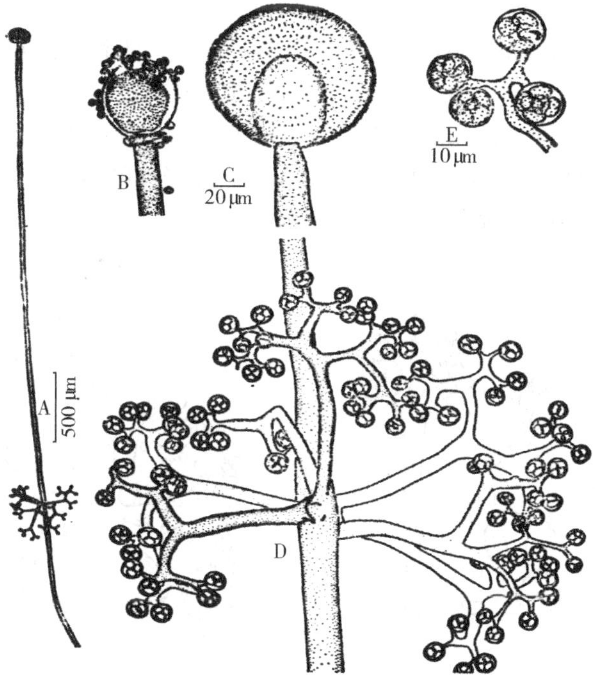

图 2-7　美丽枝霉（*Thamnidium elegans*）

A. 孢囊梗上有顶生的孢子囊和着生小孢子囊的侧枝；B. 开裂的顶生孢子囊，见囊轴和孢子；C. 未成熟的具囊轴的顶生孢子囊；D. 着生小孢子囊的侧枝；E. 小孢子囊，注意它们没有囊轴

3. 共头霉科（Syncephalastraceae）

共头霉属（*Syncephalastrum*）　菌丝繁茂，孢囊梗直立或倒伏，如匍匐菌丝状，上面还可以长出许多不定假根，但基部无假根，孢囊梗不规则分枝，从泡囊上放射状生出（图 2-8）。配囊柄对生，无附属物，接合孢子有粗疣状突起。

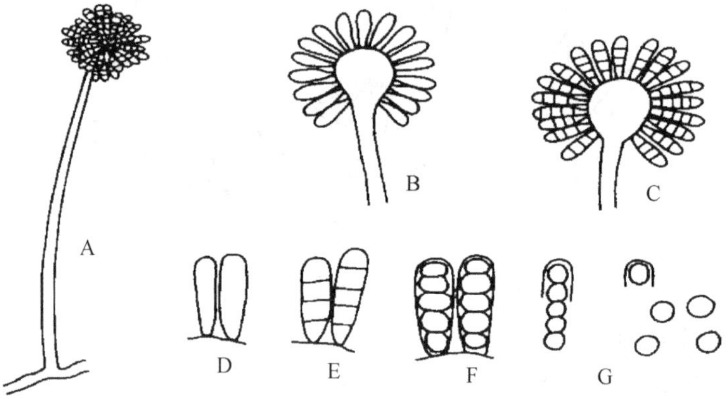

图 2-8　共头霉属（*Syncephalastrum*）

A. 分生孢子梗和分生孢子；B～C. 孢子头；D～G. 孢子的形成和释放

4. 小克银汉科（Cunninghamellaceae）

小克银汉属（*Cunninghamella*）　菌落棉絮状，无性繁殖形成单胞孢子囊，或称为分生孢子。分生孢子梗（孢囊梗）由营养菌丝体产生，有分枝，每个分枝的顶端有膨大的泡囊。泡囊四周着生小梗，小梗上形成各种形状并带刺的单胞孢子囊（因此，有人也将其称为“分生孢子”）（图 2-9）。有些种可形成厚垣孢子。有性生殖配囊柄对生，无附属丝，接合孢子表面粗糙。

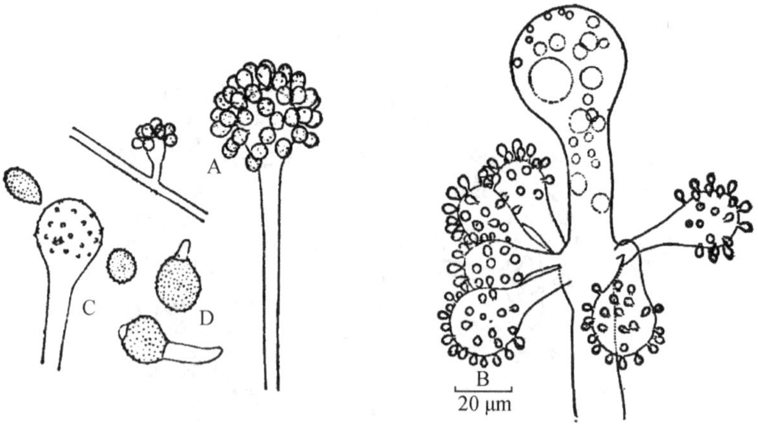

图 2-9　雅致小克银汉霉（*Cunninghamella elegans*）

A. 不分枝的分生孢子梗；B. 未成熟的具分枝的分生孢子梗，示正在发育的分生孢子；C. 成熟的分生孢子梗，上面有着生过孢子的疤痕；D. 初始萌发的分生孢子

5. 水玉霉科（Pilobolaceae）

水玉霉属（*Pilobolus*）　孢囊梗直立或略弯曲，不分枝，顶生孢子囊，孢子囊半球形或扁豆形，上部角质化、壁厚、黑色，下部壁薄、色淡，内生孢囊孢子。孢子囊下部膨大，称为泡囊（或称孢囊下泡）。孢囊梗基部与菌丝体相连处也膨大为囊状，称为营养囊。营养囊下方通常有横膈，并有假根伸入基质内（图 2-10、图 2-11）。接合孢子圆球形，两配囊柄呈钳状。有性生殖异宗配合。

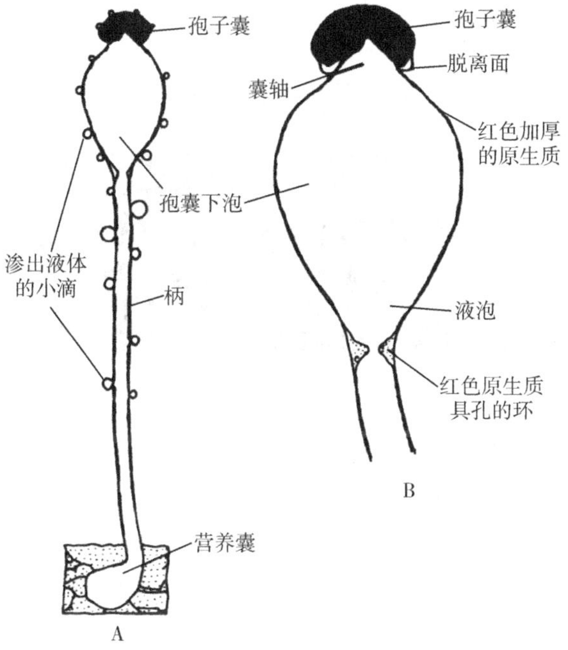

图 2-10　克莱因水玉霉（*Pilobolus kleinii*）

A. 孢子囊和孢囊下泡及孢囊梗的完整结构；B. 孢子囊和孢囊下泡的详细结构

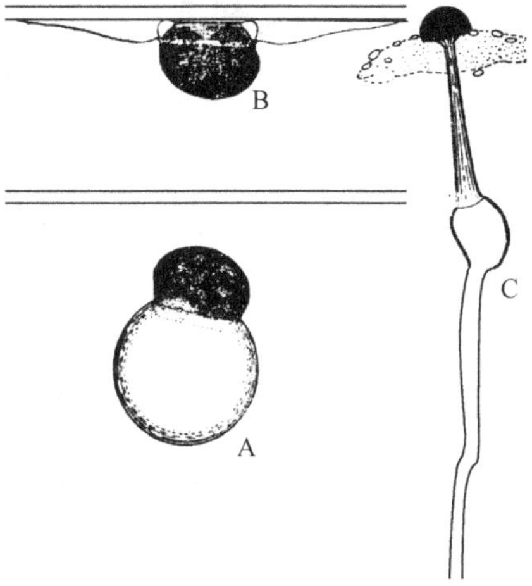

图 2-11　水玉霉属发射物示意图

A. 附有一滴孢囊梗液的孢子囊正要碰击一个障碍物；B. 击中障碍物后的孢子囊，孢囊梗液环黏着在障碍物的表面；C. 孢囊梗射出一个孢子囊。注意液滴的喷射和孢囊梗基部狭窄的部位在发射的反冲下变为弯曲

五、实验报告（作业）

1. 将实验提供的菌株制水封片进行观察，按编号鉴定到属；将每种菌株的水封片进行拍照（或绘图），并标注各部名称，提交作业。

2. 将自行分离并纯化的未知菌制片观察，记录。

六、思考题

1. 制作水封片的关键技术是什么？

2. 接合菌的主要形态特征是什么？如何快速区别它们与子囊菌的区别？

七、参考文献

邢来君, 李明春, 魏东盛. 2010. 普通真菌学. 北京: 高等教育出版社

C J 阿历索保罗, C W 明斯, M 布莱克韦尔. 2002. 菌物学概论. 第四版. 姚一建, 李玉译. 北京: 中国农业出版社

附：培养水玉霉图示（图 2-12）

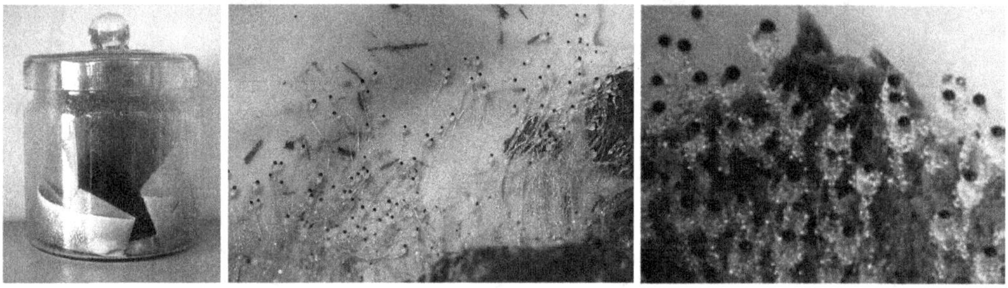

A　　B　　C

图 2-12　水玉霉的培养与观察

水玉霉的分离：取新鲜完整的马粪，放在有滤纸垫底的玻璃容器内（A），用自来水将滤纸浸湿，盖上容器盖在室温下培养（或置 25 ℃温箱培养），经过毛霉属真菌产孢期后（毛霉衰败后），4～7 d 在马粪的表面，长出水玉霉的孢囊梗和孢子囊（B），可用放大镜或实体显微镜（图 2-13）直接观察。C 为水玉霉放大图

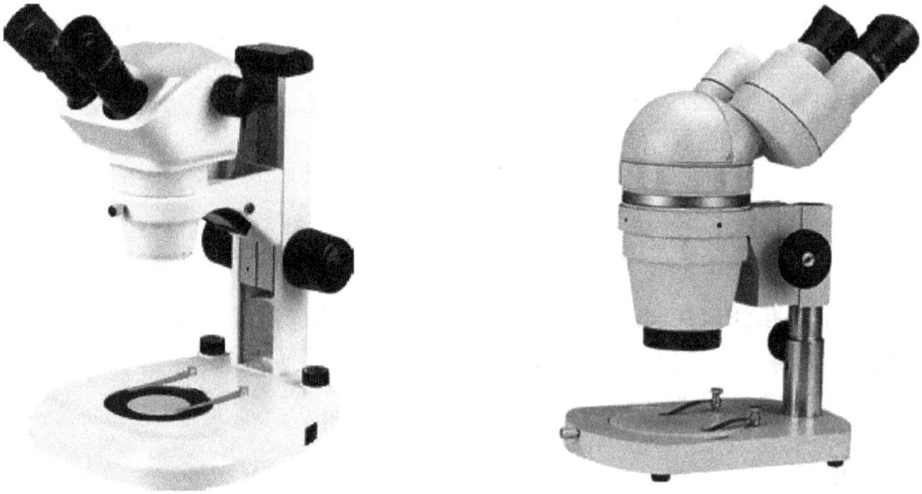

图 2-13　体视显微镜图例（解剖镜）

实验三　子囊菌门代表菌形态特征观察

一、实验目的

1. 观察实验提供的标本，认识子囊菌门真菌对寄主植物的侵染特点。

2. 学习真菌的石蜡切片（永久制片）技术，观察示范片，描述各属形态特点。

3. 本实验选取几个代表属，观察并了解子囊菌门真菌的形态特点和与寄主植物的关系。

二、实验原理

子囊菌门真菌是真菌中种类繁多的类群。其中包括半子囊菌纲、不整子囊菌纲、核菌纲、腔菌纲和盘菌纲。它们的无性繁殖一般产生分生孢子，有性生殖产生子囊和子囊孢子。

由于子囊菌的结构复杂，因此很多子囊菌的有性生殖结构需要制作石蜡切片，才能观察清楚其子囊和子囊孢子的形态，或是将子囊壳压碎，使子囊和子囊孢子释放出来。

本实验要求学生了解和学习真菌石蜡切片（paraffin section）的制作过程。需要经历以下几个步骤：取材、固定、洗涤和脱水、透明、浸蜡、包埋、切片与粘片、脱蜡、染色、脱水、透明、封片等。一般的组织从取材、固定到封片、制成玻片标本需要数日，但标本可以长期保存使用，为永久性玻片标本。

与其他组织切片相比，真菌的一些结构，如子囊壳，外壁坚硬，有些近似木质化，而内部组织肉质化，因此，其需经过一个逐步脱水、逐步侵蜡的过程。本实验提供的示范片包括可永久保存的石蜡切片和半永久保存的装片。要求学生在观察每种真菌形态特点的同时，了解对不同样品的处理方法和示范片的制作过程。此外，通过对植物病害标本的观察，了解致病菌在自然界的生活史。

三、实验材料

1）示范片及菌株。①畸形外囊菌（*Taphrina deformans*）：石蜡切片。②李外囊菌（*Taphrina pruni*，又称李袋果菌）：石蜡切片。③紫红曲霉（*Monascus purpureus*）：菌种，培养 4～6 d。④甘薯长喙菌（*Ceratocystis fimbriata*）：石蜡切片。⑤葡萄钩丝壳（*Uncinula necator*，又称黄栌白粉）：装片。⑥榛球针壳（*Phyllactinia corylea*，又称臭椿白粉）：装片。⑦粪生粪壳（*Sordaria fimicola*）：石蜡切片。⑧大孢粪壳（*Sordaria macrospora*）：装片。⑨粗糙脉胞菌（*Neurospora crassa*）：石蜡切片。⑩毛壳属（*Chaetomium* sp.）：装片。⑪藤仓赤霉菌（*Gibberella fujikuroi*，又称稻恶苗病菌）：石

蜡切片。⑫竹鞘多腔菌（*Myriangium haraeanum*）：石蜡切片。⑬核盘菌（*Sclerotinia sclerotiorum*）：石蜡切片。⑭槭斑痣盘菌（*Rhytisma acerinum*）：石蜡切片。

2）上述植物病害标本、显微镜等。

四、实验内容及步骤

按以下描述特征，对照示范片和标本，进行观察，并将具有特征的部位拍照（绘图）、记录。

1. 半子囊菌纲（Hemiascomycetes）

外囊菌目（Taphrinales）　这是一类专性寄生菌，不形成子囊果，子囊裸露，呈栅栏状排列，无侧丝，引起多种植物病害，其症状有缩叶、丛枝和囊果3种类型。

（1）畸形外囊菌（*Taphrina deformans*）

危害桃、李、杏、梅等多种植物。观察感病标本，了解病叶症状。取示范片观察菌体特征，子囊在叶表面排列紧密，注意观察子囊、子囊孢子的着生及形态。子囊下部有足细胞。子囊之间无侧丝，子囊孢子成熟后，子囊顶端最薄的部位由于子囊内压增大而破裂，子囊孢子被猛烈地发射出去，一个子囊内一般为8个子囊孢子，由于子囊孢子在子囊内可以进行芽殖，因此在一个成熟的子囊内可含有许多芽孢子（图3-1）。有性生殖大多数为同宗接合。

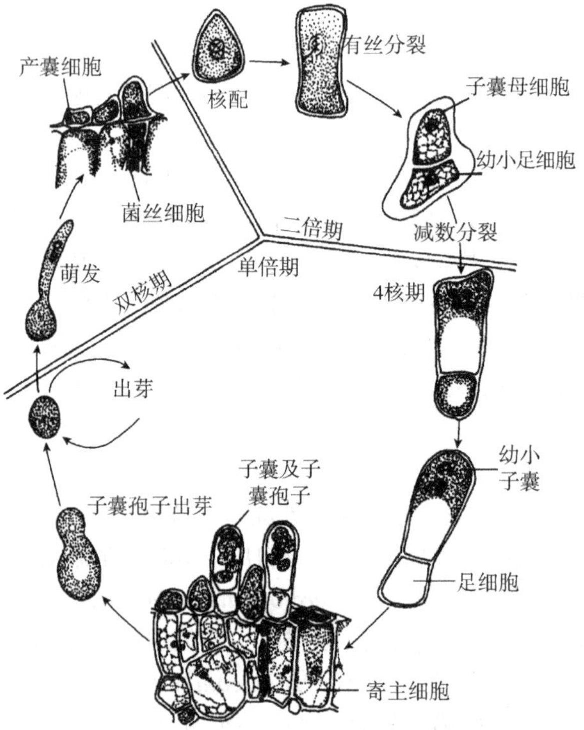

图3-1　畸形外囊菌（*Taphrina deformans*）生活史

（2）李外囊菌（*Taphrina pruni*）

引起李袋果病，病果外表皱缩、中空、无核。注意观察示范片中子囊和子囊孢子形态特征。

2. 不整子囊菌纲（Plectomycetes）

散囊菌目（Eurotiales）　此目主要特征是产生闭囊壳、内生子囊及子囊孢子，子囊不规则排列，而且子囊壁易消解。无性繁殖产生分生孢子，许多重要属如青霉、曲霉等有性阶段都属于此目。

红曲属（*Monascus*）　分生孢子梗与菌丝体无明显区别，分生孢子单生或成链，有性生殖可同宗配合，子囊孢子在闭囊壳内产生（图 3-2）。可用于生产淀粉酶、蛋白酶、麦芽糖酶、琥珀酸等。

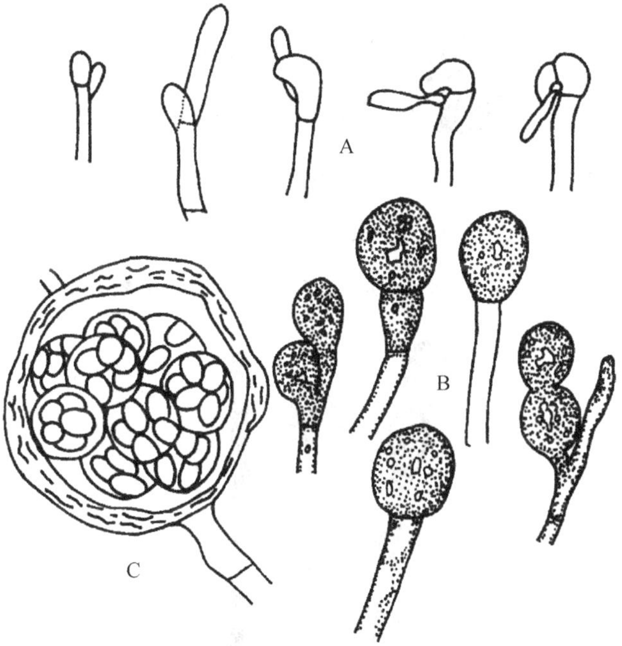

图 3-2　紫红曲霉（*Monascus purpureus*）

A. 产囊器的形成；B. 分生孢子；C. 子囊果

3. 核菌纲（Pyrenomycetes）

核菌纲真菌子囊果为典型的子囊壳，常具孔口。若为闭囊壳，子囊排列规则，不消解，这是区别于不整子囊菌纲的主要特征。

（1）长喙壳属（*Ceratocystis*）

甘薯长喙菌（*Ceratocystis fimbriata*）　可引起甘薯黑疤病，分生孢子内生，椭圆形、壁厚。有性生殖产生黑色长颈的子囊壳，子囊易消解，导致子囊孢子散落在子囊壳内。参照图 3-3、图 3-4，观察子囊壳整体装片和子囊壳石蜡切片，了解子囊壳、子囊孢子的形态特征，由于子囊壁薄易消解，因此子囊不易观察到。

在 PDA 培养基上菌落初期为白色，棉絮状，2～3 d 后浅褐色，无性繁殖产生内生分生孢子，陆续排列到分生孢子梗顶端而离开孢子梗，分生孢子椭圆形。有性生殖产生子囊孢子，子囊孢子椭圆形或帽形。

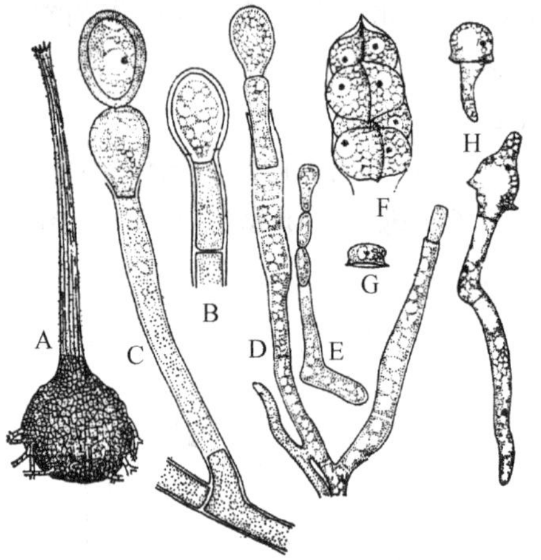

图 3-3　长喙壳属（*Ceratocystis*）

A. 子囊果；B～E. 分生孢子梗及孔出分生孢子；F～G. 子囊及子囊孢子；H. 子囊孢子萌发

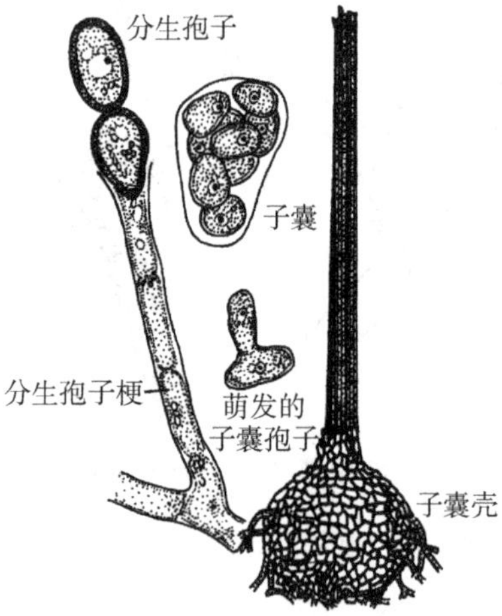

图 3-4　甘薯长喙菌（*Ceratocystis fimbriata*）

（2）粪壳属（*Sordaria*）

该属有些种可以在人工培养基上生长，但无性繁殖菌丝稀少，在人工培养基上有性生殖产生子囊壳，子囊壳下部有少量菌丝，子囊壳孔口内侧有喙丝。参照图 3-5，观察实验提供的示范片（装片），注意观察子囊壳、子囊及子囊孢子的形态，有些种子囊孢子下部有芽孔并常有透明无色的胶质附属丝。

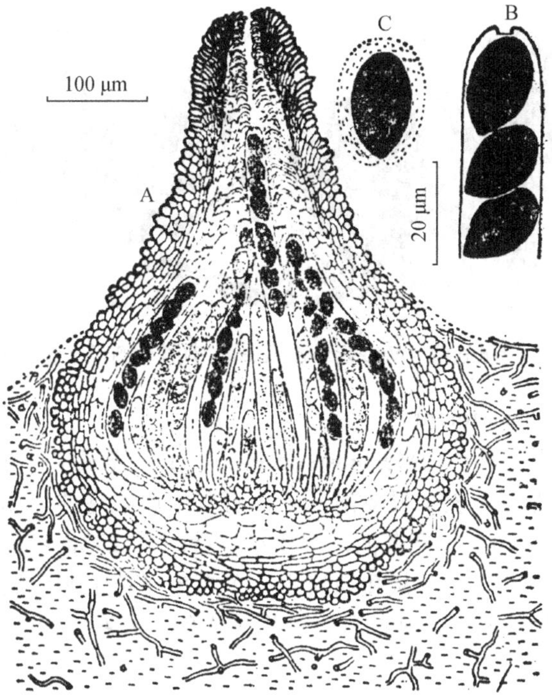

图 3-5　粪生粪壳（*Sordaria fimicola*）

A. 生长在琼脂上的子囊壳纵切片；B. 子囊的顶部；C. 子囊孢子，在它的外边有黏的孢子外壁

（3）脉孢菌属（*Neurospora*）

粗糙脉孢菌（*Neurospora crassa*）　取实验提供的示范片（装片或石蜡切片），参考图 3-6，观察子囊壳、子囊及子囊孢子的形态，与粪壳属类似。

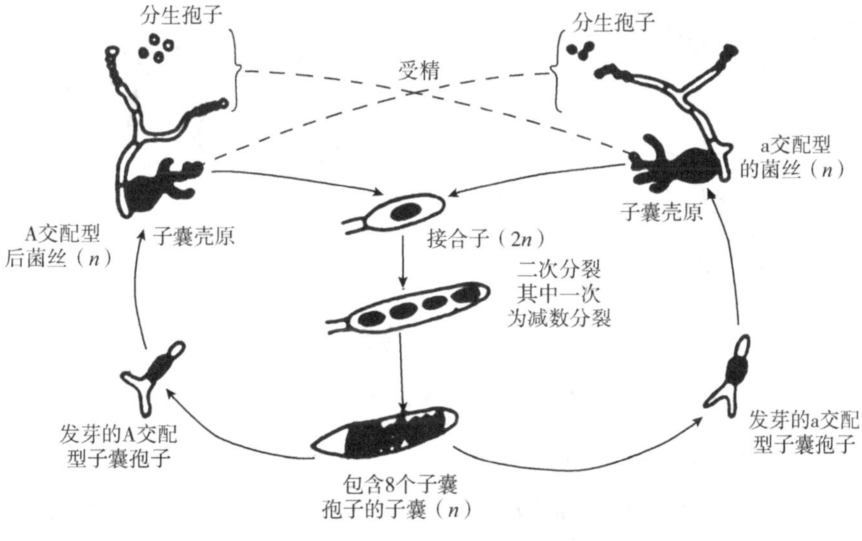

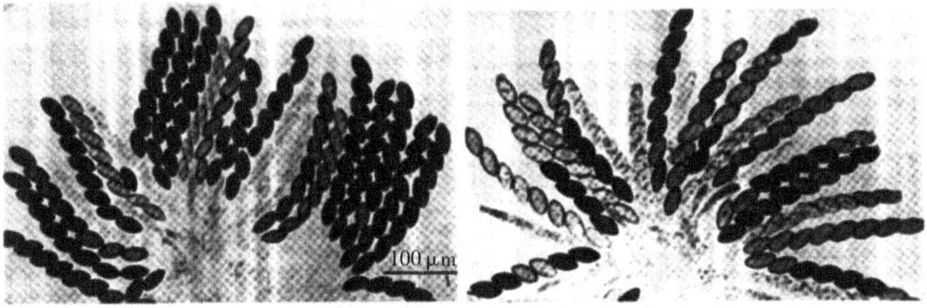

图 3-6　粗糙脉胞菌（*Neurospora crassa*）有性生殖及子囊、子囊孢子

（4）毛壳属（Chaetomium）

在分类上属于黑孢壳科（Melanosporaceae）。子囊壳表生、球形、有孔口，壳壁膜质、易破裂。子囊壳外表有很多附属丝，有些附属丝卷曲，侧生或顶生，有些可分化成须根状（图 3-7）。子囊有柄，棍棒形，壁薄，成熟时壁消解，因此，子囊孢子成熟后不是强力弹射，而是从孔口流出，子囊孢子单细胞、黑色。毛壳属中的许多种能引起纤维基物的腐烂。某些种可产生分生孢子或厚垣孢子。

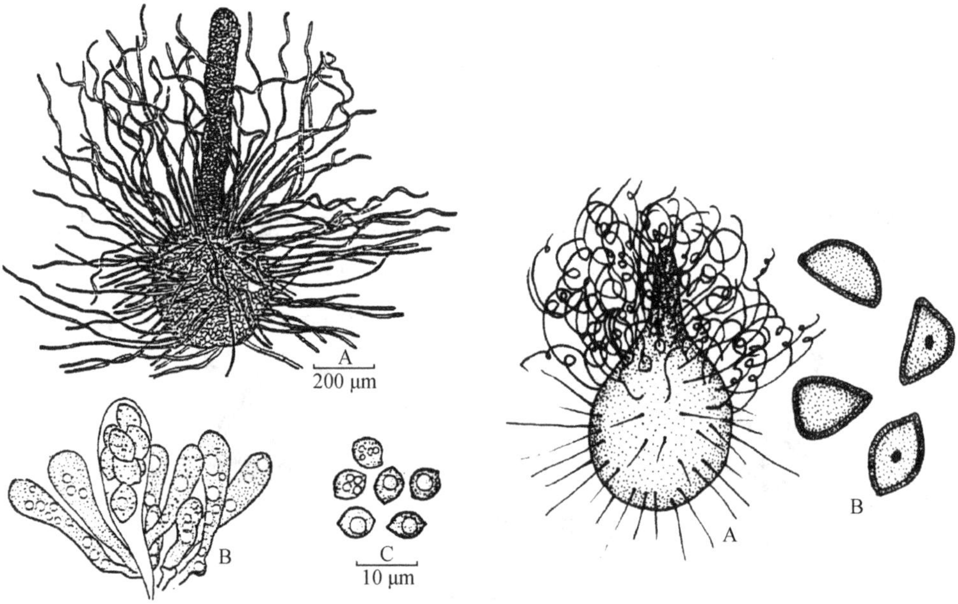

图 3-7　两种毛壳属（*Chaetomium*）子囊壳、子囊及子囊孢子示意图

A. 子囊果；B. 子囊和子囊孢子；C. 子囊孢子

（5）赤霉菌属（*Gibberella*）

藤仓赤霉菌（*Gibberella fujikuroi*）　其无性阶段为串珠镰刀菌（*Fusarium*

moniliforme），可引起水稻恶苗病，是赤霉素产生菌。在 PDA 培养基上生长良好，气生菌丝棉絮状，无性繁殖产生大型（镰刀型）和小型（椭圆形、卵圆形、纺锤形）分生孢子。大型分生孢子一般有 3～6 个隔膜，小型分生孢子可单生或串生，具有 1 个隔膜，有时形成假头状孢子团。

子囊壳分散或聚集地分布于子座上或子座周围，球状、蓝黑色或紫色，子囊棍棒状，内含 8 个子囊孢子，子囊孢子纺锤形，有 1～3 个横隔膜（图 3-8）。本实验主要观察有性生殖结构特征。

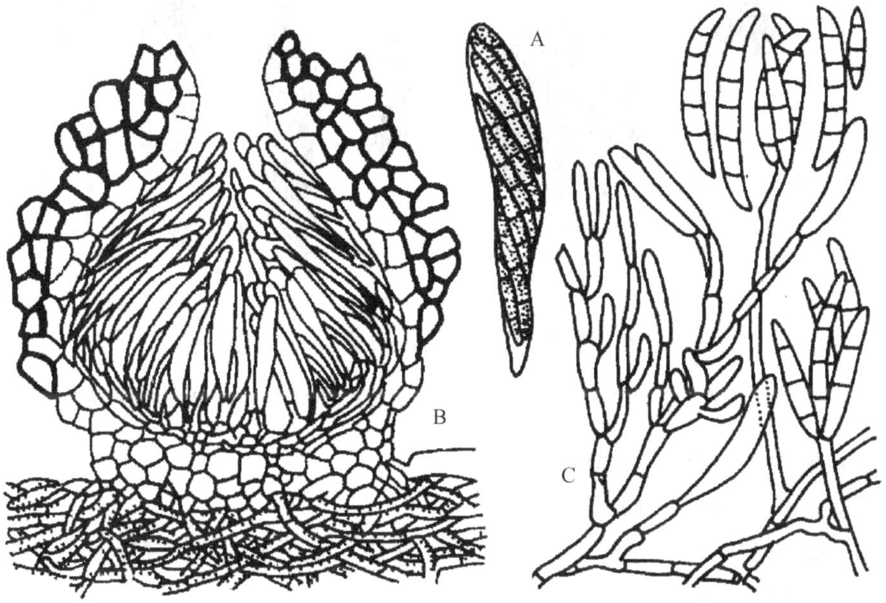

图 3-8 赤霉属（*Gibberella*）

A. 子囊；B. 子囊壳；C. 分生孢子及分生孢子梗

4. 腔菌纲（Loculoascomycetes）

多腔菌目（Myriangiales）

竹鞘多腔菌（*Myriangium haraeanum*） 此菌寄生于观音竹、淡竹和刚竹属植物的叶鞘基部，呈黑色突起，这种突起为子座，质地为黑色碳质，多年生，每年在一定季节产生新的产囊丝和子座。子囊腔内只有一个子囊，子囊球形，壁厚，具有两层壁膜，孢子成熟后，遇水内壁迅速伸长释放子囊孢子。子囊孢子短梭形，多细胞，具有纵横隔膜，在隔膜处略缢缩。通常不产生分生孢子，但子囊孢子可以在子囊内或子囊外萌发或从芽管上产生芽生孢子。此属系我国真菌学奠基人戴芳澜教授于 1931 年描述。

参照图 3-9，仔细观察示范片中子座、子囊腔、子囊及子囊孢子的形态特征。

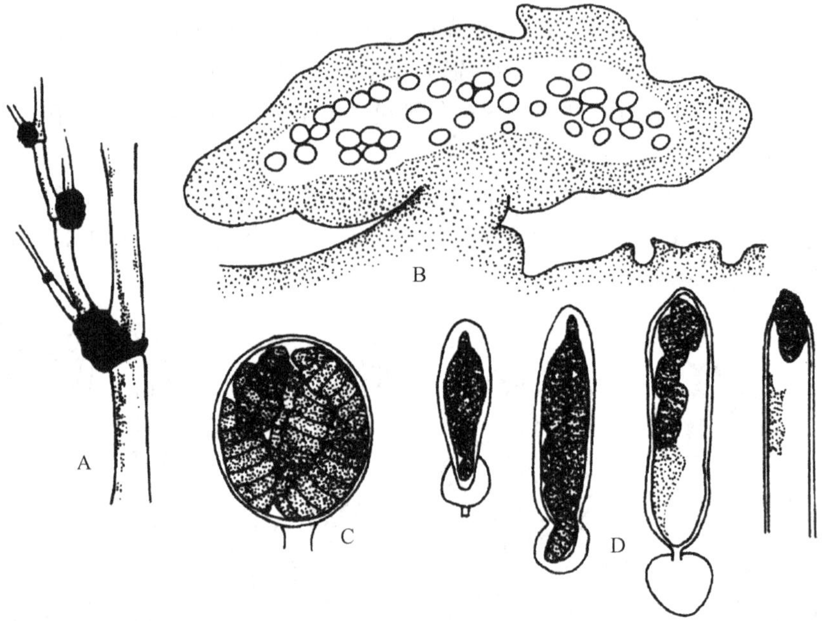

图 3-9　竹鞘多腔菌（*Myriangium haraeanum*）

A. 寄生在竹上的多腔菌子座（黑色）；B. 子实体剖面；C. 成熟的子囊；D. 子囊孢子的释放

5. 盘菌纲（Discomycetes）

柔膜菌目（Helotiales）

大多数为腐生菌，有些是危害植物的病原菌，如核果类的褐腐病、莴苣的软腐病、油菜的菌核病等。

核盘菌属（*Sclerotinia*）

核盘菌（*Sclerotinia sclerotiorum*）　危害多种植物，引起菌核病，除油菜外，还能侵害 32 科 160 余种其他植物。可在寄主表面和内部先生出白色菌丝体，后形成许多黑色、鼠粪状的菌核，菌核在地表越冬，次年每个菌核上长出一个或多个有柄的子囊盘。子实层在子囊盘表面，子囊棍棒状，或圆柱形，有侧丝，顶端有孔道。每个子囊有 8 个子囊孢子，椭圆形，单胞。

取油菜菌核标本和石蜡切片，注意观察菌核的形态、内部结构（由菌丝特化形成的疏丝组织、拟薄壁组织组成）；参照图 3-10、图 3-11，取子囊盘石蜡切片，观察并分辨囊盘被、子实层、子囊、子囊孢子、柄等形态特点。

星裂盘菌目（Phacidiales）

本目真菌的子囊盘生长在黑色碳质的子座内，囊盘被不发达，通常与子座结合。子座则常常埋在寄主组织内部或表皮上，成熟时，子座呈星状开裂，暴露子实层，子座内有一个或几个子囊盘，子囊棍棒状，没有囊盖，在顶端有一狭窄孔道。每个子囊内有 4～8 个针形子囊孢子，单胞或多胞，无色或有色。

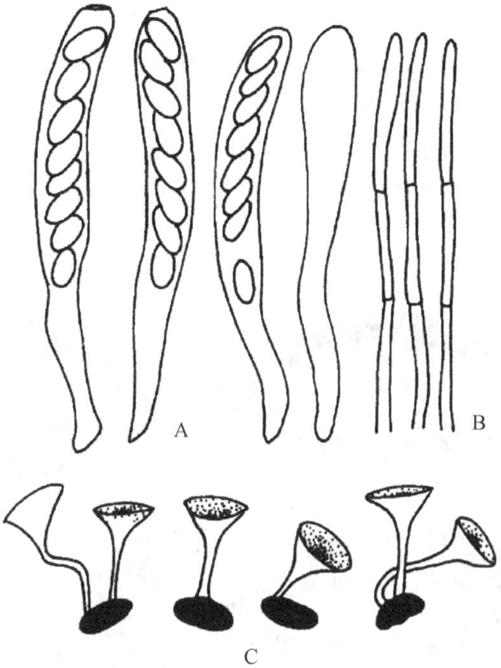

图 3-10　核盘菌（*Sclerotinia* sclerotiorum）

A. 子囊；B. 侧丝；C. 菌核上生出的子囊盘

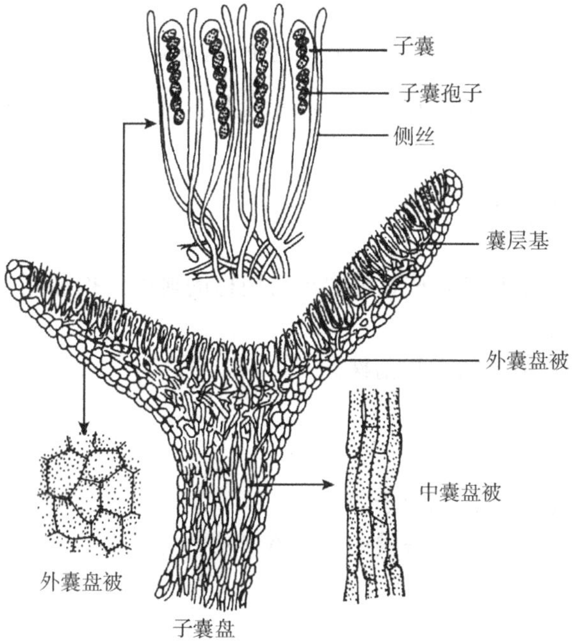

图 3-11　子囊盘的典型结构

斑痣盘菌属（*Rhytisma*）

槭斑痣盘菌（*Rhytisma acerinum*）　此菌寄生于槭树、枫树等阔叶木本植物叶面角质层下，形成一个扁平圆形黑色发亮的病斑，又称漆斑。先在子座内形成性孢子器，发育成单胞、无色的性孢子，叶落后开始产生子囊盘，到次年春天成熟。子囊棍棒状，有 8 个线形子囊孢子，单胞、无色，周围有一层胶质鞘，侧丝线形、无色（图 3-12）。

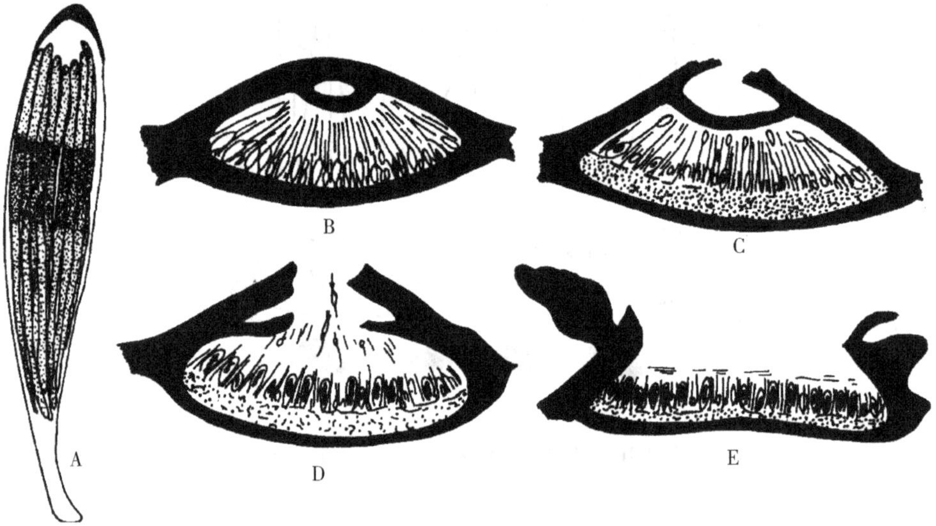

图 3-12　槭斑痣盘菌（*Rhytisma acerinum*）

A. 子囊；B. 子囊果剖面，子囊上方有一胶质的空腔；C. 腔的上部开裂；D. 腔的下部开裂；E. 子囊盘完全开裂

取病叶标本，观察漆斑病的症状。取示范片，注意观察子囊盘开裂、子囊及子囊孢子的特征。

五、实验报告（作业）

1. 根据实验提供的材料，按教师要求对菌株的典型结构拍照（或绘图），准确标注各部位名称，提交作业。

2. 观察自行分离纯化的未知菌株。

六、思考题

1. 如何区分子囊果与分生孢子器？

2. 对子囊果做石蜡切片时关键的步骤有哪些？为什么？

七、参考文献

邢来君，李明春，魏东盛. 2010. 普通真菌学. 北京：高等教育出版社

C J 阿历索保罗, C W 明斯, M 布莱克韦尔. 2002. 菌物学概论. 第四版. 姚一建, 李玉译. 北京: 中国农业出版社

附：真菌的石蜡制片技术流程

（1）取材　根据要求选取材料来源及部位，切成小块（约 5 mm 见方）。10～15 块置一试管内。

（2）抽气及固定　将 FAA 液（配方：50%乙醇溶液 85 mL、38%甲醛溶液 10 mL、冰醋酸 5 mL）倒入试管内，盖胶塞。加入固定液后需要先用注射器抽气，使样品沉入管底，固定样品的时间通常为数小时至 24 h。

（3）洗涤及脱水　固定后的组织材料需除去留在组织内的固定液及其结晶沉淀，否则会影响以后的染色效果。用乙醇溶液脱水。应使用从低浓度到高浓度递增的顺序进行，通常从 30%或 50%乙醇溶液开始，经 70%、85%、95%直至无水乙醇，每次时间为一至数小时。

（4）透明　无水乙醇不能与石蜡相溶，还需用能与乙醇溶液和石蜡相溶的媒浸液，替换出组织内的乙醇。材料块在这类媒浸液中浸渍，出现透明状态，此液即称透明剂，透明剂浸渍过程称为透明。常用的透明剂有二甲苯、苯、氯仿、正丁醇等，各种透明剂均是石蜡的溶剂。通常组织先经无水乙醇和透明剂各半的混合液浸渍 1～2 h，再转入纯透明剂中浸渍。透明剂的浸渍时间则要根据组织材料块大小及属于囊腔或是实质器官而定。如果透明时间过短，则透明不彻底，石蜡难于浸入组织；透明时间过长，则组织硬化变脆，就不易切出完整切片，最长为数小时。

（5）浸蜡与包埋　用石蜡取代透明剂，使石蜡浸入组织而起支持作用。用二甲苯将蜡配成 10%～100%不同梯度，浸蜡应在高于石蜡熔点 3 ℃左右的温箱中进行，每个不同浓度的蜡液更换时间为 1 h 左右，以利于石蜡逐渐浸入组织内。浸蜡后的组织材料块放在装有蜡液的容器中（摆好在蜡中的位置），待蜡液表层凝固后迅速放入冷水中冷却，即做成含有组织块的蜡块。容器可用光亮且厚的纸折叠成纸盒或金属包埋框盒。如果包埋的组织块数量多，应进行编号，以免差错。石蜡熔化后应在蜡箱内过滤后使用，以免因含杂质而影响切片质量，而且可能损伤切片刀。通常石蜡采用熔点为 56～58 ℃或 60～62 ℃两种，可根据季节及操作环境温度来选用。

（6）切片　切片机如图 3-13 所示。包埋好的蜡块用刀片修成规整的四棱台，以少许热蜡液将其底部迅速贴附于小木块上，夹在轮转式切片机的蜡块钳内，使蜡块切面与切片刀刃平行，旋紧。切片刀是否锐利、蜡块硬度是否适当都直接影响切片质量，可用热水或冷水等方法适当改变蜡块硬度。通常切片厚度为 4～7 μm，切出一片接一片的蜡带，用毛笔轻托轻放在纸上。

（7）贴片与烤片　烤片机如图 3-13 所示。用黏附剂（鸡蛋清配置）将展平的

手动石蜡切片机

烤片机

图 3-13　石蜡切片机及烤片机图例

蜡片牢附于载玻片上，以免在以后的脱蜡、水化及染色等步骤中二者滑脱开。黏附剂是蛋白甘油。首先在洁净的载玻片上涂抹薄层蛋白甘油，再将一定长度蜡带（连续切片）或用刀片断开成单个蜡片于温水（45 ℃左右）中展平后，捞至玻片上铺正，或直接滴两滴蒸馏水于载玻片上，再把蜡片放于水滴上，略加温使蜡片铺展，最后用滤纸吸除多余水分，将载玻片放入45 ℃温箱中干燥，也可在37 ℃温箱中干燥，但需适当延长时间。

（8）切片脱蜡及水化　　干燥后的切片需脱蜡及水化处理才能在水溶性染液中进行染色。用二甲苯脱蜡，再逐级经无水乙醇及梯度乙醇溶液直至蒸馏水。如果染料配制于乙醇溶液中，则将切片移至与乙醇溶液近似浓度时，即可染色。

（9）染色　　染色的目的是使细胞组织内的不同结构呈现不同的颜色以便于观察。未染色的细胞组织其折光率相似，不易辨认。染色后可显示细胞内不同的细胞器和内含物，以及不同类型的细胞组织。染色剂种类繁多，应根据观察要求及研究内容采用不同的染色剂及染色方法，还要注意选用适宜的固定剂才能获得满意的结果。

（10）脱水、透明和封片　　染色后的切片尚不能在显微镜下观察，需经梯度乙醇溶液脱水，在95%乙醇溶液及无水乙醇中的时间可适当加长以保证脱水彻底；如染液为乙醇溶液配制，则应缩短在乙醇溶液中的时间，以免脱色。二甲苯透明后，迅速擦去材料周围多余液体，滴加适量（1～2滴）中性树胶（或加拿大胶），再将洁净盖玻片倾斜放下，以免出现气泡，封片后即制成永久性玻片标本，在光镜下可长期反复观察。

石蜡制片程序及环节繁多，需数日才能完成1个周期，但切片可长期保存，供教学、科研、病理诊断及复察，并可利用蜡块做其他项目的回顾性研究。

实验四　担子菌门代表菌的形态特征观察

一、实验目的

1. 观察不同担子菌标本，了解实验所提供的每种子实体的结构特点。
2. 观察示范片，了解不同担子菌的形态特征。
3. 学习载片培养技术，按要求接种半知菌类真菌，为下次实验做好材料准备。

二、实验原理

担子菌是真菌中最为进化的类群，属于高等真菌。它们以腐生为主，也有寄生和共生类型。绝大多数陆生，生长在潮湿的土壤、朽木、堆肥等基质上，不需要直射光，要求散射光照。85%的担子菌与高等植物共生形成菌根。很多担子菌可食用，不但营养丰富，而且它们所含的多糖等生物活性物质可提高机体免疫力。但有些担子菌对农作物危害较大，如锈菌和黑粉菌。本实验观察相关标本和示范片，认识担子菌门的层菌纲、腹菌纲和半担子菌纲（也称冬孢菌纲）的形态特征。

由于一些大型担子菌（蘑菇）子实体质地柔软，可以取材后立即进行徒手切片，有条件时采取冷冻切片的方法更佳。对于半担子菌纲的真菌，可以根据观察材料的来源、观察目标等特点选择石蜡切片或半永久装片。本实验提供了示范片和一些子实体标本（浸泡标本及盒装干样品），新鲜担子菌子实体的保存可以采用固定液浸泡保存，学生根据观察实物，了解不同样品保存的依据和方法。

三、实验材料

1）示范片。①双孢蘑菇（*Agaricus bisporus*）：石蜡切片。②小菌核菌（*Sclerotium* sp.）双核菌丝锁状联合：装片。③山田胶锈菌（*Gymnosporangium yamadai*，又称梨锈病菌）性子器，锈子腔：石蜡切片。④山田胶锈菌冬孢子及其萌发的担子和担孢子：装片。⑤禾谷柄锈菌（*Puccinia graminis*）锈孢子、冬孢子：石蜡切片。⑥菜豆锈病的疣顶单胞锈菌（*Uromyces appendiculatus*）。⑦玉米黑粉菌（*Ustilago maydis*）冬孢子及其萌发的担孢子：装片。⑧小麦网腥黑粉菌（*Tilletia caries*）：装片。

2）担子菌子实体标本（浸泡样品及干燥样品）。

3）显微镜等。

四、实验内容及步骤

（一）层菌纲（Hymenomycetes）

蘑菇目（Agaricales）　担子果为肉质，子实层着生在片状结构的菌褶上。担子单胞棒状，担孢子单胞，有色或无色。菌丝体的初生菌丝阶段十分短暂，很快形成双核次生菌丝，菌丝横膈上方大多具有索状联合。

1）参照图 4-1 观察小菌核菌双核菌丝锁状联合示范片。

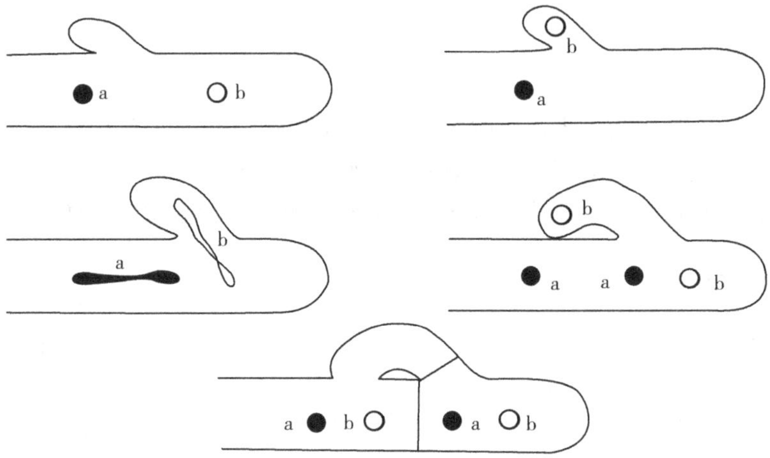

图 4-1　锁状联合的形成过程

2）观察伞菌属（双孢蘑菇 *Agaricus bisporus*）菌褶切片，注意菌褶、担子、担孢子、囊状体等结构特征（图 4-2）。

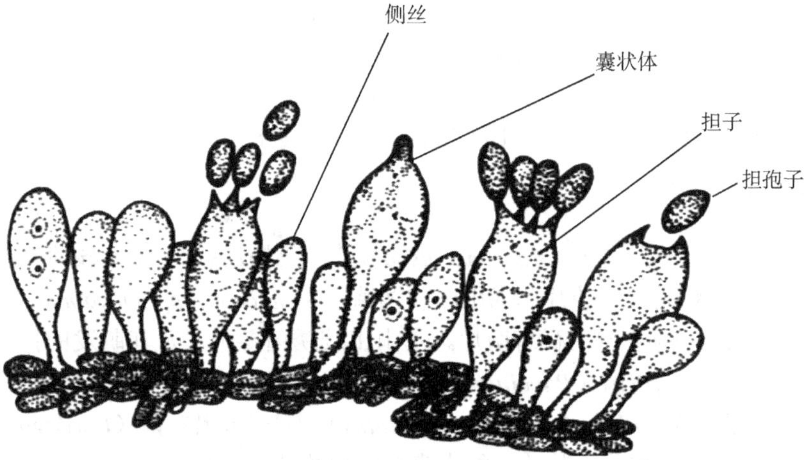

图 4-2　担子菌的子实层

（二）腹菌纲（Gasteromycetes）

本纲担子果为典型的被果式，担孢子不是强力发射，而是被动释放。对照图 4-3 观察马勃属、地星属、鬼笔属等子实体（担子果）标本的形态特点，了解各部分结构的描述原则。

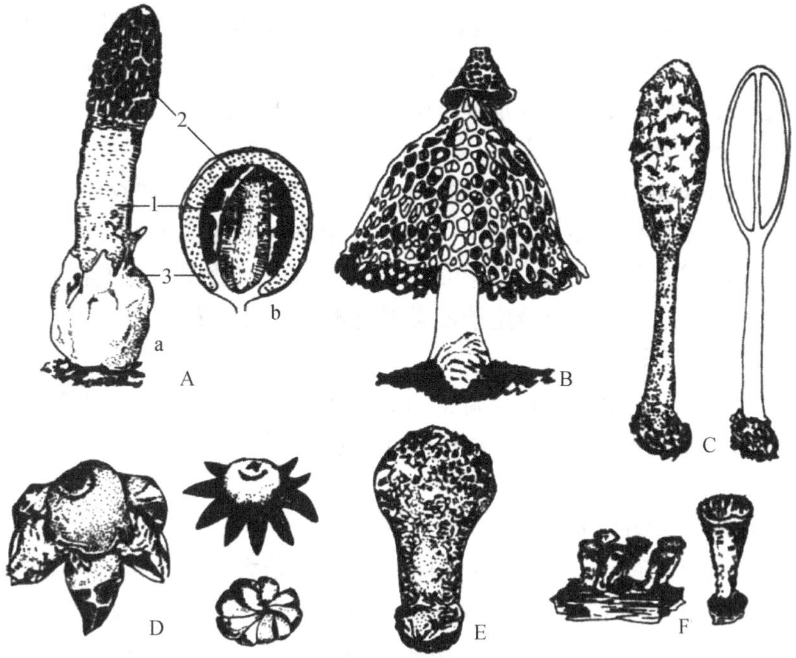

图 4-3　腹菌纲（Gasteromycetes）

A. 红鬼笔：a. 成熟子实体，b. 幼小子实体剖面，1. 菌柄，2. 菌盖，3. 包被（菌托）；B. 竹荪；C. 轴灰包菌；D. 尖顶地星；E. 网纹马勃；F. 隆纹黑蛋巢菌

（三）冬孢菌纲（Teliomycetes）

本纲包括两类重要的植物病原菌，即锈菌目和黑粉菌目，与其他大多数担子菌不同，它们没有担子果，担子由厚壁的孢子萌发产生，这种厚壁孢子在锈菌目内称冬孢子（teliospore），在黑粉菌目内称厚垣孢子（chlamydospore）。绝大多数种是植物的寄生菌或专性寄生菌，仅有少数种营腐生生活。有些黑粉菌和锈菌可在人工培养基上生长，但菌丝体不发达，很容易衰败。分科、分属的依据主要是冬孢子或厚垣孢子的形态特征、排列方式及萌发方式。

冬孢菌纲分目检索表

1. 担子自冬孢子发生，担子以横膈膜分成 4 个细胞，每个细胞产生一个担子，担孢子由小柄上产生，孢子强力射出……………………………………………锈菌目（Uredinales）
1. 担子自厚垣孢子发生，担子有隔或无隔，担孢子侧生或顶生，数目不定。担孢子无柄，孢子不是强力弹射……………………………………………黑粉菌目（Ustilaginales）

1. 锈菌目（Uredinales）

寄生于被子、裸子及蕨类植物，影响寄主蒸腾和光合作用，使许多作物遭受严重损失。锈菌菌丝的锁状联合现象较少出现，侵染寄主后菌丝可寄生于寄主细胞间，以吸器穿入寄主细胞吸取营养。锈菌在形态学上的多形（孢子）性、生理学上的转主寄生现象（需通过两种寄主才能完成其生活史）和细胞学上的双核期（较长）在真菌中少见，在整个生物学中也是很特殊的。一般分为2～3科，其中柄锈科侵染农作物、果树和蔬菜引起严重病害。

柄锈科（Pucciniaceae）　冬孢子有柄，散生或成束。少数种类的冬孢子堆埋于胶质物中，大多数裸生在寄主体外。冬孢子单胞、双胞或多胞。孢子壁通常红棕色、较厚、光滑或有各种花纹。有些冬孢子外面有一层透明的黏膜状物。寄生在各类高等植物上。冬孢子特征及锈孢子器类型是本科分属的依据。

（1）单胞锈属（*Uromyces*）

冬孢子单细胞。本属锈菌是同主寄生。长史型如引起菜豆锈病的疣顶单胞锈菌（*Uromyces appendiculatus*）和引起甜菜锈病（检疫对象）的甜菜单胞锈菌（*Uromyces betae*）。观察实验室提供的示范片。

（2）胶锈菌属（*Gymnosporangium*）

冬孢子双细胞，有一长而能胶化的柄。本属锈菌大部分是转株寄生的，如引起苹果锈病的山田胶锈菌（*Gymnosporangium yamadai*），转株寄主为松柏。

山田胶锈菌（*Gymnosporangium yamadai*）　该菌无夏孢子阶段。其性孢子器（产生性孢子）和锈孢子腔（产生锈孢子）在侵染苹果或梨树叶后发生，叶片正面的小黑点为性子器，背面的为锈子腔，而冬孢子阶段是在桧柏树上发生的，很多冬孢子聚集形成冬孢子角。

参照图4-4：①取梨或苹果叶片病斑的石蜡切片，观察性孢子器和锈孢子器的形态特点；②观察冬孢子萌发的示范片（装片），注意冬孢子（双细胞，具有长柄）、担子和担孢子的形态。

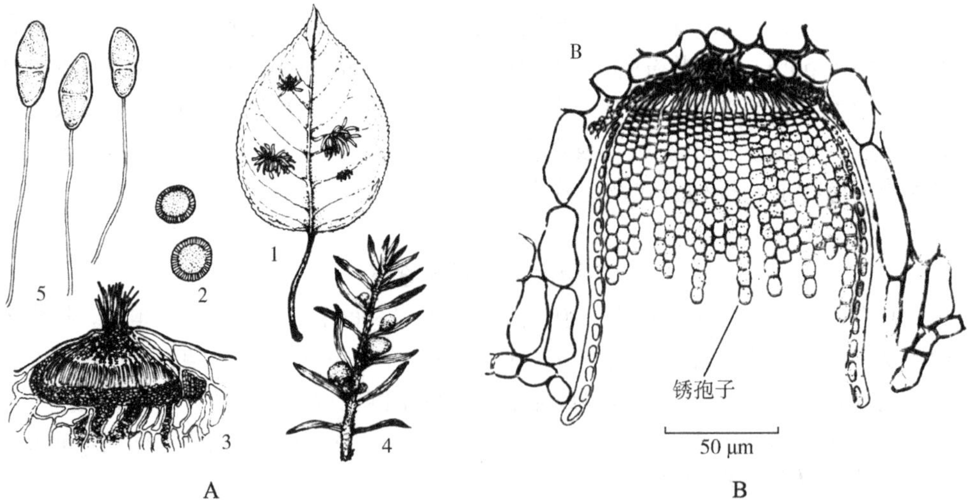

图4-4　山田胶锈菌

A. 1病叶，2. 性孢子，3. 性子器，4. 冬孢子角，5. 冬孢子，6. 锈孢子腔；B. 锈孢子腔及成串锈孢子

（3）柄锈菌属（*Puccinia*）

冬孢子双细胞，冬孢子柄不能胶化。同主寄生或转主寄生，长史型和短史型。寄生于多种被子植物，是禾谷类作物的重要病原菌，危害严重。如引起小麦秆锈病的禾谷柄锈菌（*Puccinia graminis*），引起小麦条锈病的条形柄锈菌（*Puccinia striiformis*）等。

禾谷柄锈菌（*Puccinia graminis*）　此菌引起小麦秆锈病，是我国春麦区和部分秋麦区的毁灭性病害，可产生5种孢子，并有转主寄生现象。

取患病麦秆石蜡切片，参照图4-5观察冬孢子堆和冬孢子形态特点。

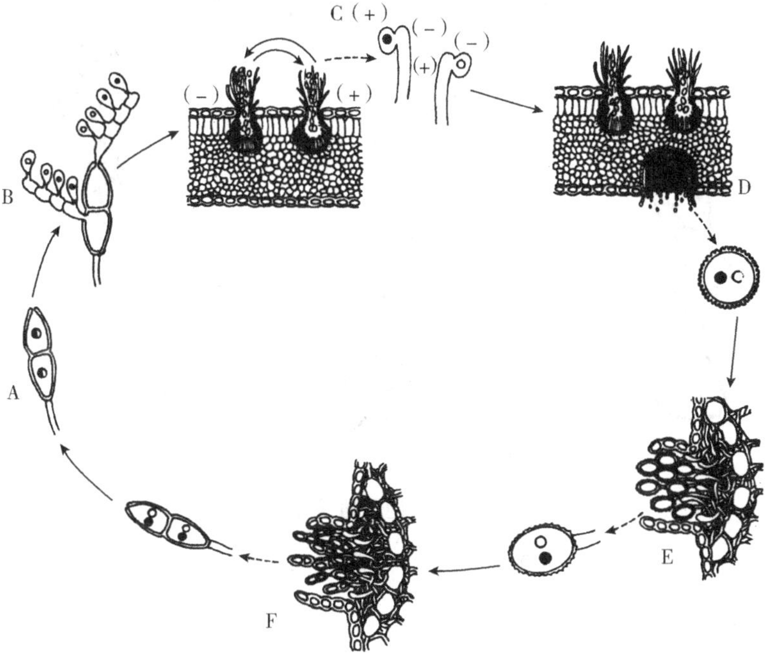

图4-5　禾谷柄锈菌生活史

A. 冬孢子；B. 冬孢子萌发（担孢子）；C. 性孢子器及性孢子；D. 性孢子器（上）及锈孢子腔（下）；E. 夏孢子堆及夏孢子；F. 冬孢子堆及冬孢子

禾谷柄锈菌引起小麦秆锈病，是我国春麦区和部分秋麦区的毁灭性病害。其病原菌能够产生5种孢子型，同时可以看到明确的异宗配合和转株寄生现象。但禾谷柄锈菌和其他锈菌一样，由于其所产生的夏孢子可重复侵染小麦再产生夏孢子堆而造成严重的危害，有可能常年单纯以无性方式不断繁殖。在我国各地每年秆锈病的流行并非通过转株寄生而实现，南方与北方之间，高山与平原之间，可以按季节和地区进行夏孢子的远距离传播（图4-5）。

2. 黑粉菌目（Ustilaginales）

本目真菌统称黑粉菌，主要寄生在被子植物上，尤其寄生在禾本科植物上较多，造成作物产量严重损失。菌丝生长于寄主细胞间，多数不产生吸器，常见为系统感染，少数局部感染。以次生菌丝为主，多有锁状联合。无性繁殖产生分生孢子或芽孢子。在人工培养基上大部分黑粉菌以芽殖方式形成酵母状细胞，通常不产生菌丝体。有性结合范围广，任何两个具有亲和性的细胞或菌丝都可以结合，形成次生菌丝。次生菌丝后期原生质收缩，体积加大，每一团原生质形成一个厚壁的厚垣孢子。厚垣孢子表面多具纹饰。厚垣孢子成熟后核配，萌发时产生芽管（或称先菌丝 promycelium），然后二倍体核进入先菌丝内，并进行减数分裂。随后先菌丝形成 3 个横膈分成 4 个细胞，每个细胞内的核可以进行一次有丝分裂。具有 4 个细胞的先菌丝相当于一个担子，其上芽殖出来的孢子称担孢子（图 4-6）。

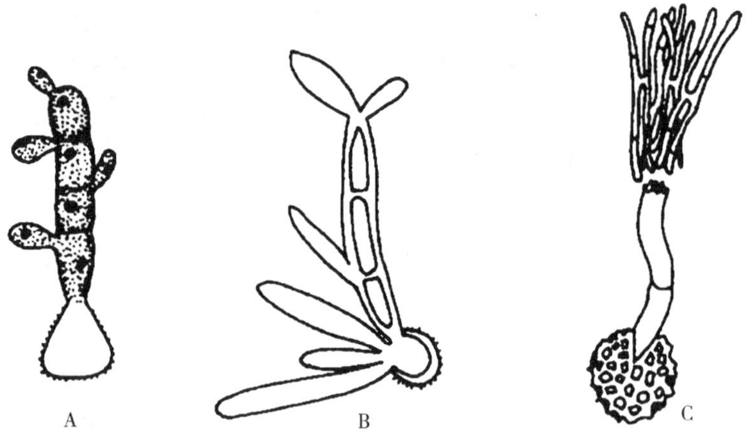

图 4-6 黑粉菌冬孢子萌发方式示意图

A. 玉米黑粉菌；B. 慈姑黑粉菌；C. 小麦网腥黑粉菌

（1）腥黑粉菌科（Tilletiaceae）

冬孢子萌发产生不分隔的担子，其顶端簇生细长的担孢子。

腥黑粉菌属（*Tilletia*） 通常在寄主的子房内形成粉状的孢子堆，孢子散生。

小麦网腥黑粉菌（*Tilletia caries*）和小麦光腥黑粉菌（*Tilletia foetida*） 本属两个重要的代表种。这两种黑粉菌的一般性状和生活史是相同的，都是从苗期侵入生长点而引起全身感染，但是前者的厚垣孢子有网纹，而后者则是光滑的。厚垣孢子萌发时，二倍体细胞核经过减数分裂和一次有丝分裂，形成 8 个或更多的细胞核，进入厚垣孢子萌发所形成的先菌丝（担子）内。先菌丝无隔，在它的顶端形成 8 个担孢子（典型的情况一半是“＋”的，一半是“－”的），担孢子之间相互交配而形成“H”形的结构，一个担孢子的原生质进入另一个担孢子而形成双核细胞。从双核细胞上产生小梗，小梗上面形成双核的分生孢子，分生孢子脱落以后萌发而形成双核的菌丝侵入寄主，寄主中的双核菌丝以后又形成厚垣孢子（图 4-7）。

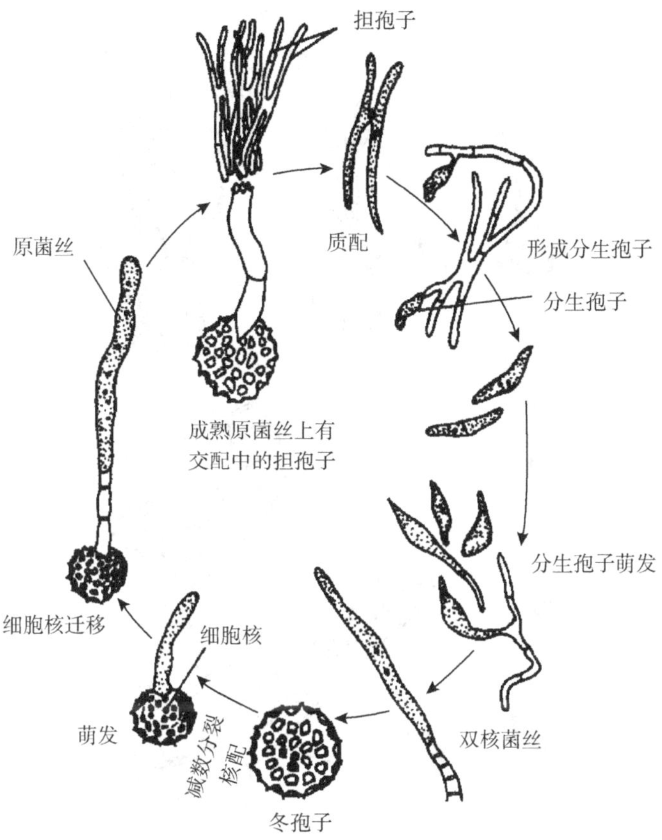

图 4-7　小麦网腥黑粉菌（*Tilletia caries*）的生活史

本属的另一代表种小麦矮腥黑粉菌（*Tilletia contraversa*）是我国对外检疫对象。

观察小麦网腥黑粉菌冬孢子萌发示范片（装片），观察并区分冬孢子、担子和担孢子与玉米黑粉菌的区别，还可在示范片中发现两个担孢子融合的现象。

（2）黑粉菌科（Ustilaginaceae）

黑粉菌属（*Ustilago*）　　黑粉菌属又称散黑粉菌属，是黑粉菌科中最大的一属，厚垣孢子散生，萌发时产生着生担孢子的先菌丝，先菌丝也可以不产生小孢子而变为侵染丝。大麦和小麦的散黑穗病的厚垣孢子往往是以这种方式萌发的。

重要的病原菌有裸黑粉菌（*Ustilago nuda*）引起小麦、大麦、鹅冠草的散黑穗病；玉米黑粉菌（*Ustilago maydis*）引起玉米黑粉病等。各种黑粉菌的生活史虽然相似，但是侵染方式是不同的。小麦和大麦的裸黑粉菌是从花器侵入的，菌丝潜伏在麦粒的胚部，种子萌发时侵入生长点而引起全株性的感染。玉米黑粉菌的侵染方式在黑粉菌中很特殊，它是以担孢子在植物生长期侵入，引起局部性的感染形成瘤肿（图 4-8）。

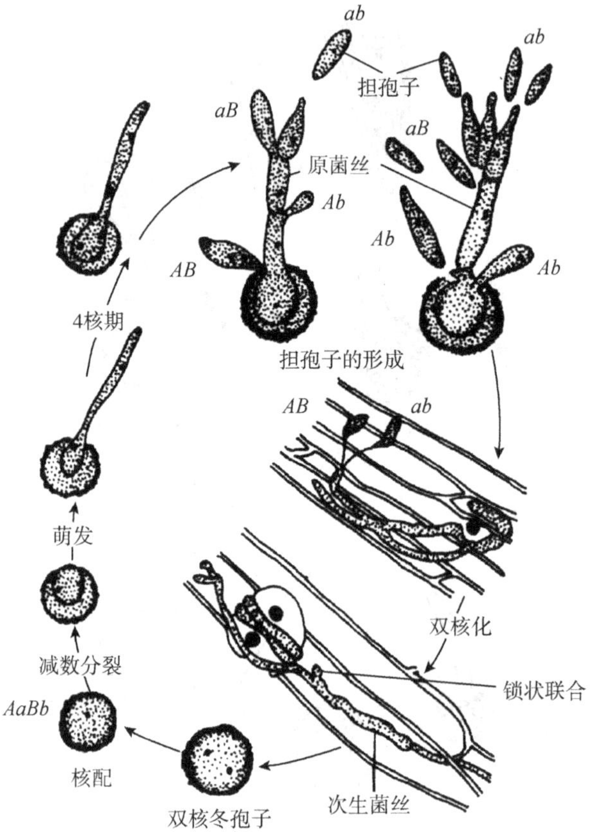

图 4-8　玉米黑粉菌（*Ustilago maydis*）的生活史

玉米黑粉菌（*Ustilago maydis*）　参照图 4-8，观察玉米黑粉冬孢子萌发示范片（装片），注意观察冬孢子、担子和担孢子的形态特点。

五、实验报告（作业）

1. 观察本实验提供的蘑菇菌褶、锈菌或黑粉菌等示范片，从中选出双孢蘑菇（*Agaricus bisporus*）菌褶切片、锈菌和黑粉菌各一示范片拍照（绘图），正确标注各部结构特征。

2. 两人一组，将教师提供和自行分离的半知菌菌种进行载片培养，置 25～28 ℃条件下培养，一周后观察并拍照（注：可随时观察并记录，一周后正式拍照）。

六、思考题

1. 什么是真菌的转主寄生？柄菌锈和山田胶锈菌的转主寄生各有何特点？

2. 玉米黑粉菌和小麦网腥黑粉菌的冬孢子萌发产生担子和担孢子，阐述它们各自的特点，试讨论对两种病害的最佳防治时期和方法？

七、参考文献

邢来君, 李明春, 魏东盛. 2010. 普通真菌学. 北京: 高等教育出版社
C J 阿历索保罗, C W 明斯, M 布莱克韦尔. 2002. 菌物学概论. 第四版. 姚一建, 李玉译. 北京: 中国农业出版社

附: 冷冻切片实验流程及注意事项（中国农业大学光镜室周海鹰老师提供）

（1）简介

冰冻切片（frozen section）是一种在低温条件下使组织快速冷却到一定硬度，然后进行切片的方法。最早应用于临床医学中，冷冻切片法能快速获取病情原委，以做急速诊断。冷冻切片也逐渐广泛应用于生物样品制备中。主要用于新鲜的、水分较多、容易收缩的材料。通过冷冻过程，使组织细胞在很短时间内迅速冻结，不仅可保持细胞的生活状态，而且可保存组织内的脂肪、橡胶等物质，特别是保持细胞内酶的活性。冷冻切片也常用于免疫荧光的研究。一般冷冻切片有专门技术人员操作，通过本实验流程的介绍，使学生可以了解冷冻设备的基本装置及操作方法。

（2）材料及用具

1）材料：如新鲜的蘑菇子实体（质地均一）。

2）用具：恒温冷冻切片机（以德国 Leica CM3050 S 型为例）、冷冻包埋剂（专用，直接购买）、切片台、压平器、粘片毛笔、载玻片、盖玻片、滴瓶+滴管、无菌水。

（3）步骤

1）取材：取新鲜的材料（长×宽约 5.0 mm×5.0 mm），置于切片台上，切面朝上。滴上冷冻包埋剂（图 4-9）将材料包裹起来，用压平器压平包裹材料的切面。

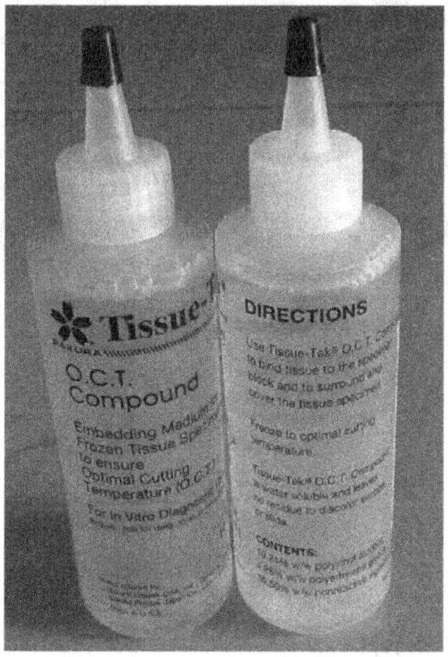

图 4-9　样品包埋剂

注：①材料应新鲜且未经固定；②材料不宜过大，否则冷冻不均匀，造成切片

不完整。

2）将切片台固定在切片机中的样品冷冻支架上（图 4-10、图 4-11）。

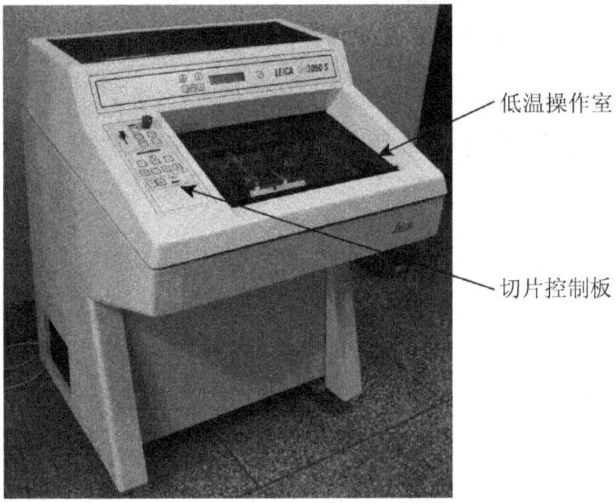

图 4-10　冷冻切片机（Leica）

图 4-11　冷冻切片机操作室

1. 刀架；2. 防卷板；3. 冷冻头；4. 压平器

3）调节欲切材料的温度：温度调至−10 ℃。

注：要根据环境温度、材料软硬度等综合因素考虑。切片材料的温度很关键，它直接影响切片的完整性。温度过高，切片黏皱；温度过低，切片破碎。有时甚至温度相差 1 ℃都不能得到完整切片。

4）调节切片速度：一般调为 3 档，即中速。

5）调节切片厚度：调整为 12 μm。

6）放下机器上的防卷板，以压平切片。

7）按下切片开关即可开始切片。

8）展片：将切好的片子用毛笔粘在载玻片上同时展平。

9）封片：用滴管在切片上滴一滴无菌水，加盖玻片封片。封片后应尽快在显微镜下观察、照相。

（4）说明

冷冻切片不能永久保存，若置于–20 ℃条件下保存时，可保存约一个月。如果需要染色，冰冻切片附贴于载玻片后，立即放入恒冷箱中的固定液固定 1 min 后即可染色，后经水洗、脱水、封片等步骤。一般样品冰冻组织 1～2 min，切片 1 min，固定 1 min，染色共 5 min。总共在 10 min 内完成快速制片过程，结果与石蜡切片不相上下。

（5）冷冻切片的优点

1）简便，可以不需要对组织固定、脱水、透明、包埋等手续即可进行切片，减少了一些中间环节。

2）快速，用时短。

3）组织变化不大。

4）能很好地保存脂肪、类脂等成分。

5）能够比较完好地保存各种抗原活性及酶类，特别是对于那些对有机溶剂或热的温度耐受能力较差的细胞膜表面抗原和水解酶保存效果较好。

（6）冷冻切片的缺点

1）不容易做连续切片。

2）切取的组织不能过大，组织过大不容易冻结或者组织冻结不均，影响切片及染色效果。

3）不容易制作较薄的切片。

4）组织块在冻结过程中容易产生水的结晶而影响细胞的形态结构及抗原物质的定位，并且组织结构也不如石蜡切片清晰。

图例，见图 4-12。

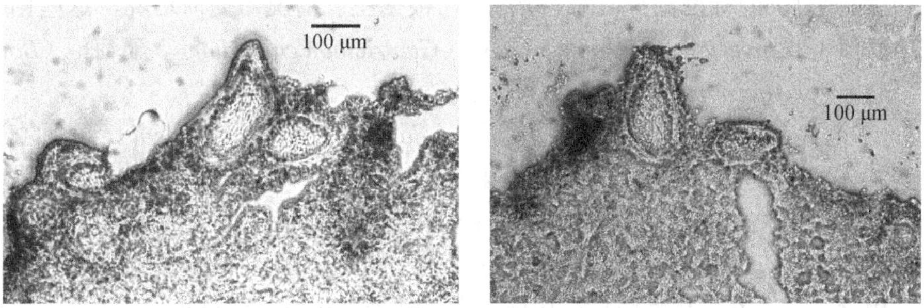

图 4-12 冷冻切片显微照相图例（周海鹰老师提供）

人工培养新鲜蛹虫草（*Cordyceps militaris*）子实体部分横切面，可见子座边缘的子囊果

实验五　半知菌类代表菌形态特征观察

一、实验目的

1. 分别观察半知菌代表菌株的菌体特征，熟悉各类分生孢子的特点。
2. 认清分生孢子器、分生孢子盘与子囊壳、子囊盘的区别。
3. 了解载片培养及扫描电镜的工作流程。

二、实验原理

半知菌是未发现有性阶段或丧失产生有性孢子能力的一类真菌。它们的无性繁殖一般相当发达。其分类依据主要是分生孢子的个体发育方式和形态特征。按半知菌在自然情况下的孢子形状、隔膜等特征分为 7 种类型的分生孢子，如单胞类、双胞类、多胞类、线胞类、砖格胞类、星胞类和旋卷胞类。按 1969 年国际半知菌工作者会议提案，半知菌分生孢子个体发育的基本形式分为两种类型，即菌丝型和芽殖型。在这两种类型中，由于分生孢子细胞之间在细胞壁关系上的不同，又分为内生型和外生型两类。其中，菌丝型的有节孢子、分生节孢子；芽殖型的有孔出孢子、瓶梗孢子、环痕孢子、合轴孢子、芽孢子（包括单生芽孢子、链生芽孢子和簇生芽孢子）等（图 5-1）。本实验通过几种丝孢纲半知菌的载片培养，可观察到上述几类分生孢子及其着生方式。通过对腔孢纲半知菌引起的植物病害标本的切片观察，认识半知菌引起的炭疽病、叶枯病等症状及其病原菌形成的分生孢子器、分生孢子盘的特征。

三、实验材料

1）学生自行分离的菌株［载片培养（图 5-2）］，根据生长情况需提前培养。

2）教师提供的标准菌株（载片培养），根据生长情况需提前培养，这些菌株为球孢白僵菌（*Beauveria bassiana*）、白地霉（*Geotrichum candidum*）、葡萄孢（*Botrytis* sp.）、链格孢（*Alternaria* sp.）。

3）示范片及病害标本：①禾生刺盘孢（*Colletotrichum graminicola*，又称高粱炭疽病菌）分生孢子盘，石蜡切片；②辣椒丛刺盘孢（*Vermicularia capsici*）分生孢子盘，石蜡切片；③盘圆孢（*Gloeosporium* sp. 海桐炭疽病菌）分生孢子盘，石蜡切片；④大茎点霉属（*Macrophoma*）大叶黄杨分生孢子器，石蜡切片；⑤茎点霉属（*Phoma*）小叶黄杨分生孢子器，石蜡切片；⑥芹菜小壳针孢（*Septoria apiicola*，又称芹菜斑枯病菌）分生孢子器，石蜡切片。

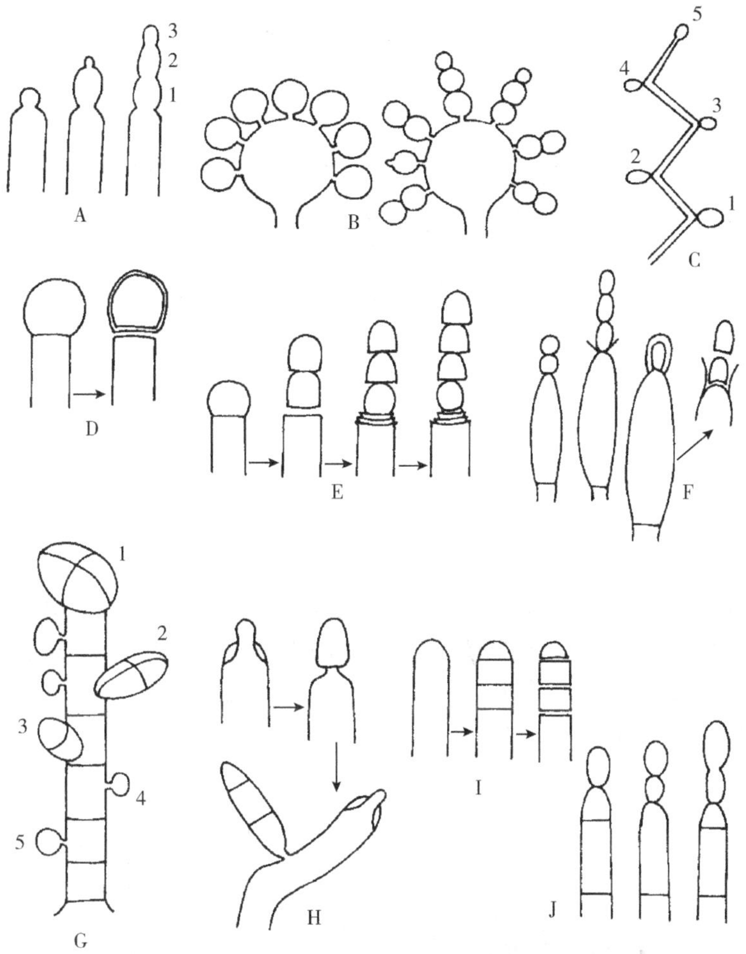

图 5-1　分生孢子发育类型

A. 芽孢子；B. 簇生芽孢子；C. 合轴孢子；D. 粉孢子；E. 环痕孢子；F. 瓶梗孢子；G. 分生芽孢子；H. 孔出孢子；I. 节孢子；J. 分生节孢子

4）载片培养装置、10%～20%甘油（灭菌）、PDA 培养基平板（薄）、镊子、解剖刀等。

5）显微镜、25～28 ℃温箱等。

四、实验内容及步骤

本室验选择几种代表性属、种进行观察与描述。

（一）丝孢纲（Hyphomycetes）

1. 白僵菌属（*Beauveria*）　　常见的昆虫寄生菌，主要寄生于蝗虫科、蝉科、

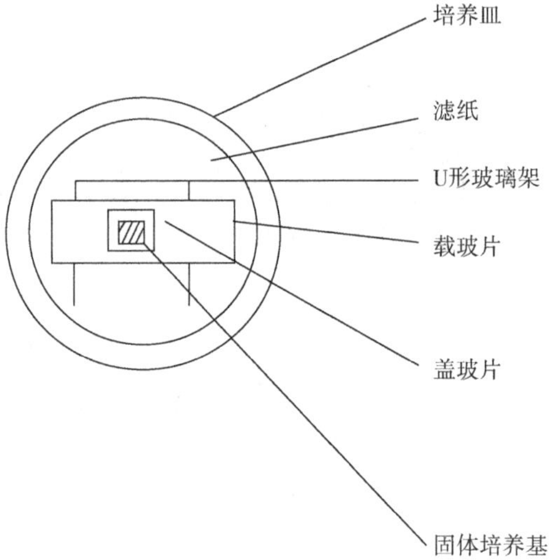

图 5-2　载片培养示意图

芽虫科、白腊科、天牛科、象鼻虫科和金龟子科等 10 多科的幼虫、蛹虫、成虫上。在虫体上蔓延，菌丝白色，后期淡黄色。分生孢子梗单生或分枝，柱形或瓶形，产孢细胞末端变细，呈“之”字形。分生孢子产生在“之”字转弯角上极短的小梗上。分生孢子单细胞、无色、球形至卵形（图 5-3）。

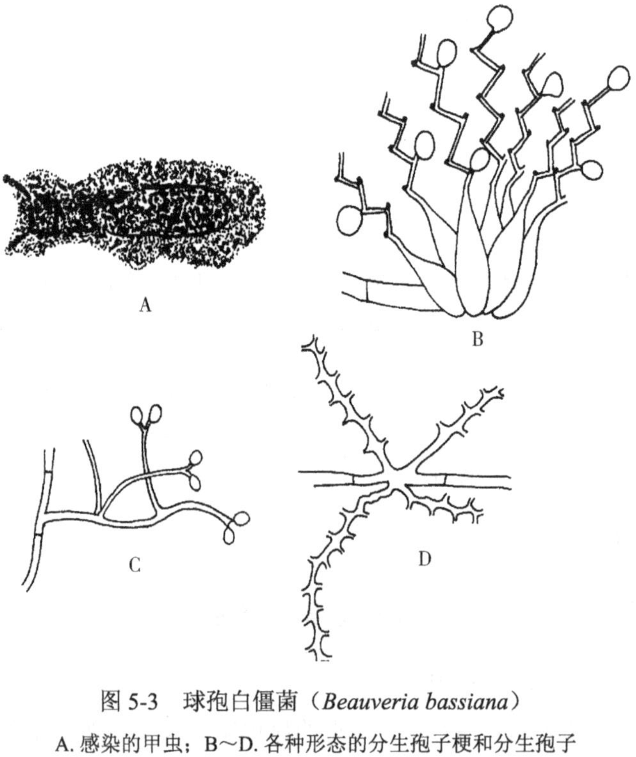

图 5-3　球孢白僵菌（*Beauveria bassiana*）

A. 感染的甲虫；B～D. 各种形态的分生孢子梗和分生孢子

2. 地霉属（*Geotrichum*）　白地霉（*Geotrichum candidum*）：此菌在自然界多见，可从有机肥、水果、蔬菜、泡菜、垃圾及土壤中分离到。在培养基表面呈毛绒状或粉状。菌丝匍匐，有隔膜，有些有二叉分枝，分生孢子梗直立，可断裂为串状的节孢子，节孢子单个或连接成链，长筒形、方形，也有椭圆形或圆形，末端圆钝（图 5-4）。

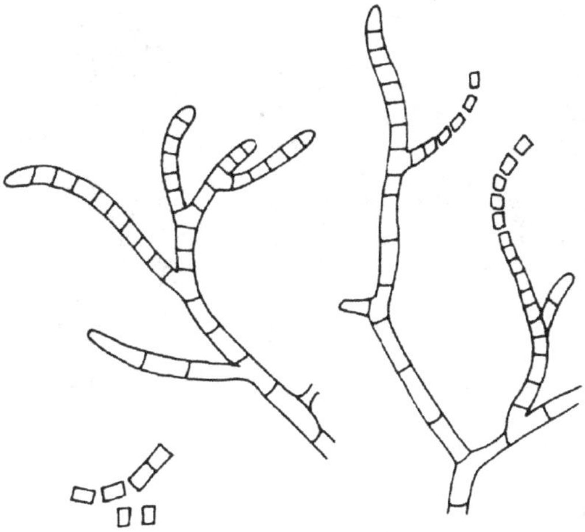

图 5-4　白地霉（*Geotrichum candidum*）

3. 链格孢属（*Alternaria*）　营养菌丝匍匐，有分隔，分生孢子梗单生或成簇，大多数不分枝，较短，与营养菌丝几乎无区别。分生孢子倒棒形，顶端延长成喙状，淡褐色，有典型的纵隔、横隔，常数个成链（图 5-5A）。该属的菌是土壤、空气、工业材料上常见的腐生菌，它们也是某些栽培植物的寄生菌，某些可用于甾族化合物的转化。

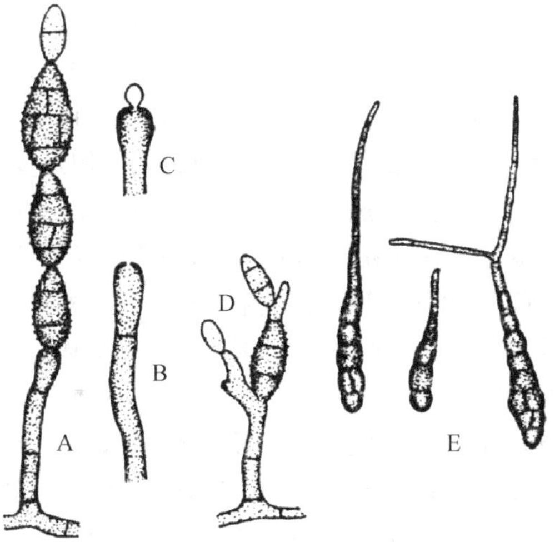

图 5-5　链格孢属（*Alternaria*）

A. 分生孢子成链；B. 分生孢子梗；C. 孔出孢子；D. 分生孢子梗及分生孢子；E. 分生孢子萌发

4．葡萄孢属（*Botrytis*） 葡萄孢属真菌引起的灰霉病是蔬菜和水果上的主要病害之一。该病原菌最初侵染作物花器部位，进而危害果实，直接影响作物的经济产量。其分生孢子产生方式为簇生芽孢子（图 5-6）。

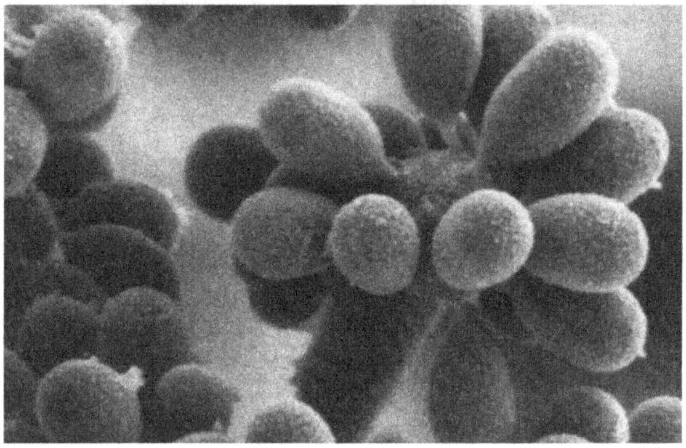

图 5-6 葡萄孢（*Botrytis* sp.）分生孢子（扫描电镜）

（二）腔孢纲（Coelomycetes）

1．黑盘孢目（Melanconiales）

黑盘孢目的许多种寄生于植物而引起所谓的“炭疽病”。菌丝在寄主表皮或角质层下形成分生孢子盘，成熟时顶破寄主组织而出。孢子梗密集，单生或分枝。孢子各种形状，单生或串珠式生于小梗上，由于孢子的色素而使释放出的孢子黏状物显现各种颜色，如白色、乳白、粉红、橘黄、黑色等。

（1）刺盘孢属（*Colletotrichum*）和盘圆孢属（*Gloeosporium*）的比较

刺盘孢属和盘圆孢属在亲缘上有密切联系，可视为一个大属而人为地按刚毛的有无划分为两个属，即分生孢子盘中有刚毛的为刺盘孢属，无刚毛的为盘圆孢属。它们是造成禾本科植物、果树、蔬菜及经济植物炭疽病的真菌，危害燕麦、雀麦、葡萄、橙、柑橘、豌豆、瓜类、烟草等植物，使患病组织迅速坏死形成炭疽病。

观察高粱炭疽病菌（*Colletotrichum graminicola*），无性为禾生刺盘孢（*Colletotrichum graminicola*），有性为 *Glomerella graminicola*，病部黑色刺毛状小点为病菌形成的分生孢子盘。分生孢子盘椭圆形，周生褐色刚毛，散生或聚生在病斑的两面，直径 30～200 μm。刚毛直或略弯混生，褐色或黑色，顶端较尖，具 3～7 个隔膜，大小为（64～128）μm×（4～6）μm，分散或成行排列在分生孢子盘中。分生孢子梗单胞无色，圆柱形，大小为（10～14）μm×（4～5）μm。分生孢子新月形，无色，（18～26）μm×（3～4）μm。菌丝体生长适温为 30 ℃，分生孢子萌发温度为 10～40 ℃，30 ℃最适。玉米和高粱上的炭疽病菌可以交互侵染，但高粱上的炭疽病菌还可侵染麦类，玉米上的则不能。

（2）丛刺盘孢属（*Vermicularia*）和盘圆孢属（*Gloeosporium*）的比较

观察辣椒丛刺盘孢（*Vermicularia capsici*）和海桐炭疽病菌（*Gloeosporium* sp.）

分生孢子盘石蜡切片。观察比较分生孢子盘、分生孢子梗及分生孢子的区别。图 5-7 为几种黑盘孢科不同属的示意图。

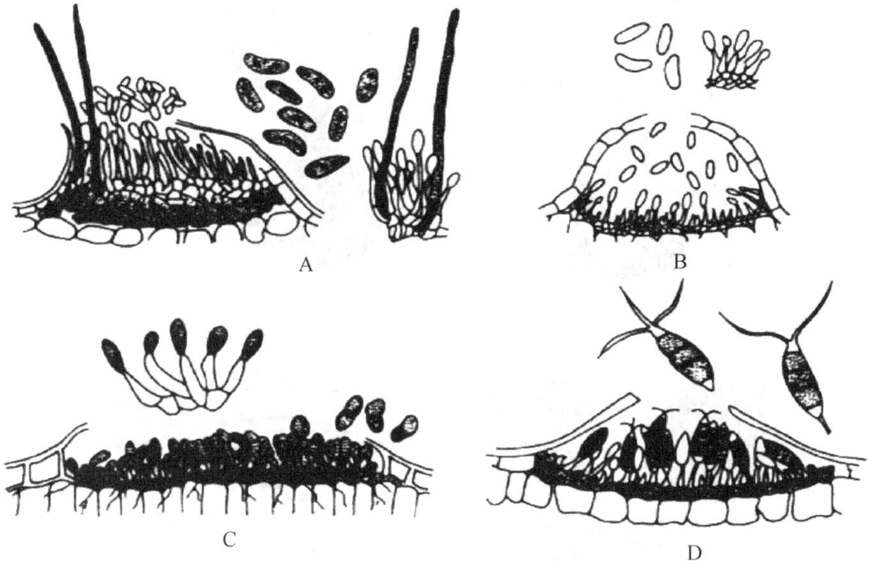

图 5-7　黑盘孢科

A. 刺盘孢属（*Colletotrichum*）; B. 盘圆孢属（*Gloeosporium*）; C. 盘二孢属（*Marssonina*）; D. 盘多毛孢属（*Pestalotia*）

2. 球壳孢目（Sphaeropsidales）

本目的特征是具有分生孢子器（图 5-8），从表面看分生孢子器很像子囊菌中核菌的子囊壳，但后者内生子囊和子囊孢子，而此目则生分生孢子。分生孢子梗一般极短，只有少数较长、有分枝。孢子梗是从分生孢子器壁内部的细胞上产生出来的。孢子器壁是假柔膜组织。分生孢子器一般具有一孔口或全封闭，表生或基物内生，有的生在子座内，它们可能具有小突起，具有开口的长颈。

（1）大茎点霉属（*Macrophoma*）和茎点霉属（*Phoma*）

分别取大叶黄杨和小叶黄杨分生孢子器示范片，观察分生孢子器及其内部分生孢子梗和分生孢子特征，注意分生孢子形态特点，分清哪种分生孢子是双细胞。

（2）壳针孢属（*Septoria*）

主要侵害叶片，其次是叶柄和茎。在叶片上病斑初为淡褐色油渍状小斑点，扩大后，病斑外缘黄褐色，中间黄白色至灰白色，边缘明显，病斑上有许多黑色小粒点（分生孢子器），病斑外常有一圈黄色晕环。在叶柄和茎上，病斑长圆形，稍凹陷。分生孢子器球形、扁球形。分生孢子无色透明，丝状，微弯曲，顶端较钝，具有 0～7 个横隔膜。

取芹菜小壳针孢（*Septoria apiicola*，芹菜斑枯病菌）分生孢子器石蜡切片，观察分生孢子器的形状和分生孢子的形状特点。

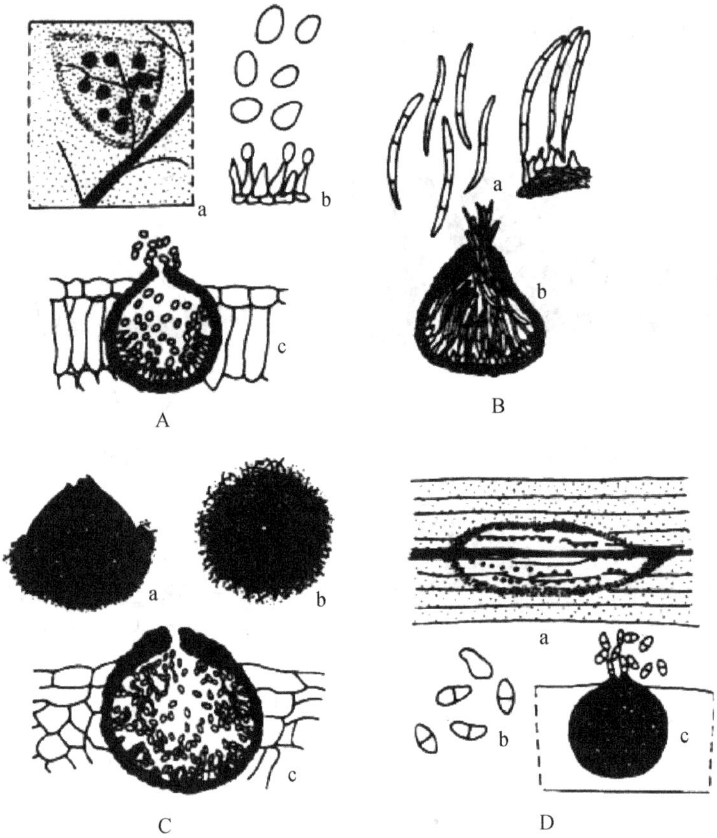

图 5-8　几种分生孢子器

A. 叶点霉属（*Phyllosticta*）：a. 叶片上的病斑，b. 分生孢子梗和分生孢子，c. 分生孢子器切面；B. 壳针孢属（*Septoria*）：a. 分生孢子梗和分生孢子，b. 分生孢子器切面；C. 茎点霉属（*Phoma*）：a. 分生孢子器侧视：b. 分生孢子器俯视，c. 分生孢子器切面；D. 茎点霉属（*Ascochyta*）：a. 大麦叶斑，b. 分生孢子，c. 分生孢子器

五、实验报告（作业）

1. 根据教师要求，选择载片培养的菌体形态拍照（绘图），准确标注其结构特征。

2. 根据教师要求，选择分生孢子器和分生孢子盘拍照（绘图），准确标注其结构特征。

六、思考题

1. 半知菌类真菌的准性生殖有何特点和实际意义？
2. 怎样区分分生孢子器（盘）与子囊壳（盘）？
3. 结合你自己对分离的未知真菌进行观察的经验，试述载片培养在对菌株观察及鉴定的优、缺点，值得注意的问题是什么？

七、参考文献

邢来君, 李明春, 魏东盛. 2010. 普通真菌学. 北京: 高等教育出版社

喻璋, 张猛. 2009. 半知菌分属图解. 北京: 科学出版社

C J 阿历索保罗, C W 明斯, M 布莱克韦尔. 2002. 菌物学概论. 第四版. 姚一建, 李玉译. 北京: 中国农业出版社

H L 巴尼特, B B 亨特. 1977. 半知菌属图解. 沈崇尧译. 北京: 科学出版社

附：扫描电子显微镜样品制作及观察丝状真菌（中国农业大学电镜室贾君镇老师提供）（图 5-9）

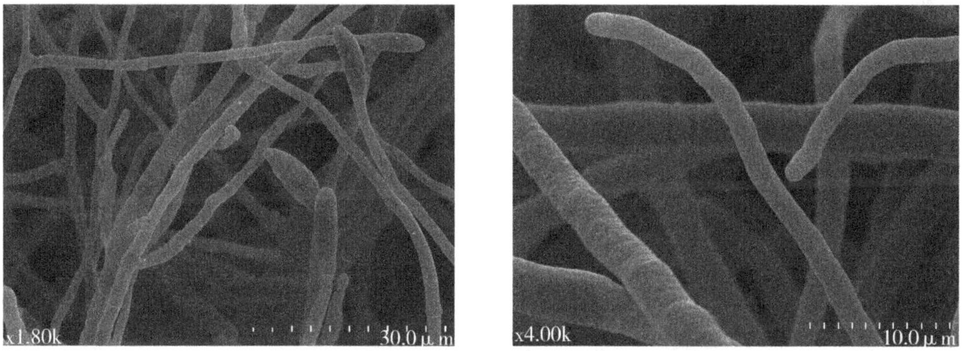

图 5-9　丝状真菌菌丝体及分生孢子（贾君镇老师提供）

（1）取材　将培养在培养基上的真菌菌丝连同培养基切成 3 mm 方块。

（2）固定

1）前固定：将上面的样品放入 2.5%戊二醛溶液（稀释溶液为 pH7.2、0.1 mol/L 磷酸缓冲液）固定 2 h 以上。

2）清洗：磷酸缓冲液（pH7.2、0.1 mol/L）清洗 3 次，20 min /次。

3）后固定：将清洗后的样品放入锇酸（浓度 1%，稀释溶液为 pH7.2、0.1 mol/L 磷酸缓冲液）固定 2 h。

4）清洗：磷酸缓冲液（pH7.2、0.1 mol/L）清洗 3 次，20 min /次。

（3）脱水　梯度乙醇脱水，浓度依次为 30%、50%、70%、80%、90%、100%（每个浓度各 3 次），20 min/次。

（4）干燥　临界点干燥法，将样品放入 CO_2 临界点干燥仪（图 5-10）的样品室中，按说明书操作至样品干燥。

（5）样品表面喷涂　其目的是增加样品表面导电性。利用真空镀膜设备在高

真空条件下给样品表面溅射上一薄金属层，主要是铂金或黄金（图 5-11）。

（6）观察　使用电镜型号：日立（HITACHI）S-3400N（图 5-12）。

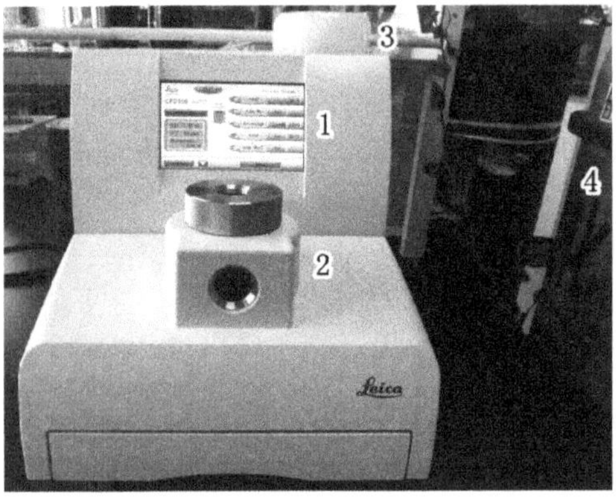

图 5-10　二氧化碳临界点干燥仪

1. 操作控制屏；2. 样品室；3. 乙醇收集瓶；4. 二氧化碳气瓶

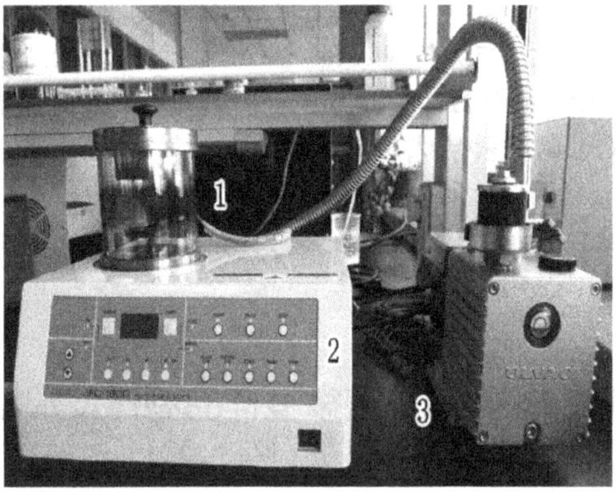

图 5-11　离子溅射仪

1. 样品室；2. 控制调节面板；3. 抽气泵

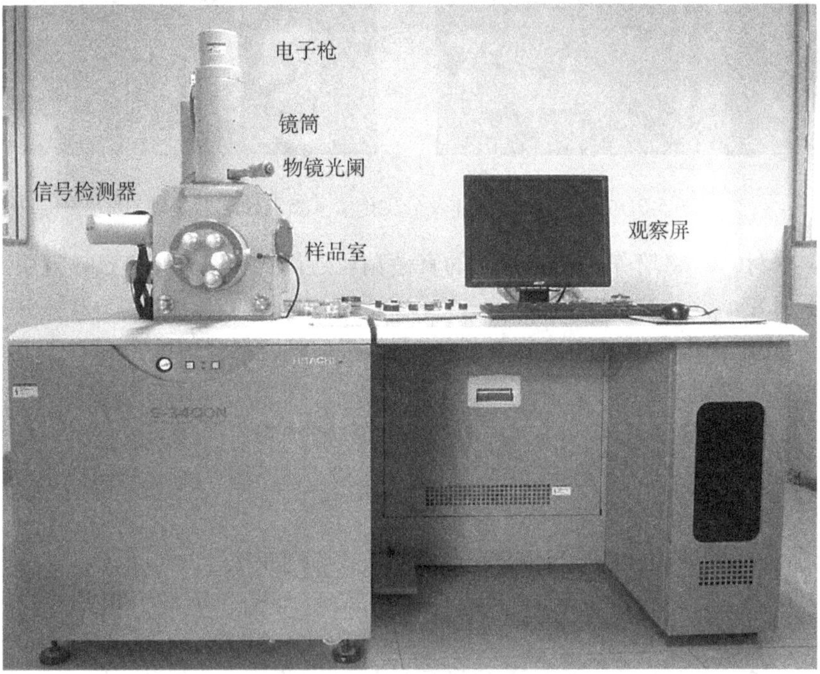

图 5-12　扫描电子显微镜图例

实验六　黏菌基本形态特征的观察

一、实验目的

学习黏菌的野外采集和培养方法，通过观察标本了解黏菌的基本形态特征。

二、实验原理

黏菌门（Myxomycota）又称裸菌门（Gymnomycota），它们的营养体是没有细胞壁结构的黏变形体（myxamoeba），以摄食性吸收营养，生活史近似原生动物。但是它们在繁殖阶段产生子实体，以孢子进行繁殖，这些方面又与真菌相似。

对于黏菌分类地位的归属，科学家一直存在争论，多年来始终不能统一。考虑到黏菌的起源和发展方向与真菌比较接近，而黏菌一直都是由真菌学家进行研究，因此，1973 年在安斯沃思（Ainsworth）的分类系统中将黏菌列为真菌界中一个独立的门（黏菌门）。随着研究的不断深入，在 2001 年出版的《真菌词典》第九版分类系统中，将黏菌归属在原生动物界（Protozoa）中的黏菌门（Myxomycota），分为网柱黏菌纲（Dictyosteliomycetes）、黏菌纲（Myxomycetes）和原柄菌纲（Protosteliomycetes）。然而近年来随着学科的发展，根据基因和蛋白质序列分析绘制的较详细的真核微生物系统发育谱系图（Madigan et al.，2012）显示，黏菌以吞噬方式摄食，能在固体表面快速移动，系统发育分析的分子证据都表明黏菌应属于变形虫类，是裸变形虫的后裔。

黏菌在自然界分布广泛，在阴湿的土壤，潮湿的植物残体、朽木和树皮上都可找到它们。黏菌主要以细菌和真菌孢子为食物。大型黏菌肉眼可见，小型黏菌可借助放大镜观察。

黏菌的营养体结构有两种类型：一种由无细胞壁的原质团（plasmodium）组成，是一个具有多核的原生质。另一种由假原质团（pseudoplasmodium）组成，假原质团是由很多没有细胞壁的黏变形体状细胞聚合在一起成团，每个黏变形体细胞是独立的，相互不融合，但整体行动是协调统一的。黏菌以分裂方式繁殖，子实体颜色多样，形状多样，产生孢子，孢子壁含纤维素。

目前人们尚没有发现黏菌的经济价值，但在细胞生物学研究中，黏菌常作为材料，如人们分析它们的肌动蛋白，试图阐明它们原质团或假原质团步调一致的行动轨迹。此外，作为一类特殊的真核微生物，目前不断有新的种类被发现。

三、实验材料

1）本室验提供以下菌株弹丝、孢子示范片（装片）：黄垂团网菌（*Arcyria nutans*）、灰团网菌(*Arcyria cinerea*)、蛇形半网菌(*Hemitrichia serpula*)、发网菌(*Stemonitis* sp.)、暗红变毛菌（*Metatrichia vesparium*）、鹅绒菌（*Ceratiomyxa fruticulosa*）。

2）本室验提供的子实体标本：鹅绒菌（*Ceratiomyxa fruticulosa*）、蛇形半网菌（*Hemitrichia serpula*）、草生发网菌（*Stemonitis herbatica*）、脆光果菌（*Leocarpus fragillis*）、煤绒菌（*Fuligo septica*）、白头高杯菌（*Craterium leucocephalum*）。

3）普通光学显微镜和实体显微镜。

四、实验步骤

1. 菌种的采集和培养

（1）野外采集　　黏菌标本的获得通常以野外采集为主。在高温多雨季节，各种黏菌生长的自然基物如朽木、树皮、枯枝落叶等，在其上往往生长有黏菌的子实体。

（2）基物培养　　取适于黏菌生长的各种基物，分别用水浸泡 24 h，充分吸水后分别放入铺有吸水纸的培养皿中，培养皿不加盖，置于盘底盛水的大搪瓷盘内，上盖玻璃并留有通气空隙，18～20 ℃条件下培养。注意培养皿内加水保湿。培养自第 5 天起开始出现子实体。

（3）平皿培养　　某些常见属可以在常用培养基上生长，如发网菌属(*Stemonitis*)。所用培养基配方如下。

a. 燕麦片琼脂培养基

燕麦片	10 g
琼脂	18～20 g
水	1000 mL

燕麦片加水 1000 mL，在沸水浴上加热 1 h，纱布过滤并补足水分，加琼脂融化后 15 磅灭菌，121 ℃，20～30 min。

b. 玉米粉琼脂培养基

玉米粉	150 g
琼脂	16～17 g
水	1000 mL

配制方法同上。

将上述培养基制备平板，划线接种大肠杆菌（*Escherichia coli*）、酿酒酵母（*Saccharomyces cerevisiae*）的菌悬液。待菌生长后将黏菌的孢子在无菌条件下移植到培养基表面，在室温下使之萌发即能生成原质团阶段。

2. 形态观察

（1）子实体类型的观察

黏菌分为孢子外生型和孢子内生型。孢子内生型的子实体基本有孢囊，外有包被，常有基质层。观察所提供标本的子实体，并区分它们分别属于下面的哪一类型。

1）孢囊型（sporangium）：孢囊一个个分开，为常见类型。

2）原质囊体型（plasmodiocarp）：孢囊相互联结成长条状的联囊体，或直或弯曲，或成环状、网脉状。孢囊虽互相联结，一般还可以看出个体的结构，这种孢囊一般无柄。

3）复囊体型（aethalium）：许多孢囊错综复杂紧密地堆集交织在一起，形成较大的团块，厚薄不一，外围轮廓近圆形或不规则，表面有一共同的皮层结构，内部分不清楚各个孢囊的个体。

4）假复囊体型（pseudoaethalium）：由许多孢囊紧密堆集或堆叠而成，外形像复囊体，但各个孢囊仍保持各自分明的结构，表面无共同的外皮结构。

（2）子实体结构观察

黏菌的子实体结构主要由以下各部分组成：基质层、柄、孢被、囊轴和假囊轴、孢丝和假孢丝、孢子等，最重要的是孢被和孢子。

仔细观察提供的标本，区分子实体结构的各个组成部分，注意它们的形状、质地、色泽等，并指出它们分别属于下面的哪一种结构。

1）包被（peridium）：包裹孢囊的外表皮，在它破裂或消失之后，孢子才能散出。包被颜色、质地、开裂方式等因菌种不同而各不相同。

（A）质地：膜质有光泽，壳质，松软海绵状，外层软骨质、中层石灰质、内层膜质，石灰质。

（B）开裂方式：囊被完全开裂；囊被不完全开裂；不规则开裂；规则开裂，留存一个小杯托；盖状开裂；囊状筛孔状。

2）囊轴（columella）：囊轴达顶点、囊轴不达顶点。

3）孢丝（capillitium）：结构比较复杂的黏菌种类，孢囊内部的原生质一部分形成孢子，一部分分化形成孢丝。孢丝大多数从孢囊基部或囊轴伸出，也有从囊被伸出的。还有一类孢丝不连着孢囊的任何部分，完全游离地散布在大量孢子中间，并有弹性，也称弹丝（elater）。

弹丝具有以下不同特点：线形具纹饰、线形无纹饰、线形含石灰质。

4）假孢丝（pseudocapllitium）：只存在于复囊体和假复囊体中，实际上是囊被的破碎或遗留部分；管状、线状、线膜状。

5）孢子（spore）：外壁有刺、外壁有疣、外壁有疣及连线、外壁有网纹、外壁有不规则网纹。

五、实验报告（作业）

1. 绘制一孢囊形子实体的典型结构图。
2. 绘制蛇形半网菌孢丝、孢子图。
3. 绘制鹅绒菌子实体图。

六、思考题

1. 结合所观察的黏菌形态，区分它们的特征。
2. 试讨论黏菌在自然界存在的意义。

七、参考文献

C J 阿历索保罗, C W 明斯, M 布莱克韦尔. 2002. 菌物学概论. 第四版. 姚一建, 李玉译. 北京: 中国农业出版社

Madigan M T, Martinko J M, Dunlap P V, et al. 2012. Brock biology of microorganisms. 13th ed. New Jersey: Pearson Education Inc

附：几种黏菌属种描述，请在体视显微镜下观察所提供的标本

（1）鹅绒菌目（Ceratiomyxales）

鹅绒菌属（*Ceratiomyxa*）：子实体从基部直接分枝或多次分叉，表面区分为无数小格，从每格上生长一个柄，柄上长出一个无色的孢子。

鹅绒菌（*Ceratiomyxa fruticulosa*）：子实体状似白霉，多从基部分枝，全高 1 mm 以上。孢子无色、光滑，卵形至近圆形，（8～13）μm×（6～8）μm，生于小柄的尖端，小柄生于子实体表面，长约 12 μm。

（2）无丝菌目（Liceales）

粉瘤菌属（*Lycogala*）：子实体为复囊体型，外形似马勃。无真正孢丝，假孢丝系分枝、透明的小管，宽度差异很大，具有皱纹或小疣，孢子淡色。

粉瘤菌（*Lycogala epidendrum*）：复囊体块状，密集或散生，近球形，无柄，直径 2～15 mm，粉灰色、青褐色乃至灰褐色；包被薄且表面有小疣，假孢丝系分枝、壁薄、有横皱褶、淡黄色的半透明小管，直径 8～30 mm，顶端圆钝，孢子半透明，具小疣，直径 5～7 mm，成堆时肉色。

（3）团毛菌目（Trichiales）

团毛菌属（*Arcyria*）：子囊有柄，圆柱形、卵形或球形，囊壁上部早凋落，下部存留杯托，孢丝为网状体，有弹性，连着囊基，花纹多样，但很少有螺纹。

灰团网菌（*Arcyria cinerea*）：孢子囊散生或群生，卵形或圆柱形，灰色或黄灰色，全高 2～3 mm，杯状物近光滑，有细微的小疣或网纹，柄长占全高的一半，色与孢子囊相同或较深，孢丝粗 2～4 mm，上有密集的小疣或小刺，孢子透明且有稀散的小疣，直径 6～8 mm。

（4）绒泡菌目（Physarales）

绒泡菌属（*Physarum*）：子囊有柄或无柄，或为联囊体。囊被有石灰质，孢丝为细线连接石灰结而构成网体，连着囊基和囊被，孢子常聚集成团。

多头绒泡菌（*Physarum polycephalum*）：孢子囊群生，大片地覆盖于所着生的基

物上，球形至不规则形，常几个聚集在一起，灰色，有柄，全高约 1.5 mm，囊被膜质，上有白色石灰结，柄锥形，半透明，常数个连接在一起形成小丛，孢丝纤细，无色，稀疏，与不规则石灰结相连，孢子深紫褐色，有细微小刺，直径约 10 μm。

（5）发网菌目（Stemonitales）

发网菌属（*Stemonitis*）：孢子囊圆筒形，有柄，紧密集合，囊壁消失，囊轴达顶点，孢丝从囊轴各部位长出，逐渐分枝，最后小枝互相交结，形成发网状。

褐发网菌（*Stemonitis fusca*）：孢子囊紧密丛生，圆柱形，有柄，全高 5～20 mm，褐色；柄黑色，具光泽，长 1.5～4 mm；孢囊基膜质，褐色，发达，囊轴几乎达孢子囊顶端；孢丝深褐色，组成发网状结构；网眼多角，宽 6～11 μm；孢子有细微小刺，排列成网纹，浅灰紫色，直径 8～10 μm。

黏菌子实体图例

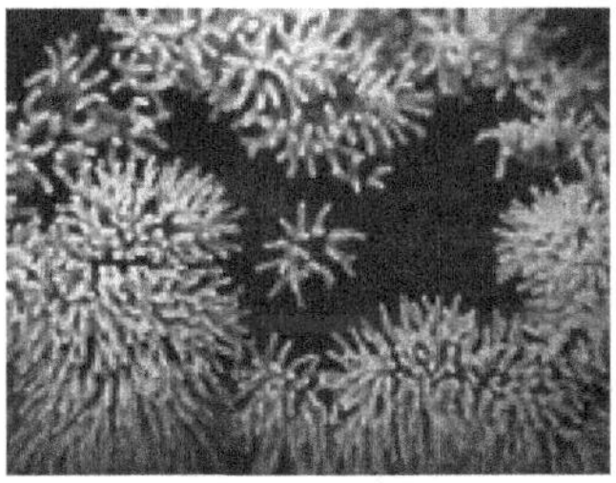

图 6-1　鹅绒菌子实体

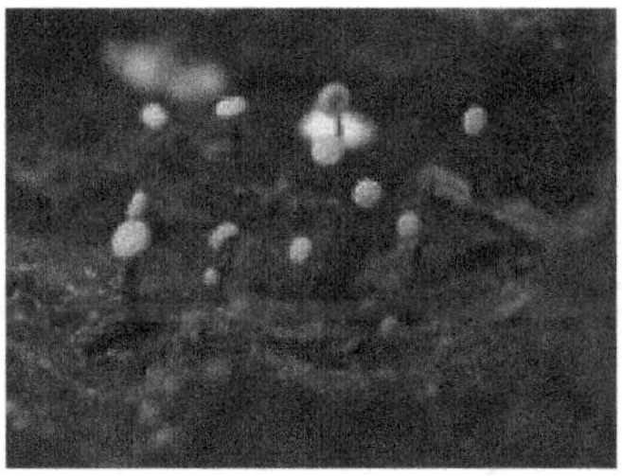

图 6-2　板节绒泡菌子实体

图 6-3　团网菌

图 6-4　两种发网菌子实体

图 6-5　棒形半网菌

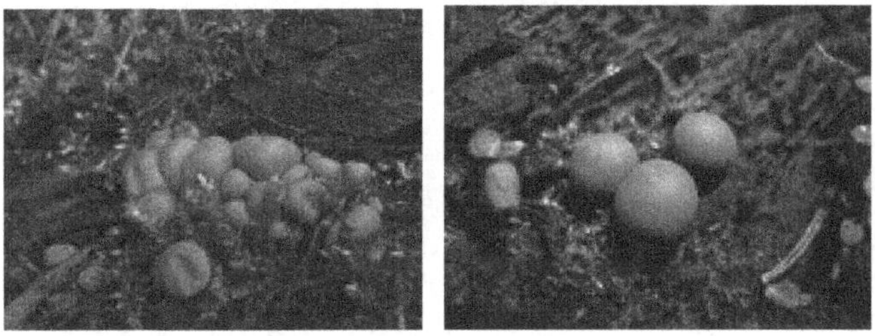

图 6-6　两种粉瘤菌子实体

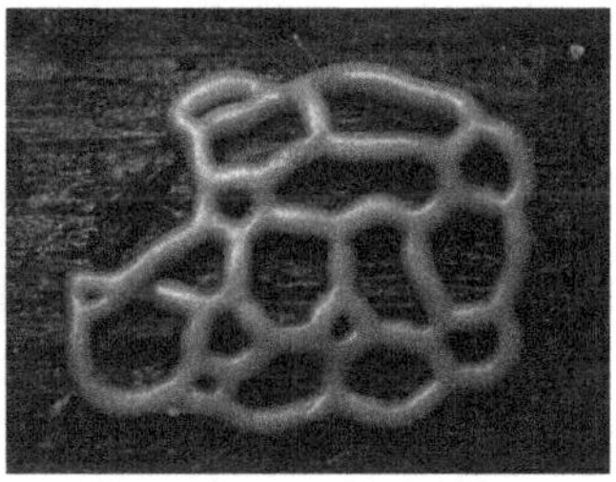

图 6-7　蛇形半网菌

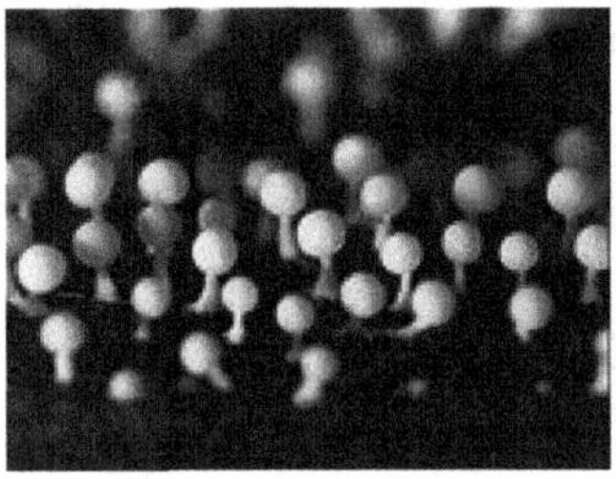

图 6-8　白柄网菌

图 6-9　暗红团网菌

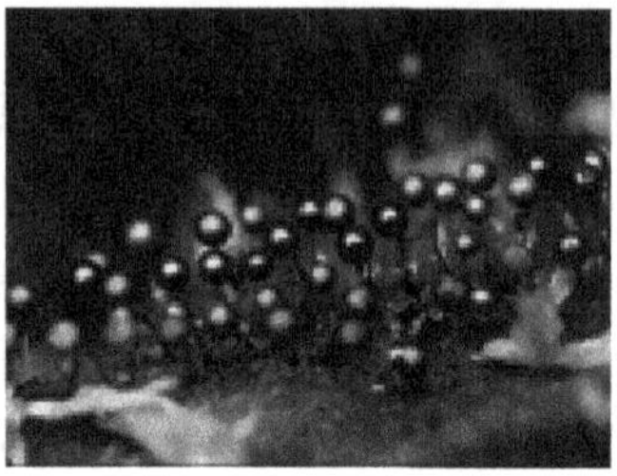

图 6-10　梨形筛菌

黏菌子实体图例中一部分引自以下网站：http：//www.baike.com/wiki/%E7%B2%98%E8%8F%8C%E9%97%A8&prd=so_au to_doc_list

本图例的彩图见附录 10。

实验七　丝状真菌细胞核的DAPI染色及观察

一、实验目的

1. 了解真菌细胞核染色的原理。
2. 掌握真菌细胞核染色的方法。

二、实验原理

细胞核是细胞的控制中心，含有全部的DNA基因组。在细胞的生长、代谢、分化和遗传中起着调控作用，是遗传物质的主要存在部位。在真菌学研究中，常需要了解细胞核的状态，细胞核在细胞中的位置，核的数目、大小和它们在真菌不同生长发育时期的行为。

荧光显微镜在生物学研究中已被广泛使用。荧光染料种类很多，如吖啶橙（acridine orange）、荧光胺（fluorescamine）、二氯二氢荧光素乙酸乙酯（DCFH-DA）等。以往的荧光染料适合真菌细胞核染色的很少，或仅限于少数几种真菌，染色过程也相对较长。进行真菌细胞核的染色通常采用海登汉氏苏木精法、Giemsa 法（吉姆萨法）、番红 O-KOH、苯胺蓝-乳酚油及曲利苯蓝-乳酚油等，但这些方法染色程序较为繁琐，在短时间内处理观察大量试材比较困难（康振生等，1992）。Kangatharalingam 和 Ferguson（1984）用荧光染料 Hoechst 33258 在 MGIlvaine 标准缓冲液（pH 7.26～7.44）中对双孢菇、立枯丝核菌、向日葵链格孢、尖孢镰刀菌、终极腐霉、酿酒酵母和青霉进行了染色，均获得很好的效果。荧光染料 DAPI（4, 6 diamidino-2 phenylindole），即 4, 6-二脒基-2-苯基吲哚，是一种能够与 DNA 强力结合的荧光染料，目前用于多种真菌细胞核的荧光显微观察。由于 DAPI 可以透过完整的细胞膜，可用于活细胞和固定细胞的染色。DAPI 染色的原理是，它可以穿透细胞膜与细胞核中的双链 DNA 结合而发挥标记的作用，可以产生比 DAPI 自身强 20 多倍的荧光。在显微镜下可以看到显蓝色荧光的细胞，荧光显微镜观察细胞标记的效率高（几乎为 100%），且对活细胞无毒副作用。DAPI 染色常用于细胞凋亡检测，染色后用荧光显微镜观察或流式细胞仪检测。DAPI 也常用于普通的细胞核染色及某些特定情况下的双链 DNA 染色。细胞经热激处理后用 DAPI 染色 3 min，在荧光显微镜下可以看到细胞核的形态变化。

三、实验材料

1. 供试菌株

立枯丝核菌（*Rhizoctonia solani*）、尖孢镰刀菌（*Fusarium oxysporum*）、禾白粉病菌（*Blumeria graminis*）或其他真菌。

2. 培养基

PDA 培养基：去皮马铃薯片 200 g、葡萄糖 20 g、琼脂粉 18～20 g、水 1 L。

3. 试剂

荧光染料及储存液：将 10 mg DAPI 粉末溶解在 1 L 的 PBS 缓冲液中，用锡纸包好，避光，4 ℃下保存。

PBS 缓冲液的配制：NaCl 8.0 g、KCl 0.8 g、Na_2HPO_4 1.42 g、KH_2PO_4 0.27 g、用盐酸调节 pH 至 7.4。

四、实验步骤

1. 真菌材料的准备

将待观察的真菌接种在 PDA 培养基上，长出小菌落后，将无菌盖玻片斜插进菌落边缘的培养基中，让菌丝生长到盖玻片上。

2. 细胞核染色

菌丝的细胞核染色：待菌丝长至盖玻片的 1/2～2/3 处，在载玻片上滴加 1～2 滴染液，用镊子夹取盖玻片慢慢盖在载玻片的染液上面。然后在荧光显微镜下观察。

分生孢子的细胞核染色：在干净载玻片上滴加 1～2 滴染液，随后将白粉菌或其他真菌的分生孢子直接抖落在染液中，加盖玻片后在荧光显微镜下镜检。

3. 荧光显微镜观察及注意事项

镜检时，荧光显微镜的激发滤光片应为 365 nm，阻碍滤光片应为 418～432 nm，在此条件下，真菌菌丝细胞核和隔膜均发出淡蓝色荧光，易于辨认。在镜检中眼睛切勿直接看荧光显微镜汞灯发出的光，以免灼伤视网膜。同时，尽量避免重复启停电源开关，否则会缩短汞灯的使用寿命。

因为 DAPI 染色液有一定的毒性，所以实验操作过程中应戴手套，做好保护工作。

五、实验报告（作业）

观察不同真菌细胞核染色的结果，注意观察细胞核的数目，并进行显微照相。

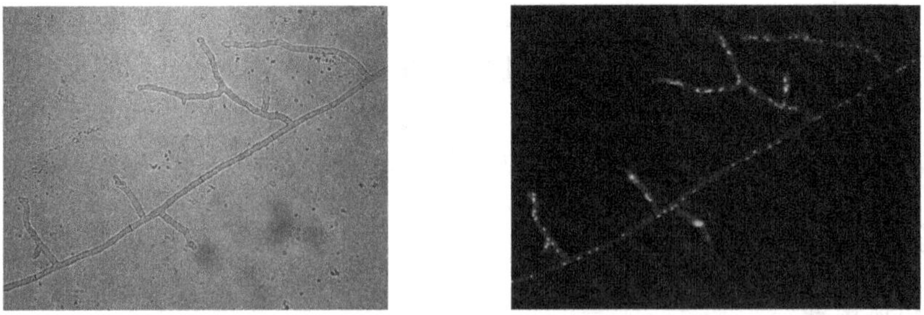

A　　B

图 7-1　丝核菌菌丝体细胞核染色图例

A. 普通明场观察；B. 荧光观察（彩图见附录 11）

六、思考题

1. 真菌细胞核染色常用的染料有哪些？
2. DAPI染色的特点是什么？

七、参考文献

康振生，李振岐，商鸿生. 1992. 植物病原真菌细胞核的荧光染色技术. 植物保护, 2: 43
Kangatharalingam N, Ferguson M W. 1984. A simple and rapid technique for fluorescence staining of fungal nuclei. Current Mycrobiology, 10: 99-104

附：荧光显微镜简介及使用步骤（以Olympus BX51为例）

落射荧光显微镜的构造

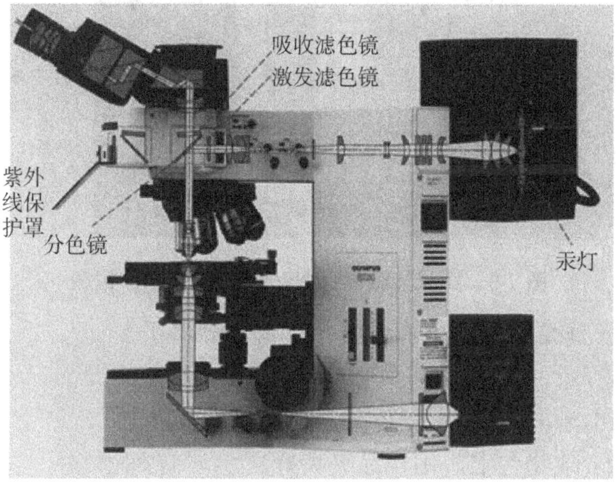

图7-2　荧光显微镜简图

荧光显微镜（Olympus BX51）简介及操作步骤

1. 简介

物镜：	4 ×0.16（无DIC）	
	10×0.40	
	20×0.75	
	40×1.00	oil
	100×1.40	oil
荧光滤色块转盘：	WU	蓝
	WIB	绿（长通）

WIBA 绿（带通）
WIG　红
CFP　青
YFP　黄

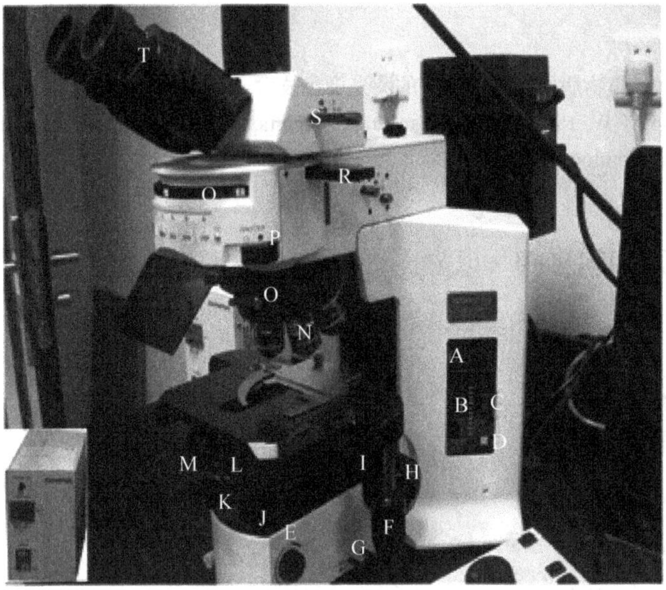

A. 主开关
B. 电压指示灯
C. 透射光反射光转换按钮
D. 光强预置按钮
E. 光强调节旋钮
F. X/Y轴旋钮
G. 滤色镜按钮
H. 粗调焦旋钮张力调节环
　粗调焦旋钮
　细调焦旋钮
I. 聚光镜高度调节钮
J. 视场光阑调节环
K. 起偏器
L. 镜头侧DIC棱镜
M. 孔径光阑调节环
N. 物镜
O. DIC棱镜
P. 荧光光路shutter
　○开 ●关
Q. 荧光滤块转盘
R. 检偏器
S. 光路转换拉杆
T. 目镜
U. 汞灯开关

图 7-3　荧光显微镜（Olympus BX51）的构造

2. 操作步骤（注意：样品需在低倍镜下放置和取下）

（1）DIC 观察

1）打开明场电源开关（“｜”为开，“○”为关）。

2）将样品置于载物台上，用样品夹夹好。

3）将起偏器、检偏器、DIC 棱镜推入光路，荧光滤块转盘拨到“1”位置，DIC 棱镜应与相应的物镜倍数相匹配。

4）先选用低倍物镜（“10×”）。

5）调节透射光的强度，调节焦距，找到视野。

6）换到高倍镜头，观察样品。

7）DIC 观察时，光路选择拉杆拉到中间位置，既可观察，也可拍照。

（2）荧光观察

1）打开明场电源开关。

2）打开汞灯电源开关。

3）将样品置于载物台上，用样品夹夹好。

4）检偏器、DIC 棱镜在光路外。

5）将荧光光路 shutter 打开（“○”为开，“●”为关），需保护样品时关闭 shutter。

6）光路选择拉杆推至最里边。

7）根据样品的标记情况将荧光滤块转盘转到相应的位置。

8）通过两组减光滤片调节激发光强度。

9）从低倍镜开始观察，调焦，找到预观察视野。

10）依次换到高倍镜头，观察样品。

11）拍照时光路选择拉杆完全拉出。

（3）普通明场观察

1）打开明场电源开关（“｜”为开，“○”为关）。

2）将样品置于载物台上，用样品夹夹好。

3）起偏器、检偏器、DIC 棱镜在光路外，荧光滤块转盘拨到“1”位置，DIC 棱镜拨到明场（BF）位置。

4）先选用低倍物镜（“4×”）。

5）调节透射光的强度，调节焦距，找到视野。

6）依次换到高倍镜头，观察样品。

7）光路选择拉杆拉到中间位置既可观察，也可拍照。

（4）关机

1）关闭汞灯电源（注意：汞灯需使用半小时以上方可关闭，关闭半小时以后方可再次开启）。

2）将透射光调到最小，关闭明场电源开关。

3）将镜头转到低倍镜，取出样品。若使用过油镜，用干净的擦镜纸擦拭镜头。

4）确认数据已经保存，关闭软件。

5）使用光盘拷贝数据（禁止使用移动储存设备拷贝数据）。

6）关闭电脑，登记使用时间、荧光数字等使用情况。

实验八　酿酒酵母原生质体制备与再生

一、实验目的

1. 学习并掌握酿酒酵母（*Saccharomyces cerevisiae*）细胞壁酶解及原生质体的制备技术。

2. 掌握原生质体再生条件。

3. 学习溶液的过滤灭菌技术。

二、实验原理

原生质体融合技术，对于物种间遗传物质的传递、交换并形成新的个体有着重要的应用价值。而原生质体的制备与再生条件的确定，则是进行原生质体融合或利用原生质体转化外源基因的先决措施。

酿酒酵母细胞壁主要由葡聚糖和甘露聚糖组成，还含有少量蛋白质、脂类等成分，采用复合酶-蜗牛酶或 Zymolyase 可以有效地制备酵母菌原生质体。将新鲜菌体用含有巯基乙醇和乙二胺四乙酸（EDTA）的预处理液处理后，置高渗溶液和适宜的温度下缓慢摇动进行酶解，并可以在显微镜下清楚地分辨和计算原生质体的游离数量，将原生质体涂布于高渗平板，根据菌落生长情况，可计算出其再生率。

制备原生质体除了根据细胞壁组分合理选择水解酶类及其配比以外，关键的条件之一是配制高渗缓冲液，所谓“高渗”，是相对于动物血红细胞而言的（一般生理盐水为 0.85%～0.9%的氯化钠溶液），通常在制备原生质体时，所配溶液的渗透压应该与原生质体是等渗的（氯化钠 0.6 mol/L，或蔗糖 0.6 mol/L）。酶液也必须用高渗缓冲液配制，并采用过滤除菌的方式除去杂质和细菌的污染。

原生质体制备是很多实验的前提条件，因此，掌握本实验技能，对于进行真核微生物细胞核型分析、真菌的转化及原生质体融合等实验都是必需的。

三、实验材料

1. 菌株

酿酒酵母（*Saccharomyces cerevisiae*）。

2. 培养基

1）完全培养基（CM 液体）：蛋白胨 20 g、酵母粉 10 g、葡萄糖 20 g、pH 6.0，灭菌 10 磅（约 110 ℃） 20 min；（分装 5 mL/支、100 mL/瓶）。

2）完全培养基（CM 固体）：上述培养基中加 1.5%～2%琼脂，分装于三角瓶后灭菌备用。

3）高渗完全培养基（HCM 固体）：上述培养基内加入 0.6 mol/L 蔗糖和 1.5%～2%琼脂。

3. 试剂

1）原生质体稳定液：0.6 mol/L 氯化钠 + 50 mmol/L 甘氨酸 +1 mmol/L 氯化钙，pH 6.0，分装 100 mL/瓶和 4.5 mL/支，10 磅 20 min 灭菌备用。

2）酶液：1.0%蜗牛酶，用原生质体稳定液配制后过滤除菌。

3）预处理液：10 mmol/L Tris-10 mmol/L EDTA，分装于三角瓶内，50 mL/瓶，10 磅（约 110 ℃）20 min 灭菌备用。使用前加入 0.02%巯基乙醇（终浓度）。

4）生理盐水（0.85%NaCl）：4.5 mL/支，10 磅 20 min 灭菌备用。

4. 器皿

无菌培养皿、玻璃刮铲、无菌吸管、恒温摇床、振荡器、血球计数板、显微镜等。

四、实验步骤

1）菌株活化：将菌种接种于 CM 斜面培养基，25～28 ℃培养 24 h。

2）种子液培养：挑取新鲜菌体一环，接种于 5 mL CM 液体中，25～28 ℃振荡培养 24 h。

3）细胞培养：将 5 mL 种子液接入 100 mL CM 液体中，25～28 ℃振荡培养 16～18 h。

4）收集细胞：用 50 mL 无菌离心管离心（3000 r/min，5 min）收集细胞。

5）预处理：在收集细胞的离心管内倒入预处理液 10～15 mL，充分混匀，30 ℃缓慢振荡 20～30 min。

6）离心收集细胞，原生质体稳定液洗涤一遍，离心收集细胞，弃上清液。

7）制备原生质体：取菌体约 0.5 g，置 10 mL 酶液中（使用前需过滤灭菌），30 ℃ 缓慢振荡 40～90 min。

8）显微镜下随时检查原生质体生成情况（*注意：血球计数板不能有水，加样后轻轻盖上盖玻片，或先盖上盖玻片，然后沿着盖玻片边缘加样*）。

9）细球计数板计算原生质体浓度（原生质体：个/ mL）。

10）取 0.5 mL 原生质体液，用原生质体稳定液稀释至 10^{-6}，选取 10^{-4}、10^{-5}、10^{-6} 3 个稀释度（0.1 mL），分别涂布于 HCM 平板（每个稀释度 3 个重复）；置 25～28 ℃条件下培养 3～5 d 后记录再生菌落数。

11）另取 0.5 mL 原生质体液，用生理盐水稀释至 10^{-6}（稀释时需充分振荡），选取 10^{-4}、10^{-5}、10^{-6} 3 个稀释度（0.1 mL），分别涂布于 CM 平板（每个稀释度 3 个重复)，25～28 ℃条件下培养 3～5 d 后记录菌落数。

12）计算再生率：

$$\text{原生质体再生率（\%）} = \frac{A-B}{C} \times 100\%$$

式中，A 为 HCM 平板菌落数，需推算出：个/ mL。B 为 CM 平板菌落数，需推算出：个/ mL。C 为原生质体总数（个/ mL，稀释涂板前计数）。

五、实验报告（作业）

请将实验获得的原始数据填入表 8-1、表 8-2，然后计算结果。

表 8-1　酿酒酵母原生质体制备原始数据

细胞数（中方格）	原生质体数（中方格）	原生质体得率
1.	1.	1.
2.	2.	2.
3.	3.	3.
平均	平均	平均

表 8-2　酿酒酵母原生质体再生原始数据

原生质体涂板数	菌落数（低渗）	菌落数（高渗）	再生率/%
1.	1.	1.	
2.	2.	2.	
3.	3.	3.	
平均	平均	平均	平均

六、思考题

1. 从菌株培养、细胞预处理、酶解条件及再生条件等方面说明在制备啤酒酵母菌原生质体及原生质体再生实验中应注意的问题。

2. 如果制备丝状真菌（如曲霉或青霉）的原生质体，应选择的酶类有哪些？为什么？

附：几种细菌过滤器及其使用（图 8-1）

A　　　　B　　　　C

图 8-1　实验室常用细菌过滤器

A. 可以与注射器配套使用；B. 可连接抽滤设备使用；C. 可连接较大容器使用

实验九　稻巨座壳菌自噬体的显微观察

一、实验目的

1. 了解丝状真菌细胞自噬的形成过程及机制。

2. 学习和掌握通过氮源缺乏和蛋白酶抑制剂（PMSF）联合诱导稻巨座壳菌自噬体形成的方法。

3. 学习和掌握利用透射电镜观察丝状真菌细胞自噬的形态学研究方法。

二、实验原理

（一）真菌的细胞自噬

在一定条件下，所有生命体的细胞均可发生程序性自杀。最典型程序性细胞死亡形式为细胞凋亡，它对于高等真核生物的正常生长至关重要。真菌在衰老和繁殖阶段会自然发生类细胞凋亡性细胞死亡，而且环境压力和毒性代谢物均可诱导此类细胞凋亡。

细胞凋亡一词是被用来描述形态学上程序性细胞死亡（programmed cell death，PCD）的一种特殊形式。凋亡性细胞死亡是多细胞生物生命过程中至关重要的一步，它是生命体生长过程中的自然现象，与细胞内稳态的维持、损伤细胞的消除、对感染原的应答、衰老和分化及细胞对生物类和非生物类压力的应答等生命过程相关（Sharon et al.，2009；Bartoszewska and Kiel，2011）。目前已鉴定出多种细胞凋亡过程中的关键蛋白，但是，多数情况下，对此类蛋白质的分子机制的了解尚不完善。

真菌的细胞自噬（autophagy）是一种特殊类型的程序性细胞死亡。细胞自噬是普遍存在的现象，是真核细胞的非选择性降解过程。自噬型细胞死亡的特征是细胞质成分的降解发生在核裂解之前，在细胞凋亡中这两个事件发生的顺序刚好相反。自噬的特点之一是细胞膜的动态重排，从而导致自噬体的形成。自噬基因以接合级联的方式调控自噬过程的起始和发生。在真菌中，细胞自噬可以分为微自噬（microautophagy）和巨自噬（macroautophagy），巨自噬是指细胞的胞质成分被一种非液泡来源的膜所包围而形成自噬体囊泡（图 9-1），这一双层膜的自噬体小泡的形成是巨自噬过程的显著标记。自噬体囊泡外膜最终与液泡膜融合，其内容物以单层膜结构的自噬体形式进入液泡的内腔被降解循环利用。在微自噬中，也发生同样的膜包围过程，但这种膜包围是由液泡膜内陷形成的。由此推测，巨自噬与微自噬之间存在一种通过膜供应建立的间接联系，因为微自噬导致液泡膜表面积的减少，通过吞噬泡与液泡的融合给以补偿（Bartoszewska and Kiel，2011）。因为丝状真菌中的微自噬现象并未受到较多的关注，在此不做深入分析。

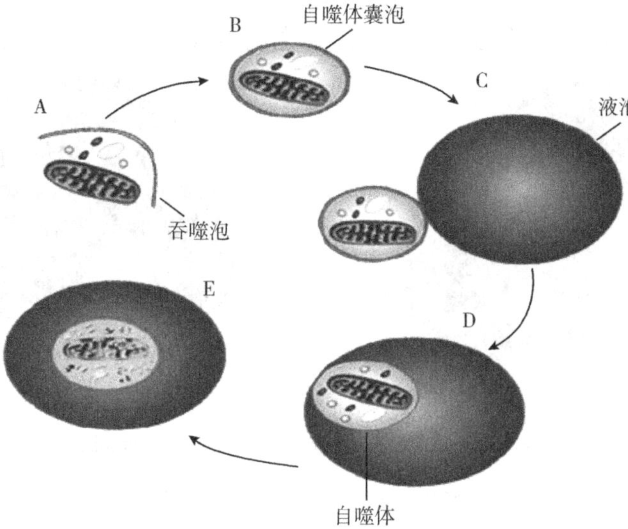

图 9-1 巨自噬模型图解

A. 细胞质内容物（细胞器和细胞质）被扩展的膜结构隔离形成吞噬泡；B. 这一事件的结果是形成了一个双层膜囊状结构——自噬体囊泡；C、D. 自噬体囊泡外膜与液泡膜融合，自噬体囊泡的内容物以单层膜结构的自噬体形式进入液泡的内腔；E. 自噬体及其内容物被液泡内的水解酶降解。降解产生的基本成分，如氨基酸、脂肪酸等，可在细胞质中被重新利用（Bartoszewska and Kiel，2011）

（二）真菌细胞自噬体的显微镜观察方法

细胞凋亡现象的标记主要表现在形态学的变化特征和细胞内生化及细胞学应答反应两个方面。本实验主要介绍细胞自噬的形态学显微镜观察。

细胞凋亡形态学的变化主要以细胞内自噬体的形式出现为特征。在许多真核生物中，细胞自噬不仅仅是一种存活机制，同时再循环的物质在分化过程中可被重新利用。在所有真核细胞中都存在低水平的细胞自噬，当细胞受到外界环境刺激（如碳源和氮源的匮乏等）或细胞内部发生条件变化时，细胞为了存活，将激活细胞自噬过程。因此，为了观察自噬体的形成，首先要进行自噬的诱导，然后制片并进行透射电镜观察。

到目前为止，丝状真菌内细胞自噬的研究主要集中于液泡随机捕获细胞内容物的巨自噬现象的研究。其自噬现象通常由碳源和氮源的匮乏引起。通过自噬来完成营养物的循环利用是饥饿诱导的程序性细胞死亡现象中最早发现的一种类型。在细胞自噬的研究中，利用蛋白酶缺陷细胞系或用蛋白酶抑制剂——苯甲基磺酰氟（phenylmethylsulfonyl fluoride，PMSF）处理，抑制自噬体的降解，通过光学显微镜就可观察到囊泡中未降解的自噬体。然而，迄今为止电子显微镜是研究细胞自噬的唯一可信赖方法，可以明显地观察到未降解的自噬体囊泡（图 9-2），还可以观察到包裹细胞质内容物的双层膜的囊状结构。因此本实验通过氮源缺乏和蛋白酶抑制剂 PMSF 诱导稻巨座壳菌自噬现象的发生，通过透射电镜显微镜观察自噬体的形态。

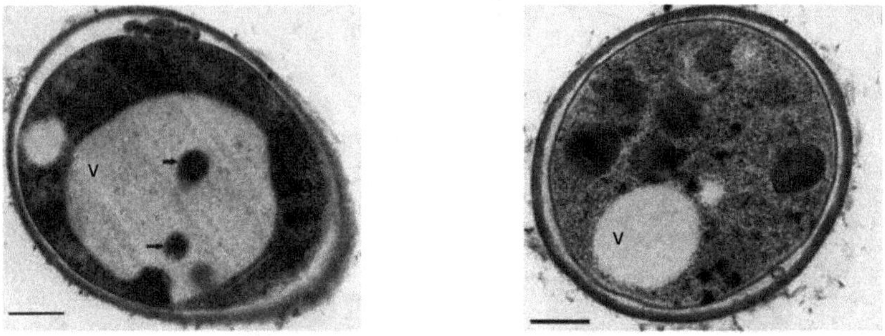

A　　B

图 9-2　稻巨座壳菌（*Magnaporthe oryzae*）菌丝在无氮培养基中用 4 mmol/L PMSF 诱导下的电镜观察

A. 菌丝细胞中的液泡结构及液泡内的自噬体（箭头所指）；B. 稻巨座壳菌 *MgATG8* 基因缺失株，该缺失株丧失了细胞自噬能力，在相同诱导条件下，其液泡中不存在自噬体结构。V. =液泡（vacuole），标尺 500 nm（Veneault-Fourrey C et al.，2006）

三、实验材料

（一）实验菌株

稻巨座壳菌（*Magnaporthe oryzae* =*M. grisea*，俗名：稻瘟病菌）。

菌株的培养：将保存于滤纸片上的稻瘟病菌菌种，接种于 CM 固体培养基上，25 ℃，循环光照—黑暗（12 h 光照和 12 h 黑暗）培养 10～14 d，活化备用。

菌株的保存：稻瘟病菌菌株采用滤纸片方法长期保存，将灭菌后的滤纸小片，平铺在 CM 培养基平板上，待菌丝长满滤纸后，揭取滤纸片，在干燥器中干燥一周，然后放入灭菌的纸袋，于–20 ℃长期保存。

（二）培养基

1. CM 培养基

20×硝酸盐溶液	50 mL
微量元素溶液	1 mL
D-葡萄糖	10 g
蛋白胨	2 g
酵母抽提物	1 g
Casamino acid（酪蛋白水解物）	1g
维生素溶液	1 mL

1 mol/L NaOH 调 pH 至	6.5
加 ddH_2O 至	1000 mL

若配固体培养基，1 L 培养基中加 15 g 琼脂粉；115 ℃湿热灭菌 20 min。

2. MM-N 培养基

KCl	0.52 g
MgSO4·7H_2O	0.52 g
KH_2PO_4	1.52 g
微量元素溶液	1.0 mL
D-葡萄糖	10.0 g
维生素溶液	1.0 mL
1mol/L NaOH 调 pH 至	6.5
加 ddH_2O 至	1000 mL

（三）试剂

1. 20×硝酸盐溶液（1000 mL）

$NaNO_3$	120 g
KCl	10.4 g
$MgSO_4 \cdot 7H_2O$	10.4 g
KH_2PO_4	30.4 g
加 ddH_2O 至	1000 mL

2. 1000×微量元素溶液（100 mL）

$ZnSO_4 \cdot 7H_2O$	2.2 g
H_3BO_3	1.1 g
$MnCl_2 \cdot 4H_2O$	0.5 g
$FeSO_4 \cdot 7H_2O$	0.5 g
$CoCl_2 \cdot 6H_2O$	0.17 g
$CuSO_4 \cdot 7H_2O$	0.16g
$Na_2MoO_4 \cdot 2H_2O$	0.15 g
Na_4EDTA	5 g
加 ddH_2O 至	100 mL

3. 1000×维生素溶液（100 mL）

生物素	0.01 g
维生素 B_6	0.01 g
维生素 B_1	0.01 g
维生素 B_2	0.01 g
对氨基苯甲酸（PABA）	0.01 g

烟酸　0.01 g

加 ddH_2O 至　100 mL

以上试剂均过滤除菌，4 ℃黑暗储存。

4. 1mol/L PMSF 储存液

用 DMSO（dimethyl sulfoxide，二甲亚砜）溶解 PMSF（phenylmethanesulfonyl fluoride，苯甲基磺酰氟），一般在低温冰箱中保存。

（PMSF 在水溶液中不稳定，30 min 就会降解一半，需在分离和纯化步骤中加入新鲜的 PMSF，样品处理超过 1 h 需补加一次）。

5. 包埋剂

使用 Spurr 包埋剂。

（四）主要仪器

培养箱、摇床、光学显微镜、超薄切片机、透射电子显微镜等。

四、实验步骤

（一）细胞自噬现象的诱导培养

1）将活化的稻巨座壳菌接种到液体 CM 培养基中，培养 24～48 h，离心收集菌丝，用无菌水将菌丝离心洗涤 3 次。

2）向离心菌体中加入适量 CM 培养基摇匀，放入匀浆器中打碎菌体，移入 250 mL 摇瓶培养 24 h，离心、洗涤，收集菌体，并取样留作对照。

3）将洗涤菌体全部转移到含有 4 mmol/L PMSF 的 100 mL MM-N 培养基中，诱导 4～12 h 后，自噬体在液泡中积累。

4）在不同诱导时间下，分别挑取菌丝于载玻片上。用棉兰制作菌体涂片，在光学显微镜油镜下观察菌丝细胞是否出现液泡化，液泡内是否出现疑似自噬体的蓝色的细小颗粒。若观察到上述现象，即可离心收集菌丝，进行电镜样品的制备。

（二）透射电镜样品的制备及观察

1）不同诱导时间的样品在 3%的戊二醛溶液中在 4 ℃条件下固定过夜。

2）倒掉固定液，用 0.1 mol/L、pH7.0 的磷酸缓冲液漂洗样品 3 次，每次 15 min。

3）用 1%的锇酸溶液固定样品 1～2 h。

4）倒掉固定液，用 0.1 mol/L、pH7.0 的磷酸缓冲液漂洗样品 3 次，每次 15 min。

5）用梯度浓度（包括 50%、70%、80%、90%和 95% 5 种浓度）的乙醇溶液对样品进行脱水处理，每种浓度处理 15 min，再用 100%的乙醇处理一次，每次 20 min；最后过渡到纯丙酮处理 20 min。

6）用 Spurr 包埋剂与丙酮的混合液（V/V=1/1）处理样品 1 h。

7）用包埋剂与丙酮的混合液（*V*/*V*=3/1）处理样品 3h。

8）纯包埋剂处理样品过夜。

9）将经过渗透处理的样品包埋起来，70 ℃加热过夜，即得到包埋好的样品。

10）样品在超薄切片机中切片，获得 70～90 nm 的切片，该切片经柠檬酸铅溶液和乙酸双氧铀 50%乙醇饱和溶液各染色 15 min，即可在透射电镜中观察。

注意：当选择常温包埋剂时建议选择使用 Spurr 包埋剂，Spurr 包埋剂黏性小，易渗透，易操作；不吸潮，保存时间长。

五、实验报告（作业）

1. 绘制所观察到的稻巨座壳菌自噬体形态特征，或提供观察到的稻巨座壳菌自噬体电镜照片。

2. 实验过程中应注意哪些问题？

六、思考题

1. 简述碳氮饥饿诱导细胞自噬体形成的过程。

2. PMSF 在本实验过程中的作用是什么？

3. 研究真菌细胞自噬的方法还有哪些？请简述之。

七、参考文献

厉晓东，卢建平，刘小红，等. 2011. 稻瘟病菌(*Magnaporthe oryzae*)的凋亡诱导和检测. 植物病理学报, 41（4）: 361-370

林福呈，王洪凯. 2010. 丝状真菌分子细胞生物学与试验技术. 北京：科学出版社

邢来君，李明春. 2013. 真菌细胞生物学. 北京：科学出版社

Bartoszewska M, Kiel J A K W. 2011. The Role of Macroautophagy in Development of Filamentous Fungi. Antioxidants & Redox Signaling, 14(11): 2721-2787

Sharon A, Finkelstein A, Shlezinger N, et al. 2009. Fungal apoptosis: function, genes and gene function. FEMS Microbiol Rev, 33: 833-854

Veneault-Fourrey C, Barooah M, Egan M, et al. 2006. Autophagic Fungal Cell Death Is Necessary for Infection by the Rice Blast Fungus. Science, 312: 580

实验十　氧化胁迫诱导白假丝酵母细胞凋亡的荧光检测

一、实验目的

1. 了解真菌细胞凋亡的特点。

2. 学习和掌握氧化胁迫诱导白假丝酵母细胞凋亡的方法。

3. 学习和掌握利用荧光显微镜镜检技术检测细胞凋亡特异性标记物活性氧的积累情况。

二、实验原理

（一）真菌细胞凋亡的特点

真菌的类细胞凋亡现象在很长时间内被研究人员所忽略，认为真菌中可能不存在细胞凋亡系统。第一个揭示真菌体内存在程序性细胞死亡（programmed cell death，PCD）现象的是酿酒酵母的一个温度敏感突变株 cdc48。在非许可温度下，这个突变株的细胞表现出多种细胞凋亡特点。随着真菌类细胞凋亡相关基因的发现及其部分生物学功能的阐明，近年来，真菌类凋亡性细胞死亡现象得到了人们的认可。现在普遍认为，单细胞出芽真菌和多细胞丝状真菌均可发生程序性细胞死亡，该过程与哺乳动物细胞凋亡现象具有很高的相似性，且属于正常发育和压力适应的一部分。PCD 几乎存在于所有生命形式中，但是细胞凋亡系统在分子元件、调控及其不同生命系统中所发挥的作用有显著的不同。真菌内的 PCD 是否确实是真正意义上的细胞凋亡仍存在一些争议，更多研究者趋向于采用类凋亡性细胞死亡这个术语。

真菌类凋亡细胞显示出凋亡的主要特点与哺乳动物相似，细胞标记物包括活性氧（reactive oxygen species，ROS）的大量积聚、半胱天冬酶（caspases）的活化、DNA 被特殊的内切酶裂解、细胞脂质层的磷脂酰丝氨酸向内构象的外翻等。这些变化可被一系列直接或间接的方法检测，但是，必须综合考虑相关条件下选择不同的检测方法，并不是所有的方式都适用于所有的状况。尽管真菌内细胞凋亡的检测方法与哺乳动物所采用的方法相似。但是，并不是所有的凋亡特点均可在真菌内轻易地检测到，并且由于结构的不同，尤其是真菌细胞壁的存在，大部分方法需要进行改良。不同真菌之间也存在差异，尤其是酵母与丝状真菌之间，因为它们存在不同的形态学特征。由于下面的原因，细胞凋亡的标志物在丝状真菌中的检测存在一定的难度：①丝状真菌是多细胞菌体，使这些标志物的定量分析变得困难；②菌丝体间缺乏均一性，同一菌落的不同部位可能处于不同的菌龄或处于不同的生长阶段，且菌丝可能有不同的形态特征；③很多真菌是多核的，且这些核并不都是统一的大小，导致这种情况下对核收缩的检测结果并不明确。应该注意细胞凋亡的鉴定需依情况而定，上述这些方法检测到的变化也可能是除凋亡外其他过程的反映，或者可能是检测体系本身的人为结果。因此，为了正确地区分类凋亡和其他类型的真菌细胞死亡，将检测凋亡性细胞死亡不同参数的多种方法联用很重要。

（二）细胞凋亡特异性标记物的检测

Sharon 等（2009）给出了常用于鉴定真菌的类凋亡性细胞死亡的方法。

1）当外界氧化压力的胁迫超过一定限度时导致细胞内 ROS（活性氧）含量增加。ROS 在细胞内的积聚可被多种对氧化敏感的试剂检测，因为 ROS 的存在会改变这些检测试剂的吸收光谱或荧光强度。活性氧的积累是真菌细胞凋亡的重要因素之一。

2）细胞凋亡过程中依赖于 Mg^{2+}和 Ca^{2+}的内切酶裂解核 DNA，可产生被凝胶电泳检测到的特殊的 DNA 片段。这些条带在琼脂糖凝胶上分开后，能够形成一个梯度，这是细胞凋亡的一个重要特征。

3）DNA 的裂解还可通过末端 dUTP 切口末端标记法（TUNEL）来检测，利用末端转移酶将荧光标记的 UTP 加到 DNA 片段的 3′端，然后用荧光显微镜检测 DNA 裂解情况。

4）膜联蛋白 V（annexin V）是一种能特异且牢固地与磷脂酰丝氨酸残基相互作用的重组蛋白。荧光标记的膜联蛋白 V 用于检测细胞凋亡期间质膜外层磷脂酰丝氨酸的外翻。坏死细胞的细胞膜同样能被膜联蛋白 V 标记。为了区分坏死细胞和细胞凋亡细胞，将膜联蛋白 V 阳性的细胞与膜不透性的核酸染料（如碘化丙啶）共染色，可排除具有完整细胞膜的细胞，因为只有坏死型细胞能被碘化丙啶着色。

5）细胞半胱天冬酶活性的改变可通过多种方法检测。改良的细胞半胱天冬酶底物被半胱天冬酶（caspases）裂解后可释放荧光产物，可以对其进行检测及定量。

（三）氧化压力诱导的细胞凋亡

在氧化压力胁迫下真菌表现出一种有序的凋亡性细胞死亡过程，氧化压力的胁迫超过一定限度时会导致细胞内活性氧含量的增加，引起类凋亡细胞死亡数量增多。因此，外界的氧化胁迫是真菌细胞凋亡的重要因素之一。

ROS 类包括超氧化物、过氧化氢（H_2O_2）、羟自由基（OH·）及乙酸等，具有高的活性和毒性。因此，ROS 在生物体中受到严格的调控。以 H_2O_2 为例，该试剂是一种强氧化剂，可以跨膜扩散进入细胞中，形成跨膜梯度；当外源 H_2O_2 达到亚致死剂量时细胞膜透性和流动性降低，产生跨膜梯度，从而限制 H_2O_2 向细胞内的扩散速率，保护细胞免受氧化胁迫的伤害。这种由 H_2O_2 引起的膜透性和流动性的变化与膜的组成有关。当酵母细胞对 H_2O_2 产生适应时，即以 H_2O_2 为信号分子，调节膜的变化并赋予细胞对氧化压力更高的适应性。不仅如此，细胞还可通过酶促或非酶促的方式

清除 H_2O_2 的毒害。可见，氧化刺激通常激活压力应答过程，这种应答根据刺激程度不同会导致细胞抗压能力的增强或引起类凋亡性细胞死亡。图 10-1 显示了白假丝酵母细胞在受到强的 H_2O_2 氧化胁迫刺激后，细胞内产生大量活性氧，导致细胞发生凋亡，此时用 DCFH-DA（二氯二氢荧光素乙酰乙酸酯）染色，使发生凋亡的细胞显示荧光，对总细胞及显示绿色荧光的细胞进行计数，计算绿色荧光细胞的百分率，作为考察细胞凋亡的参考指标。

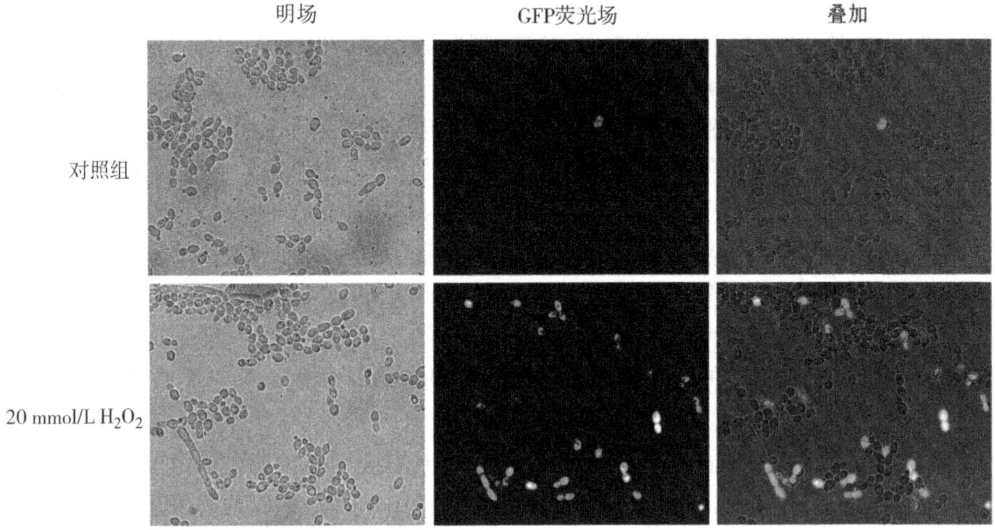

图 10-1　H_2O_2 处理后，白假丝酵母细胞内 ROS 积累的荧光显微照片

上图为 H_2O_2 未处理的对照组，可见光、荧光和叠加图像显示 ROS 积累的细胞数目；下图为 20 mmol/L H_2O_2 处理后，显示发生凋亡的细胞数目（本照片由南开大学现代真菌学实验室提供，彩图见附录 11）

在上面关于“细胞凋亡特异性标记物的检测”一节中，提到氧化胁迫的标记物可被一系列直接或间接的方法检测。但是，必须综合考虑相关优势和劣势条件来选择不同的检测方法。并不是所有的方式都适用于所有的状况。本实验采用 H_2O_2 氧化诱导活性氧（ROS）的增加作为细胞凋亡的指标。但这并非是唯一指标，尚需其他指标的配合。

三、实验材料

（一）实验菌株

白假丝酵母（*Candida albicans*），医学用名：白念珠菌。

（二）培养基及试剂

1）酵母粉蛋白胨葡萄糖（YPD）培养基：蛋白胨 2 g、酵母抽提物 1 g、葡萄糖

2 g、蒸馏水 100 mL。115 ℃高压灭菌 20 min。

2）1 mol/L H_2O_2 溶液：往 900 μL 无菌水中加入 100 μL 30%H_2O_2，混匀。

注意：30%H_2O_2 有强腐蚀性，配制 H_2O_2 溶液时需戴手套操作。

3）冰醋酸：纯度≥99.5%的冰醋酸。

4）10 mg/mL DCFH-DA：称取 10 mg DCFH-DA（二氯二氢荧光素乙酰乙酸酯），溶于 1 mL 无水乙醇，充分溶解。

（三）实验材料

荧光显微镜、超净台、摇床、培养箱、三角瓶、试管、1.5 mL 离心管、接种环、载玻片、盖玻片等。

四、实验步骤

1. 活化菌种

取一环试管斜面保存的菌种，接种于盛有 3 mL YPD 培养基的 20 mL（中号）试管中，30 ℃条件下摇床振荡培养 8～12 h（过夜培养）。将过夜培养的菌液转接至盛有 50 mL YPD 培养基的 250 mL 三角瓶中，调整初始菌浓约为 OD_{600}=0.1。将三角瓶置于 30 ℃条件下摇床振荡培养 4～5 h，使菌体生长至对数初期（OD_{600} 为 0.5～0.6）。

2. 凋亡诱导

（1）方法一：H_2O_2 氧化胁迫诱导

取 1 mL 对数初期培养液加入 1.5 mL 离心管中，同时加入 20 μL 1 mol/L H_2O_2 溶液，混匀，使 H_2O_2 终浓度为 20 mmol/L。将菌液转移至 20 mL 试管中，30 ℃摇床振荡培养 3 h。

（2）方法二：乙酸诱导

如果 H_2O_2 氧化诱导结果不理想，可用乙酸诱导。

取 1 mL 对数初期培养液加入 1.5 mL 离心管中，同时加入 3 μL 冰醋酸，混匀，使乙酸终浓度为 50 mmol/L。将菌液转移至 20 mL 试管中，30 ℃摇床振荡培养 3 h。

3. 对照组设置

取 1 mL 对数初期菌液加入 20 mL 试管中，不进行诱导处理，30 ℃摇床振荡培养 3 h，作为对照。

4. ROS 染色

1）将试管中经凋亡诱导的菌液或对照菌液转移至 1.5 mL 离心管，5000 r/min 离心 2 min，吸去上清液。加入 1 mL YPD 培养基悬浮菌体，充分混匀后，5000 r/min 离心 2 min，吸去上清液。加入 1 mL YPD 培养基悬浮菌体。

2）往菌液中加入 5 μL DCFH-DA（10 mg/mL），充分混匀。将离心管置于 30 ℃

摇床避光振荡孵育 30 min。

3）离心收集菌体，吸去上清液。加入 1 mL YPD 培养基悬浮菌体，充分混匀后，5000 r/min 离心 2 min，吸去 950 μL 上清液。将菌体悬浮于剩余的 50 μL 上清液，待镜检。

5. 荧光观察

吸取 5 μL 菌液，涂于载玻片表面，随后盖上盖玻片，立即至于荧光显微镜（GFP 观察模式）下观察。在明场下调好焦距，观察菌体状态；在 GFP 荧光场下观察绿色荧光，如果观察到菌体具有绿色荧光，说明胞内 ROS 积累，细胞发生凋亡。同时对对照组细胞进行荧光观察。将试验结果和对照结果进行荧光拍照。

注意：由于荧光素的荧光容易淬灭，在观察到绿色荧光后需立即拍照。

6. 计数

选取多个视野，对绿色荧光细胞（N_f）及总细胞（N_t）进行计数，计算 ROS 积累细胞的百分率（%）：

$$\text{ROS 积累细胞的百分率} = (N_f/N_t) \times 100\%$$

注意：为方便计数，可先用 Photoshop 软件的图层叠加技术，对明场和荧光场的照片进行叠加，再对绿色荧光细胞及总细胞进行计数。

五、实验报告（作业）

1. 记录实验结果，根据荧光照片结果，计算 ROS 积累细胞的百分率。
2. 试比较对照组和实验组结果的不同，讨论 H_2O_2 引起白假丝酵母凋亡的机制。

六、思考题

1. 查阅文献，谈谈你对真菌细胞凋亡特点的理解。
2. 讨论检测真菌细胞凋亡的几种方法。

七、参考文献

林福呈, 王洪凯. 2010. 丝状真菌分子细胞生物学与试验技术. 北京: 科学出版社

邢来君, 李明春. 2013. 真菌细胞生物学. 北京: 科学出版社

喻其林. 2013. 钙稳态系统在白念珠菌形态发生及压力应答中的功能研究. 天津: 南开大学博士学位论文

Bartoszewska M, Kiel J A K W. 2011. The Role of Macroautophagy in Development of Filamentous Fungi. Antioxidants & Redox Signaling, 14: 2721-2787

Sharon A, Finkelstein A, Shlezinger N, et al. 2009. Fungal apoptosis: function, genes and gene function. FEMS Microbiol Rev, 33: 833-854

实验十一　丝状真菌疏水蛋白的分离提取和检测

一、实验目的

1. 了解真菌疏水蛋白的结构及功能。
2. 学习并掌握真菌疏水蛋白的分离提取技术。

二、实验原理

真菌的疏水蛋白（fungal hydrophobin）是真菌在其生长发育过程中产生的一类小分子质量的、分泌型的蛋白质。它是真菌生命周期的基本因素，多数丝状真菌的顶端菌丝分泌这种蛋白质，是细胞的一种延伸结构。到目前为止，疏水蛋白是仅存在于真菌中的一类蛋白质。这类不同寻常的蛋白质在真菌黏附基质表面及气生菌丝的生长发育中发挥着十分重要的作用，因此疏水蛋白是真菌发育中一种至关重要的蛋白质。

1. 真菌疏水蛋白的结构

真菌疏水蛋白的特征是 8 个半胱氨酸残基以二硫键连接成特殊的方式排列于氨基酸序列中。根据其半胱氨酸残基的间距，以及亲水疏水氨基酸的分布方式，将疏水蛋白分为Ⅰ型疏水蛋白和Ⅱ型疏水蛋白。蛋白质序列中疏水性氨基酸残基占有很大的比例，8 个保守的半胱氨酸残基在 Cys_1 和 Cys_2、Cys_3 和 Cys_4、Cys_5 和 Cys_6、Cys_7 和 Cys_8 之间形成 4 个二硫键。其中第二个和第三个、第六个和第七个半胱氨酸总是连在一起。疏水蛋白一级结构通式如下：

$$X_{2\sim139}—\mathbf{C}—X_{5\sim10}—\mathbf{CC}—X_{11\sim14}—\mathbf{C}—X_{8\sim23}—\mathbf{C}—X_{5\sim6}—\mathbf{CC}—X_{6\sim18}—\mathbf{C}—X_{2\sim13}$$

上述结构通式中的 C 代表半胱氨酸，X 代表除了半胱氨酸以外的其他氨基酸。真菌疏水蛋白第一个半胱氨酸前的氨基酸序列差异较大，而且很多疏水蛋白存在糖基化。图 11-1 中显示了裂褶菌（*Schizophyllum commune*）SC3 疏水蛋白的半胱氨酸成桥方式，8 个半胱氨酸残基参与形成 4 个分子内二硫键，并相应地产生了 4 个环状结构，其中两个主要由疏水氨基酸组成。在环状结构的内部和周围，极性与非极性氨基酸残基的位置也是相对保守的。但两类疏水蛋白之间在氨基酸排布上存在着一定的差别，一般情况下Ⅰ型疏水蛋白在 Cys_3 和 Cys_4 之间所形成的环状结构长度大于Ⅱ型疏水蛋白，而且在其 N 端第一个半胱氨酸残基前含有一段较长的序列，形成的组装体决定着蛋白膜的亲水侧性质。

Ⅰ型疏水蛋白主要由担子菌和子囊菌产生，其组装体具有极高的不溶性，可抵抗 2%十二烷基磺酸钠（SDS）溶液在 100 ℃条件下的抽提，但能够被 100%三氟乙酸（TFA）通过破坏单体间短程的疏水相互作用将其解离为可溶性单体；而Ⅱ类疏水蛋白则仅由子囊菌产生，其组装体的稳定性相对较差，能够溶解于 60%乙醇溶液和 2%SDS 溶液中。根据疏水蛋白组装体溶解特性和自组装膜疏水侧特有“小杆层”结构的呈现，糙皮侧耳菌所产疏水蛋白已确认为典型的Ⅰ型疏水蛋白，其单体大小约为 8 kDa，二聚体约为 15 kDa。

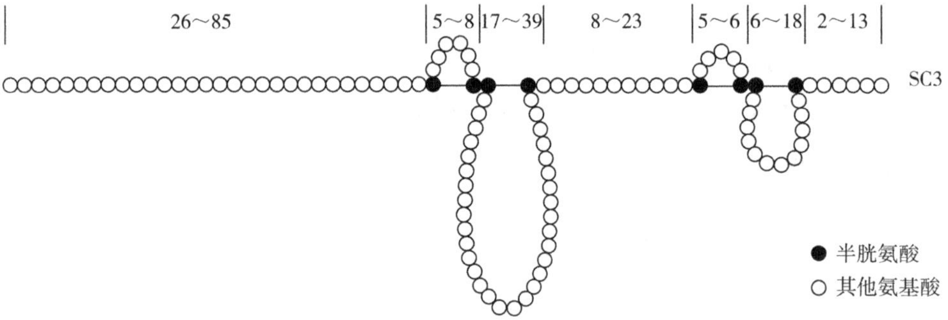

图 11-1　裂褶菌（*Schizophullum commune*）产生的典型Ⅰ型疏水蛋白 SC3 氨基酸排列图（Wosten，2001）

2. 疏水蛋白的自组装

目前研究得最广泛的是Ⅰ型疏水蛋白 SC3，该蛋白质是菌体形成气生菌丝所必需的。当 SC3 接触到空气和水或者水和疏水物质如矿物油的分界面时，其单体启动自组装过程，SC3 会自发形成聚合体，形成一种类似两性分子膜的结构，这种结构十分稳定，只有通过三氟乙酸（TFA）抽提才能将其破坏。SC3 聚合体这种两性分子的性质只有通过自组装才能完成，该过程包括 SC3 构象的变化。组装好的 SC3 疏水蛋白在一侧高度疏水，与水分子接触的角度约为 110°，其亲水一侧与水作用的角度为 36°，这在一定程度上是因为 SC3 的糖基化使得甘露糖残基暴露于亲水侧。当膜形成于疏水性固体表面时其亲水面暴露，而当膜形成于亲水性固体时其疏水面暴露，呈现了疏水蛋白自组装膜的两个极性相反的表面（疏水侧和亲水侧）（图 11-2）。也就是说，当疏水蛋白的自组装介导菌丝附着于疏水物质的表面时，形成亲水层；当其遇到疏水物质表面后会发生自组装，形成疏水层。疏水蛋白都是通过在极性相反的液—液界面自组装成疏水和亲水两性蛋白膜的机制来降低界面张力和自由能的。

3. 疏水蛋白的生物学功能

高浓度疏水蛋白的分泌可以急剧降低水的表面张力，从而使真菌的菌丝穿过液体表面生长到空气中，因此疏水蛋白对维持菌丝的气生生长是很重要的。组装成疏水层也可以以单体的形式在遇到疏水表面后具有自组装形成亲水层的能力，使菌丝细胞壁黏附于其上。对于大多数真菌而言，附着于疏水介质有着十分重要的意义，借此菌丝和基质紧密结合从而摄入寡糖和氨基酸分子等营养物质。

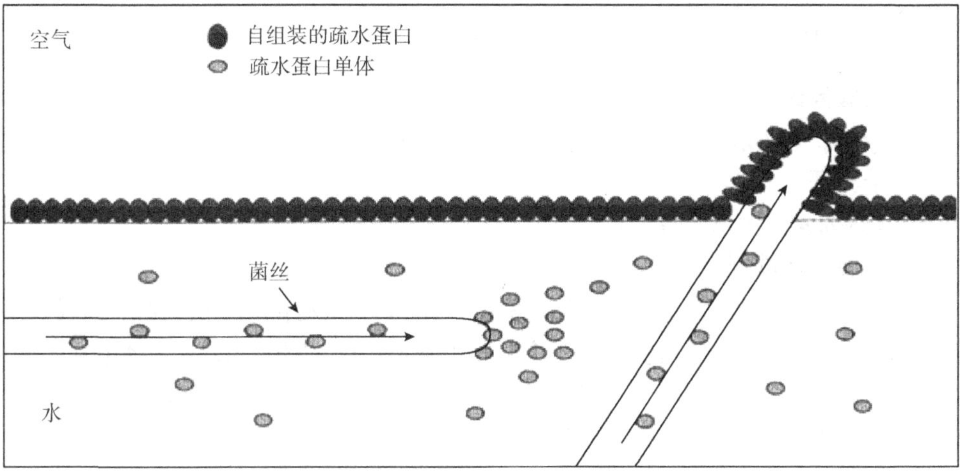

图 11-2 疏水蛋白在气生菌丝生长中的作用

疏水蛋白以单体形式分泌，当其遇到空气—水界面时会发生自组装，疏水蛋白的持续分泌可以在气生菌丝表面形成一层疏水的外被，从而降低了水的表面张力，使菌丝穿过水面生长到空气中（Talbot，2001）

疏水蛋白能在子实体和地衣中形成疏水性气体微通道。免疫定位实验证明，疏水蛋白可使菇类子实体的菌丝之间形成气体通道。这些疏水蛋白可能起到黏结子实体菌丝的作用，但其最主要的作用是确保空气可以顺畅流经子实体内部，从而使所有的菌丝都能得到足够的空气交换。由菌丝分泌的疏水蛋白单体会填充到菌丝的间隙中，由于遇到空气—水的界面，疏水蛋白会沿着气体通道发生自组装。子实体需要疏水蛋白以防被水浸透，这对担孢子的传播是至关重要的。

疏水蛋白介导真菌对寄主表面的附着。在致病性真菌中，疏水蛋白膜的覆盖可能不仅帮助其侵染性孢子的传播，而且在孢子对寄主表面附着方面也起到重要作用。疏水蛋白单体自组装于寄主疏水性表面并使其变为亲水性，这样真菌就能够很容易地通过黏液将菌丝连接于寄主表面。真菌细胞对疏水性表面的附着似乎诱导产生了其发育信号的产生。

疏水蛋白有助于分生孢子传播。分生孢子是通过无性过程产生的孢子，通常存在于菌丝的顶端或侧面。在这些分生孢子的表面普遍覆盖着疏水蛋白组装形成的“小杆层”结构，分生孢子上的疏水蛋白膜为其提供了极高的疏水性，保持了分生孢子表面的干燥并能防止孢子间相互堆集。因此疏水蛋白的覆盖层非常有利于孢子以风或水流为媒介进行传播。

此外，根据疏水蛋白的自身特点，特别是其疏水的同时具有透气性这一优点，不难设想其在未来疏水材料的应用上有着其他材料无可比拟的优势，可以作为医药、生化、化工上的载体外壳。

完整地认识疏水蛋白在真菌发育过程中的功能和意义，需要真菌学工作者进一步对疏水蛋白进行更详细的结构和功能研究，这也就是开展本实验的目的之一。

三、实验材料

1. 实验菌株

糙皮侧耳（*Pleurotus ostreatus*）菌株（平菇）。

2. 培养基

固体培养基：PDA 培养基。

3. 主要实验试剂

100%三氟乙酸（TFA）、苯甲基酸酰氟（PMST）、柠檬酸钠、山梨醇、丙烯酰胺、甲叉双丙烯酰胺、低分子质量标准蛋白、四甲基乙二胺（TEMED）、三羟甲基氨基甲烷（Tris）、十二烷基磺酸钠（SDS）、考马斯亮蓝 G-250、过硫酸铵、乙二胺四乙酸（EDTA）、甲醛溶液、冰醋酸、无水乙醇。

抽提液Ⅰ：50 mmol/L 柠檬酸钠（pH6.0）、2%SDS、1 mmol/L PMST。

抽提液Ⅱ：氯仿∶甲醇=2∶1。

5×SDS 电泳上样缓冲液：1mol/L Tris-HCl（pH 6.8）1.25 mL、β-巯基乙醇 0.25 mL、SDS 0.5 g、甘油 2.5 mL、溴酚蓝 25 mg、dH_2O 定容至 5 mL。分装，保存于–20℃冰箱中。

银染试剂的配制。①固定液：无水乙醇 12.5 mL、冰醋酸 3 mL、甲醛（37%～40%）25 μL、dH_2O 9.5 mL。②染色液：$AgNO_3$ 0.125 g、dH_2O 25 mL、使用前加入 18.75 μL 甲醛。③显影液：Na_2CO_3 1.5 g、0.2%$Na_2S_2O_3$·5 H_2O 溶液 50 μL、dH_2O 25 mL、使用前加入甲醛 12.5 μL。④终止液：无水乙醇 12.5 mL、冰醋酸 2.5 mL、dH_2O 10 mL。

4. 实验仪器

高速冷冻离心机、低温冰箱、凝胶成像系统、pH 酸度计、分析天平、DYY-SC 型电泳仪、DYC-24D 型电泳槽、脱色仪、直径为 25 cm 的培养皿等。

四、实验步骤

（一）菌丝体的制备

1. 菌种活化　将 4 ℃保存的平菇菌株转接至新制 PDA 斜面，并于 25 ℃条件下培养 5～7 d。

2. 菌丝固体培养方法　用 4～5 mL 无菌水将培养好的试验菌株斜面冲下，接种于贴有玻璃纸的 PDA 培养基上，25 ℃条件下培养 15～20 d 后收获气生菌丝。将收获菌丝置于–80 ℃冰箱过夜备用。

3. 菌丝液体摇瓶培养法

1）500 mL 三角瓶装入 100 mL 液体培养基，灭菌备用。

2）将活化菌种研磨为匀液浆，按照 5%（*V*/*V*）接种至液体培养基内，25 ℃条件下静置培养 20 d。

3）6000 r/min 离心收集菌丝，用冷 ddH_2O 洗涤菌丝体，再用抽提液 I 洗涤。

4）收集离心菌丝沉淀物，吸水纸吸干水分，保存于–80℃冰箱备用。

（二）气生菌丝中疏水蛋白的分离纯化工艺

1）将收获的菌丝称重后，在液氮中研磨至细粉末状后，转入 50 mL 离心管中。按照料液比 1∶10（*m/V*）迅速转移至经沸水预热的抽提液 I 中，在用玻璃棒搅拌下 100 ℃抽提 10 min。

2）将 100 ℃抽提悬浊液 6000 r/min 离心 10 min，收集沉淀。用 ddH_2O 洗涤沉淀，并经 6000 r/min 离心 10 min 后收集沉淀，重复此操作 6～8 次以洗去残余的 SDS。

3）将离心所得沉淀置于 5～10 mL 抽提液Ⅱ中，65 ℃抽提 10 min，离心收集不溶物，重复此操作 4～5 次后，转入培养皿中，冷冻干燥过夜。

4）所得干燥材料称重后，按照 25 mg/mL 加入 100%TFA，置于冰浴中解离 6 h。每间隔 30 min 摇匀 TFA 悬浊液一次，确保解离物保持较好的分散性。

5）将 TFA 悬浊液 12 000 r/min 离心 15 min，收集上清液并用氮气吹干后加入适量 60%乙醇溶液，于 25 ℃条件下静置溶解 12 h。

6）将静置溶解的 60%乙醇溶液 12 000 r/min 离心 30 min，收集上清液后置于透析袋（分子质量小于 8 kDa）中，4 ℃透析除去乙醇。每 2 h 换一次水，共换 3 次。

7）将透析所得蛋白水溶液在漩涡混合仪上剧烈振荡 5 min，得到疏水蛋白组装体悬浊液。

8）将组装体悬浊液 12 000 r/min 离心 30 min，收集沉淀。直接应用或将所得沉淀物经冷冻干燥后置于密闭容器中室温保存备用。

（三）疏水蛋白水溶液制备及含量测定

称取适量疏水蛋白组装体，加入少量三氟乙酸于 4 ℃条件下溶解 30 min，经氮气吹干后加 ddH_2O 4 ℃静置溶解。以 ddH_2O 稀释至所需浓度（注意：为了避免疏水蛋白在水溶液中发生自组装，本实验所用疏水蛋白水溶液均为新鲜配制）。

采用 Bradford 法测定高浓度疏水蛋白水溶液蛋白质含量。标准曲线制备方法如下。

1）取 10 支试管，1 支作空白，3 支留作未知样品，其余试管分为两组按表中顺序，分别加入样品、水和试剂，即用 1.0 mg/mL 的牛血清蛋白作为标准蛋白质溶液，给各试管分别加入 0 mL、0.01 mL、0.02 mL、0.04 mL、0.06 mL、0.08 mL、0.1 mL，然后用 ddH_2O 补充到 0.1 mL。最后各试管中分别加入 5.0 mL 考马斯亮蓝 G-250 试剂，每加完一管，立即在旋涡混合器上混合（注意：不要太剧烈，以免产生大量气泡而难于消除）。

2）加完试剂 2～5 min 后，即可开始用比色皿在分光光度计上测定各样品在 595 nm 处的光吸收值 A_{595}，空白对照为第 1 号试管，即 0.1 mL H_2O 加 5.0 mL G-250

试剂。0.5 mg 牛血清蛋白/mL 溶液的 A_{595} 约为 0.50（注意：不可使用石英比色皿，因不易洗去染色）。

3）以标准蛋白质量（mg）为横坐标，以吸光度值 A_{595} 为纵坐标，作图，即得到一条标准曲线。

4）按照上述方法测定未知样品的 A_{595} 值，即可由此标准曲线查出未知样品的蛋白质含量。

（四）聚丙烯酰胺凝胶电泳（SDS-PAGE）

1）取干净电泳专用玻璃板两块，插入胶条后装入电泳槽并拧紧旋钮，用琼脂封边，并静置冷却。

2）配制 15%分离胶 20 mL：蒸馏水 4.6 mL、30%丙烯酰胺 10 mL、1.5 mol/L Tris/HCl 5.0 mL（pH 6.8）、10%SDS 0.2 mL、10%过硫酸铵 0.2 mL、TEMED 0.008 mL。

3）加入 TEMED 后，迅速灌胶至距离梳子 1 cm 处，在胶上覆盖一薄层异丁醇后于平面静置，直至水层析出。用吸水纸将异丁醇和水吸出，并用蒸馏水洗两次，最后将水吸干。

4）配制 5%浓缩胶：蒸馏水 3.4 mL、30%丙烯酰胺 0.83 mL、1.0 mol/L Tris/ HCl 0.63 mL（pH 6.8）、10%SDS 0.05 mL、10%过硫酸铵 0.05 mL、TEMED 0.005 mL。

5）加入 TEMED 后，迅速灌胶至梳子根部，静置到胶凝结。

6）配制 SDS-PAGE 电泳缓冲液：18.8 g 甘氨酸、1 g SDS、3.02 g Tris 溶于 1000 mL 蒸馏水并摇匀（或采用 Tris—甘氨酸缓冲液体系，pH5.3，含 0.1%SDS）。

7）制备二聚体样品：分别称取适量由气生菌丝培养基中获得的疏水蛋白组装体，加入少量 TFA 于 4 ℃条件下溶解 30 min，经氮气吹干后，迅速加入 30 μL 的上样缓冲液及含有 5 μL 5×SDS 电泳上样缓冲液，100 ℃条件下加热 3～5 min，离心，待冷却后，取上清液作 SDS-PAGE 分析，同时将 SDS 低分子质量蛋白质标准品作平行处理。

8）电泳：在电泳槽中加入 1×电泳缓冲液，后拔出梳子，将样品加入。连接电源，负极在上，正极在下。电泳时，浓缩胶电压 100 V，样品进入分离胶后电压升至 120 V，电泳至溴酚蓝行至电泳槽下端停止（约需 2 h）。

（五）银染法检测蛋白质

1）固定：电泳完毕后，将 SDS-PAGE 蛋白胶置于大培养皿中，用固定液覆盖，于脱色仪上摇动至指示剂黄色褪净为无色（一般 1 h 以上）。

2）洗涤：固定液倒出保存，蒸馏水冲洗电泳胶 3 次，每次 2 min。

3）染色：加入染色液在脱色仪上摇动 30 min（时间不可加长）。

4）显影：倒出染色液后用蒸馏水冲洗一下，加入显影液，摇动至蛋白带出现。

5）洗涤：倒出显影液，用 dH_2O 简单洗涤。

6）终止：将蛋白胶转移至终止液中，脱色仪上摇动 10 min。

7）拍照：将蛋白胶转移至 dH_2O 中简单漂洗，拍照。

五、实验报告（作业）

1. 描述或提供疏水蛋白检测的凝胶成像照片。
2. 对所得实验结果进行分析和讨论。

六、思考题

1. 为什么真菌疏水蛋白在水—空气界面和水—疏水性固体界面自组装形成两亲性蛋白质膜?
2. 为什么选用银染法检测疏水蛋白?

七、参考文献

郭尧君. 2006. 蛋白质电泳实验技术. 第二版. 北京: 科学出版社: 97-98

林福呈, 王洪凯. 2010. 丝状真菌分子细胞生物学与试验技术. 北京: 科学出版社

马爱民, 单麟军, 杜昭平, 等. 2007. 糙皮侧耳(平菇)疏水蛋白的分离纯化及其界面自组装特性研究. 菌物学报, 26(4): 557-564

Linder M B, Szilvay G R, Nakari-Setala T, et al. 2005. Hydrophobins: the protein-amphiphiles of filamentous fungi. FEMS Microbiol Rev, 29(5): 877-896

Talbot N J. 2001. Fungul Hydrophobins. In Mycota Ⅷ, Biology of the fungal cell. Howard R, gow NAR. Springer Berlin Heidelberg: 145-159

Wosten H A B. 2001. HydroPhobins: Multipurpose Proteins. Annu Rev Microbiol, 55: 625-646

实验十二 丝状真菌 DNA 快速提取及其 18S rDNA 序列测定

一、实验目的

1. 学习并掌握丝状真菌总 DNA 小量快速提取及其 18S rDNA 序列扩增、序列分析的方法。

2. 学会利用分子生物学技术进行丝状真菌的分类鉴定。

二、实验原理

真菌传统的分类主要依靠形态特征，但由于真菌的形态特征复杂，而且少数形态特征随着环境的变化而不稳定，往往很难界定，因此，在传统的分类中常引起对分类系统的意见分歧。随着生物化学、遗传学、分子生物学等学科的发展，在真菌的现代分类学中引入了分子生物学技术的鉴定方法，使真菌分类研究变得操作简便、准确和可靠。

用分子生物学手段辅助进行分类鉴定方法有多种，包括 DNA（G+C）%含量测定、DNA 分子杂交、核酸序列分析、限制性内切酶片段长度多态性（restriction fragment length polymorphism，RFLP）等，这些方法各有其适用范围和优缺点。

目前，18S rDNA 是使用较多的进行菌株鉴定的核酸序列分子，主要是因为其具有多种优点：①18S rDNA 是任何生物都必不可少的，功能重要；②18S rDNA 分子中既含有高度保守的区域，又有中度保守和高度变化的序列区域；③分子质量大小适中，便于序列分析，细胞中含量大，易于提取。除此之外，还有些核酸序列分子如 28S rDNA、ATP 酶基因、线粒体细胞色素 C 氧化酶亚单位 I（CO I）基因及线粒体细胞色素 b 基因等也被用来进行分类鉴定。

真菌核糖体（ribosome）是合成蛋白质的工厂，核糖体 RNA（ribosome RNA，rRNA）是核糖体的重要组成部分。编码 rRNA 的基因（rDNA）是一种中度重复序列，真核生物中 3 个编码分别是 18S rDNA、5.8S rDNA 和 28S rDNA，串联成一个基因簇（gene cluster）。rDNA 的重复单位由转录区（transcribed spacer，TS）和非转录区（nontranscribed spacer，NTS）构成（图 12-1）。在 18S 与 5.8S 之间及 5.8S 与 28S 之间有 2 个内转录间隔区（internal transcribed spacer，ITS），外部的转录间隔区（external transcribed spacer，ETS 或 ETS1）和非转录区，也称基因间隔区（intergenic spacer，IGS 或 ETS2）位于两端。rRNA 是细胞中古老的生物大分子，其序列基本上不受环境或培养条件的影响，含有多个高度保守区和相对的可变区，由于 18S、28S 序列高度保守，具有稳定的同源片段，进化速率慢，成为真菌鉴定中“属”以上分类单元系统演化研究常用的指标，而 2 个 ITS 区属于非编码的间隔区，进化速率较快（也称为可变区），适用于生物多样性与分子系统学分析。目前，人们主要借助 ITS 区的信息进行分析和探讨近缘种间的遗传结构与系统演化关系。

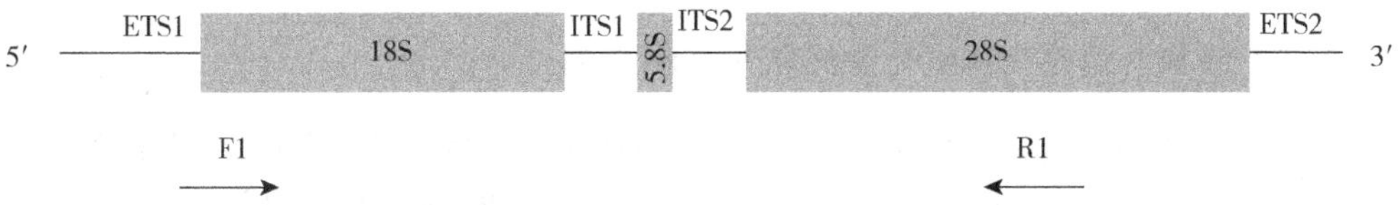

图 12-1　真菌核糖体 RNA 基因（rDNA）及其内转录间隔区（ITS）示意图

F1. 正向引物位置；R1. 反向引物位置

目前提取丝状真菌总 DNA 的方法有多种，关键有两点：菌丝破壁和基因组 DNA 提取与纯化。细胞破壁的方法主要有：溶壁酶法、液氮研磨法、超声波法和玻璃珠机械振荡法等。纯化基因组 DNA 的试剂主要有：十六烷基三甲基溴化铵（cetrimonium bromide，CTAB）、高盐沉淀、饱和酚、氯化卞等。以上方法各有优缺点，实验者往往根据所提取样品的特点和实验条件来选择方法。

本实验提取基因组 DNA 的方法是采用玻璃珠机械破碎结合饱和酚抽提的方法，可以快速小量地提取丝状真菌总 DNA，整个提取过程可在 1 h 内完成，且可以同时处理多个样品，该方法所提取的 DNA 适用于基因克隆和 PCR 检测。本实验以学生自行分离、纯化的未知菌株为材料，拟获得供试菌株 18 S rDNA 片段，经测定序列后，在 GenBank 中进行同源检索，可以初步判断自行分离未知菌株的分类地位。

三、实验材料

（一）菌株　　学生自行分离的未知菌株，请各自准备好纯培养的平板或斜面菌株。

（二）主要试剂

1. 总 DNA 提取

1）STES 缓冲液：0.2 mol/LTris-Cl（pH7.6）、0.5 mol/L NaCl、0.1%（*m*/*V*）SDS、0.01 mol/L EDTA，室温保存。

2）酚∶氯仿（1∶1，*V*/*V*）。

3）1 mol/L Tris-Cl（pH7.6）：用 800 mL 蒸馏水溶解 121.1 g Tris 碱，加浓盐酸调 pH 至 7.6，加水定容至 1 L。

4）70%乙醇溶液（*V*/*V*）。

2. PCR

DNA 聚合酶、dNTPs、10×buffer（缓冲液）。

3. 主要仪器

台式离心机、旋涡振荡器、电泳仪、PCR 仪等。

四、实验步骤

（一）丝状真菌总 DNA 小量提取及电泳检测

1）将在 25 ℃条件下培养 2～3 d 的真菌菌落的 PDA 平板取出，用牙签在菌落处挑取约有火柴头大小的菌丝团，置于无菌 2 mL 离心管中，加入 50 μL STES 缓冲液。

2）向菌丝悬液中加入 50 μL 稀盐酸洗过的玻璃珠和 20 μL TE（pH7.6）。

3）加入 60 μL 酚：氯仿，盖上盖子，在旋涡振荡器上振荡 3～5 min，使有机相和水相充分混合。

4）室温，12 000 r/min，离心 5 min，将上层水相转移到一个新的离心管中，加入等体积冰预冷的无水乙醇，冰上沉淀 15 min。

5）4℃，12 000 r/min，离心 10 min，吸去上清液，收集核酸沉淀。

6）用 100 μL 水配制的 70%乙醇溶液洗涤沉淀，室温，12 000 r/min，离心 1 min。

7）吸去上清液，空气或 37 ℃干燥 DNA 沉淀 10 min。将沉淀溶于 30 μL TE（pH7.6）。

8）取 5～10 μL DNA 溶液进行琼脂糖凝胶电泳（0.8%）检测，6 V/cm 恒压，电泳 30 min。

（二）18S rDNA 序列测定

1. PCR 扩增 18S rDNA 序列

上游引物 F1（NS1）：5′- GTAGTCATATGCTTGTCTC-3′。

下游引物 R1（ITS4）：5′-TCCTCCGCTTATTGATATGC -3′。

注：此引物为通用引物，可扩增出 2.3～2.4 kb 的 DNA 片段，包括 18S、ITS1、5.8S、ITS2 及部分 28S 序列。

PCR 扩增体系为

总 DNA 样品模板	10～100 ng（<1 μg）
上游引物（10 nmol/L）	0.5 μL（0.1～1μmol/L）
下游引物（10 nmol/L）	0.5 μL（0.1～1μmol/L）
10 mmol/L dNTP	0.5 μL（0.1～1μmol/L）
（高保真）DNA 聚合酶（5 U/μL）	0.4 μL（0.2～2 U）
10×Buffer	2 μL
ddH_2O 加至	20 μL

PCR 反应条件为：94 ℃、5 min；94 ℃、30 s，53 ℃、40 s，72 ℃、2min； 35 个循环，72 ℃、10 min。

注：如果使用的高保真 DNA 聚合酶的 PCR 产物为平端，PCR 扩增完成后，需要对产物末端加“T”。

2. 连接和转化

PCR 产物使用 DNA 回收试剂盒纯化，连接于 pGEM-T Easy Vector（Promage 公司），连接体系为

10×连接缓冲液	1.0 μL
pGEM-T Easy Vector（50 ng/μL）	1.0 μL
PCR 产物	100 ng（载体与目的片段摩尔比 1∶3）
T4 DNA 连接酶（3 U/μL）	1.0 μL

加入 ddH_2O 至连接体系总体积为 10 μL，混匀并置 16 ℃条件下连接过夜。

采用热激法将连接产物转化 *E.coli* DH5 α 感受态细胞，并涂布 LB/Amp/X-Gal/IPTG 平板，倒置并于 37 ℃条件下培养 16～20 h。

3. 阳性克隆的筛选

在培养好的转化平板上随机挑取 10 个白色克隆，分别划线到新的 LB 平板上，于 37 ℃条件下培养 16～20 h，并给每个克隆编号。采用菌落 PCR 检测是否有目的片段插入，鉴定阳性克隆。

PCR 模板的制备：用无菌牙签挑取白色菌落少许，加入至 20 μL 预混好的 PCR 反应体系中。

PCR 反应体系为

上游引物（12.5 pmol/μL）	0.5 μL
下游引物（12.5 pmol/μL）	0.5 μL
10×Buffer	2.5 μL
10 mmol/LdNTP	0.5 μL
Taq 酶（5 U/μL）	0.4 μL
ddH_2O 加至	20 μL

PCR 反应条件：94 ℃、5 min；94 ℃、30 s，53 ℃、40 s，72 ℃、2min；30 个循环，72 ℃、10 min。琼脂糖凝胶电泳检测 PCR 产物：3～5 μL 的上样量、0.8%琼脂糖凝胶、6 V/cm 恒压，约 40 min。EB 染色 15 min，紫外凝胶成像系统观察目的条带。

4. 序列测序与同源检索

将获得的 2～3 个阳性克隆送至生物公司测序，测序后的基因序列用 DNAMAN 生物软件正确拼接后，以 FASTA 格式保存。进入 NCBI 的网站主页 http：//www.ncbi.nlm.nih.gov/，选择 BLAST，nucleotide blast 的序列比对，根据输出的比对结果，再结合表型特征对所分离的未知菌株进行鉴定。

对本实验做如下相关说明。

说明（1）：由于选择引物对的位置不同，可以根据目的选择不同的区域设计引物，如果选择的引物对是本实验提供的，需要将测序结果先做出分析，划分出 18S、

ITS1、5.8S、ITS2 及 28S 的区域，再采用 18S（保守性强）进行聚类分析，也可以分别用 ITS（可变区，不参与核糖体合成）的两个区域进行聚类分析。

说明（2）：PCR 产物经纯化后可以直接送公司测序，实验可根据具体情况和教师要求来确定。

五、实验报告（作业）

1. 提供阳性克隆 DNA 酶切检测图，标明 DNA 大小。
2. 给出测序结果和检索结果，确定学生自行分离的未知菌株归属。
3. 撰写并提交完整的实验报告。

六、思考题

1. 在提取丝状真菌总 DNA 的过程中，所用到的试剂及器皿是否要无菌？为什么？
2. 在 18S rDNA 序列扩增的 PCR 反应中，对选用 DNA 聚合酶是否有要求？
3. 请查阅相关文献，分析普通 *Taq* 酶与高保真 *Taq* 酶有何区别？使用时有何不同？
4. 对菌株进行同源检索时，对其归属的判定依据有哪些？

七、参考文献

林福呈, 王洪凯. 2010. 丝状真菌分子细胞生物学与实验技术. 北京: 科学出版社
邢来君, 李明春, 魏东盛. 2010. 普通真菌学. 第二版. 北京: 高等教育出版社
J 萨姆布鲁克, D W 拉塞尔. 2002. 分子克隆实验指南. 第三版. 黄培堂译. 北京: 科学出版社

实验十三　丝状真菌总 RNA 及 mRNA 的提取与检测

一、实验目的

1. 理解丝状真菌总 RNA 及 mRNA 提取和检测的原理及意义。
2. 掌握丝状真菌总 RNA 及 mRNA 提取和检测的方法。

二、实验原理

（一）丝状真菌总 RNA 的提取原理

随着科学研究的深入，发现的 RNA 种类越来越多，RNA 起到的作用越来越重要；特别是一些非编码 RNA 对于生命活动的调控，例如，在基因表达沉默中起作用的 microRNA、在基因组防御中起作用的 CRISPR（custered regularly interspaced short palindromic repeat）等显示了 RNA 调控作用的多面性（Christopher and Olivier，2009）。然而这些 RNA 的光环都无法掩盖 mRNA 在生命活动中的核心作用。1958 年，Crick 提出的生物学中心法则（the central dogma of molecular biology）认为 DNA 是遗传信息，mRNA 负责传递遗传信息，并且携同 tRNA 和 rRNA 将这种遗传信息翻译成具有生物功能的蛋白质，从而完成生命活动，这是一切生命活动的基础（Crick，1970）。而对于 RNA 的研究必然离不开 RNA 的提取，特别是作为遗传信使的 mRNA 的提取。因此，学习本实验的原理与技术，是很多分子生物学研究工作的基础。

1987 年，Chomczynski 和 Sacchi 发表的一步法提取总 RNA 成为经典的 RNA 提取方法（Piotr et al.，1987），也是目前最常用的 TRIzol 法提取 RNA 的基础。

TRIzol 法同样适用于真菌总 RNA 的提取，总 RNA 的提取大体分成 3 步：①细胞壁/细胞膜的破坏或者溶解；②RNA 与 DNA、蛋白质的分离；③RNA 浓度和纯度的检测。TRIzol 试剂的主要组成是苯酚（phenol）、异硫氰酸胍（guanidine isothiocyanate）及 β-巯基乙醇（β-mercaptoethanol）等成分。苯酚能够使样品中绝大部分蛋白质彻底变性并且不溶于水，这样能够有效地将蛋白质和核酸彼此分离；异硫氰酸胍属于解耦剂，也是一类有效的蛋白质变性剂，并且能够在 β-巯基乙醇存在时将不容易变性的 RNA 酶迅速变性，从而保护 RNA 不被降解。在 TRIzol 试剂处理的样品中再加入氯仿（chloroform），氯仿能够萃取酚而与水相分层。在酸性条件下，经过高速离心后变性的蛋白质、DNA 和 RNA 能够存在于不同的分离层中。RNA 存在于上层水相，DNA 存在于水相和有机相的交界面，蛋白质存在于下层有机相，如图 13-1 所示。由于这 3 相的出现，因此有了 TRIzol 这个名称。最后经过异丙醇沉淀/乙醇洗涤的处理，能够得到较纯的总 RNA（Donald et al.，2010）。

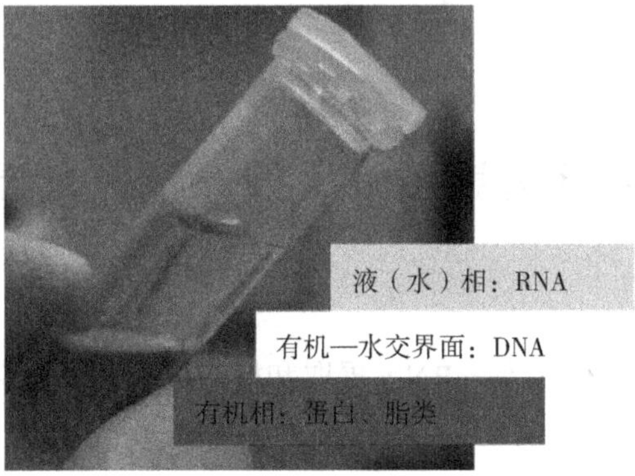

图 13-1　RNA、DNA 和蛋白质在 TRIzol 中的分布

（二）丝状真菌总 RNA 浓度和纯度的检测原理与方法

提取的总 RNA 的浓度和纯度可以通过以下两种方法进行检测。

1. 琼脂糖凝胶电泳法

将总 RNA 样品经过琼脂糖凝胶电泳分离和 EB（ethidium bromide，溴化乙锭）染色或者 SYBR Gold 荧光染料染色，可以在凝胶上看到明显的 28S rRNA 和 18S rRNA 的条带，而凝胶上没有“弥散”的背景，说明 RNA 的纯度较好（图 13-2）。

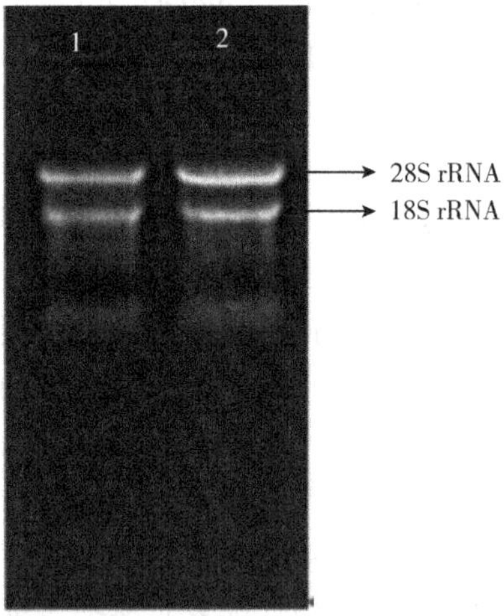

图 13-2　提取的总 RNA 的凝胶电泳图

虽然这是一种简单而且能够直观地显示出 RNA 纯度的方法，但却很难得出 RNA 的浓度。如果有该生物细胞的 RNA 标准品，通过比对标准品也可计算出浓度，但并不是每种生物细胞的 RNA 标准品都能够购买。另外，虽然荧光染料的敏感性比 EB 灵敏 10 倍，但仍不得不“浪费”掉 500 ng RNA 用于电泳才能在琼脂糖凝胶中清晰地显示出 RNA 条带。目前市售有更为敏感地检测 RNA 的产品，例如，Agilent 2100

Bioanalyzer 通过芯片集成（如 RNA 纯度检测芯片）和微管（毛细管）电泳的结合能够同时检测多个微量样品的纯度，并且根据样品的荧光强度，得出 28S rRNA 和 18S rRNA 的含量比，该比值也可以作为 RNA 纯度的一项衡量指标；另外 Bioanalyzer 还可模拟出直观的电泳图（图 13-3）。

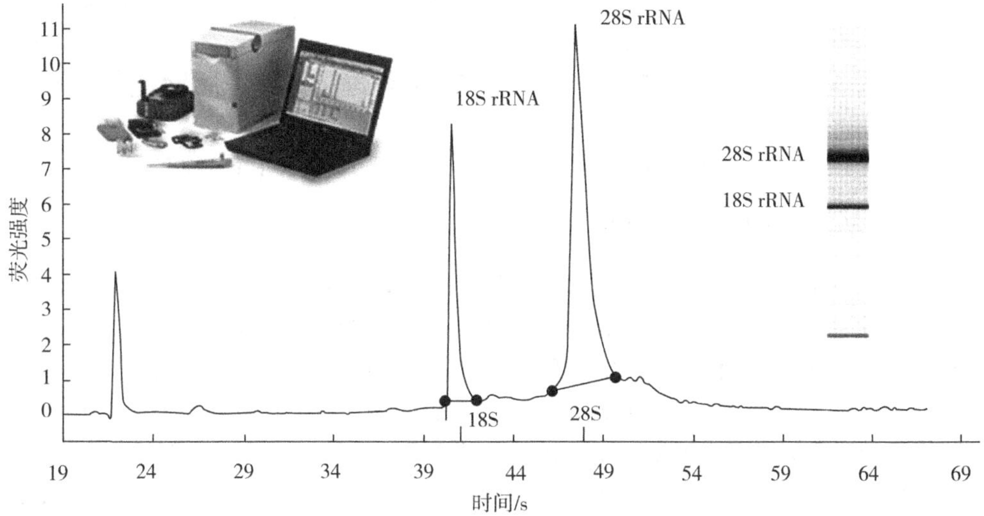

图 13-3　Bioanalyzer 的 RNA 检测图谱

2. 紫外吸收法

一种相对简单，并且能同时显示 RNA 的浓度和纯度的方法是利用 RNA 在 250～265 nm 内的紫外光吸收特性。RNA 的 4 种核糖核酸碱基在 260 nm 下的平均吸收值 A_{260} 为 1 时，RNA 的浓度大约是 40 μg/mL。若使紫外分光光度计能够比较准确地读出 RNA 的吸收值，A_{260} 需要大于 0.05，也就是说待测 RNA 的样品浓度最好高于 2 μg/mL。同时 RNA 样品中的 DNA 和蛋白质在紫外光谱中也有各自的吸收峰：蛋白质是 230 nm，DNA 是 280 nm。Thermo Scientific 公司的 Nanodrop 能够灵敏地检测 1 μL RNA 样品的吸收峰，并且通过计算样品的 A_{260}/A_{230} 和 A_{260}/A_{280} 来衡量 RNA 的纯度。一般情况下 RNA 样品的 A_{260}/A_{230} 和 A_{260}/A_{280} 为 1.8～2 时，RNA 纯度较高，当然这也是经验之谈，不能一概而论。因为 TRIzol 法提取 RNA 的试剂在 230～280 nm 内也有吸收峰（酚、异硫氰酸胍等）。如图 13-4A 所示，当 RNA 样品中含有 0.4 μg/μL 的杂质蛋白时，A_{260}/A_{280} 为 1.8～2.0，而 A_{260}/A_{230} 明显小于 1.8，样品需要重新进行酚/氯仿抽提除去残留的蛋白质；如图 13-4B 所示，浓度为 0.25 μg/μL 的 RNA 样品中含有 0.05%苯酚时，A_{260}/A_{280} 和 A_{260}/A_{230} 在 1.8 左右，而测定的 RNA 浓度为 0.460 μg/μL，高于加入的标准 0.25 μg/μL 的 RNA；同时在 230 nm 附近还能看到有明显的吸收峰。这样的样品中苯酚残留过多，需要重新进行乙醇沉淀以去除苯酚（Donald et al., 2010）。

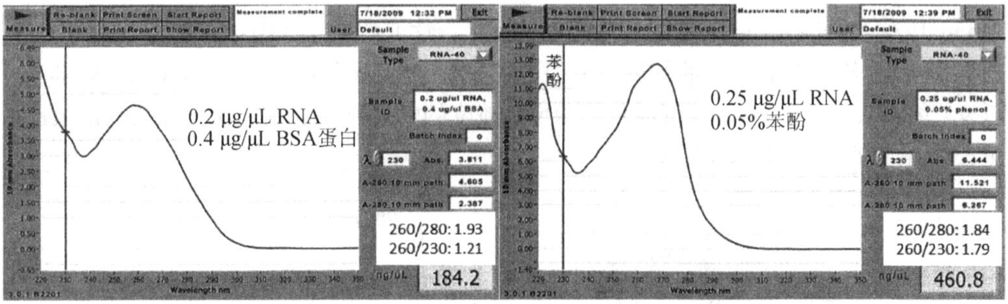

A　　　　B

图 13-4　Nanodrop 检测含有杂质蛋白质和苯酚的 RNA 浓度和纯度

（三）从总 RNA 中提取 mRNA 的原理

TRIzol 提取的总 RNA 主要包括 3 种类型：rRNA、tRNA 和 mRNA，其中最多的是 rRNA，最少的为 mRNA，丝状真菌的 mRNA 占总 RNA 的 1%～6%（Sturani et al., 1979）。以总 RNA 为材料进行低丰度表达基因的 cDNA 文库构建、微矩阵芯片杂交或者 Northern 杂交等实验时，有时很难得到理想的结果，这时候就需要从总 RNA 中富集提取 mRNA。从总 RNA 中提取 mRNA 是基于 mRNA 具有 30～200 个核苷酸的 poly（A）尾，在高盐条件下，poly（A）能够与寡聚 dT（deoxy-thymine nucleotide，脱氧胸腺嘧啶核苷酸）稳定地杂交，其他 RNA 则不能；而在水或者低盐条件下 poly（A）能够从寡聚 dT 上被洗脱下来。许多生物公司如 Roche、Promega 和 Qiagen 等都有各自的试剂盒能够较迅速地纯化 mRNA。下面以 Promega 的 PolyATtract® mRNA 分离试剂盒为例进行说明。试剂盒设计的原理是基于同源四聚体链霉亲和素（streptavidin）与生物素（biotin）的非共价紧密结合，这种结合不但能抗有机溶剂破坏，还能抗蛋白酶酶解，是目前发现的自然界中最稳定的非共价连接。提取过程大体包括 4 个步骤：①mRNA 的 poly（A）与连接有生物素的寡聚 dT 退火杂交；②生物素与连接有链霉亲和素的顺磁颗粒（Streptavidin MagneSphere® Paramagnetic Particle，SA-PMP）结合；③在磁场的作用下，将 mRNA-寡聚 dT-生物素-链霉亲和素-磁颗粒复合物固定，而其他 RNA 被除去；④将 mRNA 从复合物中洗脱下来（图 13-5）（technical manual）。

本实验将以丝状真菌为材料，学习总 RNA 和 mRNA 的提取、纯化技术，将为后续实验内容的顺利进行打下基础。

三、实验材料

（一）实验菌株

黑曲霉（*Aspergillus niger*），或根据需要任意选择实验菌株。

菌株的保存、活化及培养：刮取少量查氏固体培养基表面的孢子，转接到 50%

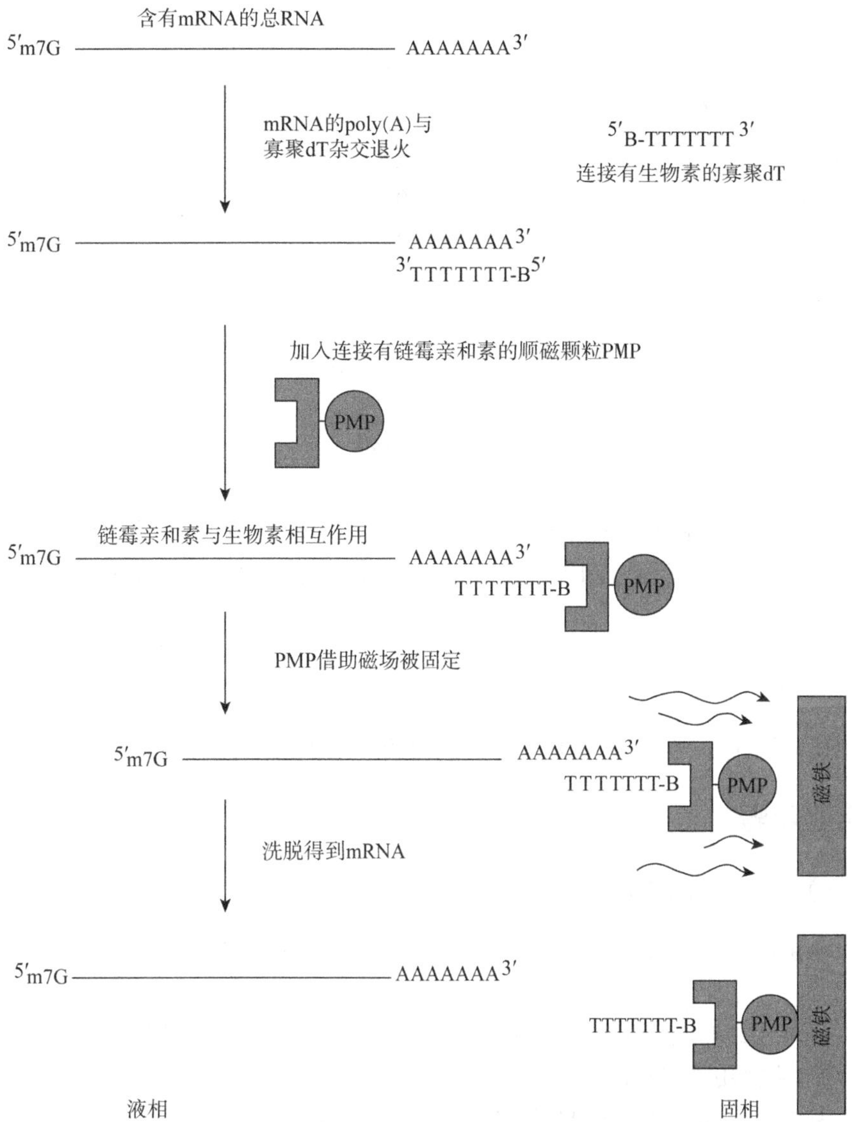

图 13-5　Promega 公司推出的 PolyATtract® mRNA 提取原理

的甘油中，保存于−80 ℃冻干管中。用接种环从甘油冻干管中蘸取少量孢子，划线接种于查氏固体培养基上，30 ℃培养，活化备用。

（二）培养基及试剂

1. YPD 液体培养基

酵母提取物	1%
蛋白胨	2%

葡萄糖	2%
pH	自然

2. 查氏固体培养基

蔗糖	3%
K_2HPO_4	0.1%
KCl	0.05%
$NaNO_3$	0.3%
$MgSO_4 \cdot 7H_2O$	0.05%
$FeSO_4 \cdot 7H_2O$	0.001%
琼脂	1.2%
pH	自然

3. 试剂

TRIzol 试剂、DEPC（diethylpyrocarbonate，焦碳酸二乙酯）、氯仿、异丙醇、DEPC 处理水、75%的乙醇溶液（DEPC 水配制）、3 mol/L 乙酸钠（NaAc，pH5.2）、电泳缓冲液等。

（三）主要仪器

摇床、离心机、紫外分光光度计、恒温箱（或水浴锅）、移液器、电泳仪等。

四、实验步骤

（一）黑曲霉总 RNA 的提取

1）将黑曲霉孢子接种于 50 mL YPD 培养基中，30 ℃条件下 200 r/min 摇床培养过夜。

2）用 4 层纱布收集菌丝，无菌水洗涤菌丝 3 次，用滤纸压干菌丝，保存于–20℃冰箱，或者直接用液氮预冷菌丝。

3）将冷冻菌丝置于预冷的研钵中，加入液氮研磨成粉末，取 100 mg 粉末加到 1.5 mL 的离心管中，并加入预冷的 1 mL TRIzol 试剂，混匀，室温放置 10 min。

4）加入 0.2 mL 氯仿，剧烈振荡 15 s，静置 2～3 min 后，10 000 r/min 离心 10 min。

5）取上层液体置于 1.5 mL 离心管中，不要搅动分界面。

6）加入 0.5 mL 异丙醇，迅速混匀，–20 ℃静置 10 min，在 4 ℃条件下 10 000 r/min 离心 10 min。

7）小心弃去上清液，加入 1 mL 75%乙醇溶液，混匀，4 ℃下 10 000 r/min 离心 10 min。

8）小心弃去上清液，室温干燥 5～10 min，加入 50 μL DEPC 水，溶解 RNA。

9）RNA 保存于–20℃冰箱。

注意事项：RNA 提取的困难在于 RNase 无处不在，因此要保持实验试剂、器材均无 RNase 污染。

1）使用一次性口罩及手套。

2）加入氯仿后，首先混合均匀，吸取上清液时，注意不要吸入中间层及有机相。

3）使用无 RNase 的塑料制品和枪头，避免交叉污染，枪头、塑料离心管等器皿最好用 DEPC 处理后，在 121 ℃条件下湿热灭菌备用。

4）配制溶液应使用无 RNase（DEPC 处理）的水，并在 121 ℃条件下湿热灭菌。

5）玻璃器皿等需 180 ℃干热灭菌 6 h 以上或者过夜。

（二）从总 RNA 中提取 mRNA（technical manual）

1. 杂交探针的退火

1）在 1.5 mL 无 RNase、无菌离心管中加入 0.1～1.0 mg 的总 RNA，并补加无 RNase 水至总体积为 0.5 mL。

2）将样品离心管置于 65 ℃水浴中加热 10 min。

3）从水浴中取出离心管，加入 3 μL 连接有生物素的寡聚 dT 探针和 13 μL 20×SSC 溶液，轻轻混匀，在室温下静置 15 min 至完全冷却。

2. 连接有链霉亲和素的顺磁颗粒的清洗

1）取 1 管 SA-PMP 并轻弹底部直至 SA-PMP 颗粒充分分散，然后将 SA-PMP 管置于磁性支架上，直至 SA-PMP 颗粒聚集到管壁（大约 30 s）。

2）小心地用移液器移去上清液，然后加入 300 μL 的 0.5×SSC 溶液重悬浮 SA-PMP 颗粒，置于磁性支架 30 s。

3）重复上述步骤 2 次，小心移去上清液，用 100 μL 的 0.5×SSC 溶液重悬浮 SA-PMP 颗粒。

3. mRNA 的捕获与漂洗

1）将 0.5 mL 总 RNA 样品和上一步的 100 μL SA-PMP 颗粒混合，颠倒混匀，室温下作用 10 min，其间每 1～2 min 颠倒混匀数次。

2）将离心管置于磁性支架 30 s，小心移去上清液。

3）用 300 μL 的 0.1×SSC 溶液漂洗 SA-PMP 颗粒 4 次，最后一次漂洗后，尽量移去上清液。

4. mRNA 的洗脱

1）用 100 μL 无 RNase 水重悬浮 SA-PMP 颗粒，轻弹混匀。

2）将离心管置于磁性支架 30 s，用移液器取上清液，上清液即 mRNA 溶液。

3）再用 150 μL 无 RNase 水重复洗脱一次，最终得到 250 μL 的 mRNA 溶液。

注意：如果 mRNA 溶液中含有 SA-PMP 颗粒，可以通过 10 000 r/min 离心去除颗粒杂质。

5. mRNA 的浓缩

1）如果 mRNA 的浓度较高，则在 mRNA 溶液中加入 1/10 体积的 3 mol/L NaAc（pH5.2），2.5 倍体积的冰冷乙醇，混匀，–20 ℃，静置 30 min；如果 mRNA 的浓度较低，则在 mRNA 溶液中加入 1/10 体积的 3 mol/L NaAc（pH5.2），等体积的异丙醇（或乙醇），混匀，–20 ℃，静置过夜。

2）4 ℃，10 000 r/min 离心 15 min，小心弃去上清液，用 75%乙醇溶液洗涤沉淀，4 ℃条件下 10 000 r/min 离心 10 min。

3）小心弃去上清液，真空干燥 10 min，用无 RNase 水溶解，保存于–20 ℃冰箱；如果长期保存 mRNA，可以将 mRNA 保存在 75%乙醇溶液中，–80 ℃。

6. mRNA 的检测

1）通过紫外分光光度计（Nanodrop）检测 mRNA 的纯度。

2）通过琼脂糖电泳同样可以检测 mRNA，但是需要的 mRNA 量较多；其他的办法包括利用已知探针的 Northern 杂交来检测 mRNA；或是将 mRNA 反转录成 cDNA 通过实时定量 PCR 的方法也能够检测 mRNA。具体使用哪种方法，可以根据现有条件而定。

五、实验报告（作业）

1. 提取的总 RNA 的浓度计算和纯度评价。
2. 提供总 RNA 及 mRNA 琼脂糖凝胶电泳检测图。
3. 完成实验报告。

六、思考题

1. 简述 TRIzol 法提取丝状真菌总 RNA 的基本原理。
2. 从总 RNA 中纯化 mRNA 的基本原理。
3. 试讨论采用提取的总 RNA 及 mRNA 分别可以进行后续的哪些研究工作?

七、参考文献

Christopher A Brosnan, Olivier V. 2009. The long and the short of noncoding RNAs. Current Opinion in Cell Biology, 21(3): 416-425

Crick F. 1970. Central dogma of molecular biology. Nature, 227: 561-3

Donald C Rio, Manuel Ares Jr, Gregory J Hannon，et al. 2010. Purification of RNA Using TRIzol(TRI Reagent). Cold Spring Harb Protoc, doi: 10.1101/pdb.prot5439

Donald C Rio, Manuel Ares Jr, Gregory J Hannon, et al. 2010. Determining the Yield and Quality of Purified RNA. Cold Spring Harb Protoc, doi: 10.1101/pdb.top82

J 萨姆布鲁克, D W 拉塞尔. 2002. 分子克隆实验指南. 第三版. 黄培堂译. 北京：科学出版社

Piotr Chomczynski, Nicoletta Sacchi. 1987. Single-step method of RNA isolation by acid guanidinium thiocyanate-phenol-chloroform extraction. Analytical Biochemistry, 162(1): 156-159

PolyATtract® mRNA Isolation Systems: Technical manual No.021. http: //www.promega. com.cn/techserv/tbs/TM001-310/tm21.pdf [下载 2014-04-25]

Sturani E, Costantini M G, Martegani E, et al. 1979. Level and turnover of polyadenylate-containing ribonucleic acid in Neurospora crassa in different steady states of growth. Eur J Biochem, 99: 1-7

实验十四　细菌源耐热木聚糖酶基因在黑曲霉中的表达

一、实验目的

1. 了解丝状真菌表达异源基因的机制及异源蛋白的分泌过程。
2. 学习和掌握异源表达元件（质粒或DNA片段）的设计思路和构建方法。
3. 学习和掌握黑曲霉转化的方法及异源目的蛋白的检测方法。

二、实验原理

（一）丝状真菌的异源表达

异源表达，是采用一种宿主细胞表达某些该宿主基因组中不存在的遗传信息（如基因或 DNA 片段）。这些遗传信息是如何进入宿主细胞的呢？在自然条件下，异源遗传信息（DNA、RNA，或者 small RNA）进入宿主细胞的现象时有发生。例如，噬菌体侵染细菌，是噬菌体的DNA（或者RNA）进入细菌的细胞内，并且利用细菌的酶系进行复制、转录和翻译；某些真菌侵染植物，是通过真菌产生的 small RNA 沉默植物免疫系统中的重要基因，从而实现对植物的侵染（Weiberg et al.，2013）。随着丝状真菌分子遗传技术的发展，已经可以有针对性地将遗传信息导入丝状真菌的细胞内，通过异源基因的表达、分泌来改变细胞的遗传性质。

由于丝状真菌腐生生长的代谢循环，其具有分泌多种酶的能力，例如，果胶酶、葡萄糖淀粉酶、纤维素酶和木聚糖酶等已应用到大规模的工业生产中。利用丝状真菌生产异源蛋白已成为新热点。例如，利用丝状真菌表达的人乳铁蛋白（lactoferrin），个别抗体和牛凝乳酶原等已经可以达到工业生产的水平。由于黑曲霉强大的分泌能力及相对的安全性（Schuster et al.，2002），已成为丝状真菌表达宿主的典型代表。

（二）异源基因表达元件的构建

异源基因能够在宿主细胞中表达，必然需要宿主的酶系进行转录、翻译，合成RNA和蛋白质；而异源蛋白能够被分泌到细胞外，通常需要信号肽的引导来实现。因此，异源基因表达元件必然需要真菌能够识别的启动子、终止子和信号肽，从而有可能使异源基因表达，并分泌到细胞外。

1. 启动子、信号肽和筛选标记等表达元件的选择

异源蛋白分泌表达通常利用宿主内源的强启动子（可诱导或组成型的启动子）来增加基因的表达量；利用高分泌蛋白的信号肽序列提高某些外源蛋白的产量。由于终止子对于异源基因的表达影响不大，因此大量的研究都集中在启动子和信号肽的优化上。在黑曲霉中，研究最深入、表达效果最好的是葡萄糖淀粉酶基因的启动子 *glaA* 和信号肽。在表达元件中，除了包括启动子、终止子和信号肽外，还需要筛选标记来实现阳性转化子的筛选。在黑曲霉中，常用的筛选标记有营养缺陷型（如 *argB*）、氮源利用筛选标记（如 *amd*S）、抗生素标记（如 *hph*）等，详见表 14-1。

表 14-1　丝状真菌转化中常用的筛选标记（Lakshmi and Punekar，2004）

标记基因	基因功能	筛选方式
amdS	乙酰胺酶	乙酰胺利用
argB	精氨酸合成	精氨酸原养型
ble	腐草霉素结合蛋白	腐草霉素抗性
hph	潮霉素 B 磷酸转移酶	潮霉素抗性
niaD	硝酸还原酶	硝酸盐利用
oliC	寡霉素耐受的 ATP 合成酶	寡霉素抗性
ptrA	硫胺素生物合成相关	硫胺素抗性
pyrG	乳清酸核苷-5-磷酸脱羧酶	尿嘧啶原养型
*s*C	ATP 硫酸腺苷酰转移酶	硫酸利用
trpC	色氨酸生物合成	色氨酸原养型

2. 表达元件的组装

表达元件各个部分的正确组装是实现异源表达的基础，这里介绍 4 种主要的组装方法。①基于限制性内切酶和连接酶的质粒构建：表达元件的 DNA 序列末端经限制性内切酶处理形成黏性末端或者平末端，在连接酶的作用下，连接到线型的骨架质粒中，形成环状表达质粒。这种方法的困难在于两端不同的黏性末端连接需要选择在表达元件和骨架质粒中都存在的限制性内切酶或者同尾酶，两端平末端或相同黏性末端连接需要对线型骨架质粒进行去磷酸化处理以减少骨架质粒的自我环化连接。②通过融合 PCR（fusion PCR）的方法组装表达元件。这种方法存在的问题是 PCR 的效率不高，由于组装完成的表达元件通常有几 kb 甚至接近 10 kb，随着表达元件的增大，PCR 的效率逐渐降低，甚至不能得到最终的目的产物（Szewczyk et al., 2006）。③基于 Gateway 克隆技术的组装。这是一种来自 invitrogen 公司的商品化技术（http://www.lifetechnologies. com/us/en/home/life-science/cloning /gateway-cloning/gateway-technology.html），但是这种方法需要引入一段回文序列，这段序列不但影响了表达元件间的“无痕”连接，而且可能影响异源基因的表达和造成 DNA 片段在黑曲霉染色体中的丢失。④基于 *Bsa* I 限制性内切酶的 J5 组装（Hillson et al.，2012）。这种方法需要注意的问题是，如果表达元件的内部序列中存在 *Bsa* I 的识别位点，将会降低组装的效率。每一种组装的方法都有自身的优点和缺点，因此要根据表达元件序列的特点合理地选择组装的方法。

（三）异源表达元件转化到丝状真菌细胞内的方法

1. 丝状真菌转化的特点和问题

绝大多数丝状真菌由于还没有合适的自主复制质粒，因此丝状真菌转化是异源表达元件整合到受体染色体上的。这样往往使真菌的转化效率很低，一般每微克转化 DNA 产生 1～30 个转化子。丝状真菌的这种整合不需要广泛的序列同源性，并且由于真核生物独特的 DNA 整合修复机制导致整合过程中 95%以上是非同源重组，极少部分是同源重组。同时，非同源重组容易产生多部位多拷贝整合的转化子，即在转化子上质粒可能插入染色体的不同位置，并且在同一位置也整合有多个串联重复的拷贝。

在丝状真菌中，异源 DNA 必须要整合到染色体上，虽然避免了像细菌中的质粒丢失的现象，但也涉及转化子减数分裂过程中，同源染色体分离的问题。通常科学研究和工业生产所用的菌株都没有有性世代，仅仅通过稳定的有丝分裂完成外源 DNA 的传递。例如，黑曲霉没有有性生殖，细胞本身可能是多核的甚至是异核体，但是其分生孢子为单核细胞，可以通过分生孢子来筛选纯合的转化子，这就为科学研究和工业生产提供了有力的保证。

2. 丝状真菌的转化方法

（1）原生质体-PEG 转化法　1978 年，Hinnen 等首先利用 PEG（聚乙二醇）作为介质转化酵母原生质体获得成功，PEG 能够帮助 DNA 吸附在细胞表面，进而通过细胞膜内陷使得异源 DNA 进入细胞内，如图 14-1 所示。

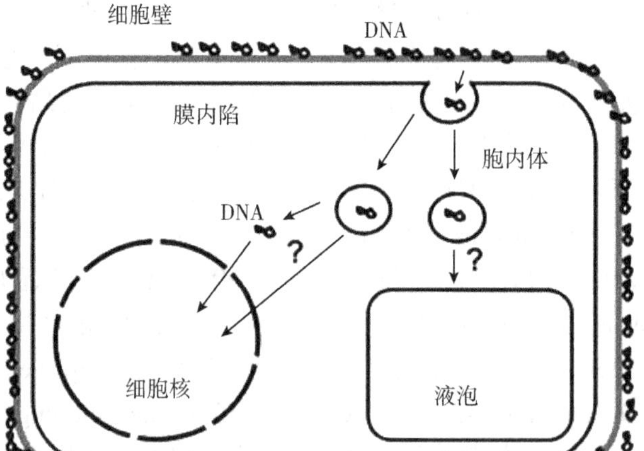

图 14-1　异源 DNA 进入酵母细胞的推测示意图（Shigeyuki et al.，2010）

此后原生质体-PEG 转化方法逐渐被应用于粗糙脉孢霉、构巢曲霉等多种丝状真菌。原生质体-PEG 转化方法操作简便，但不同丝状真菌原生质体制备的条件差异很大，有些菌株的原生质体数量少，再生率低；并且由于 PEG 介导的凝聚作用，细胞易聚合并产生二倍体甚至多倍体。尽管如此，该转化方法仍然是丝状真菌转化中使用最普遍的方法之一。

（2）电击转化法　即在高电压脉冲作用下，使原生质体或菌体细胞在质膜上形成瞬间通道，从而促使外源 DNA 进入细胞。此法已成功应用于里氏木霉、粗糙脉孢霉等丝状真菌。但在多数实例中，其转化效率仍低于原生质体-PEG 转化法。

（3）根癌土壤农杆菌（*Agrobacterium tumefaciens*）介导的转化　根癌土壤农杆菌介导的转化是植物转化的常规方法。De-Groot 等将此方法应用于泡盛曲霉（*Aspergillus awarmori*）的转化，发现转化效率比常规的原生质体-PEG 转化法提高了近 600 倍。泡盛曲霉的转化率为每 10^6 个分生孢子达 100～900 个转化子，并且绝大多数为单拷贝 T-DNA 整合，更为方便的是转化的受体可以是原生质体，也可以是分生孢子、菌丝体，甚至真菌组织体。

（4）基因枪方法（gene gun or biolistics）　基因枪法是以胶体金或钨微粒作为载体，把覆盖有 DNA 的颗粒高速地轰击入细胞内。在使用中发现，DNA 的量及载体颗粒的轰击速度是影响转化效率最重要的因素；另外，由于基因枪法需要较为昂贵的仪器设备，限制了这种方法的普及使用。

（5）其他的转化方法　乙酸锂转化法、脂质体转化法及限制酶介导的转化（RMEI 转化）等方法由于适用范围比较小，或者由于假阳性率高，转化率低等缺点，并没有得到广泛的应用。

无论使用哪种方法，最终的目的是使异源表达元件进入受体细胞内，进入细胞后的异源表达元件还需进入细胞核内，并最终整合到染色体上。实验发现，绝大部分的丝状真菌的转化效率都较低，可能是 DNA 进入细胞之后，部分 DNA 被降解，仅有少数能够通过核膜进入细胞核，最终整合到染色体上。以本实验中使用的表达元件为例，元件包含有黑曲霉 *glaA* 启动子、海栖热袍菌的木聚糖酶基因（*xynB*）、潮霉素 *hph* 筛选标记和 *glaA* 终止子，*glaA* 启动子、终止子与宿主染色体序列是同源序列，此表达元件可能通过同源重组（图 14-2A）及非同源随机整合（图 14-2B）的方式整合到染色体的不同位置。

实验拟表达的蛋白质是来自于极端嗜热细菌海栖热袍菌（*Thermotoga maritima*）的木聚糖酶 B（XynB），表达宿主为黑曲霉（*Aspergillus niger*），启动子和信号肽来自于黑曲霉的葡萄糖淀粉酶 *glaA*，终止子来自于构巢曲霉的 *trpC* 终止子，选择筛选标记为潮霉素磷酸转移酶基因 *hph*（hygromycin B phosphotransferase　gene）。

三、实验材料

（一）实验菌株和质粒

1）黑曲霉（*Aspergillus niger*）。

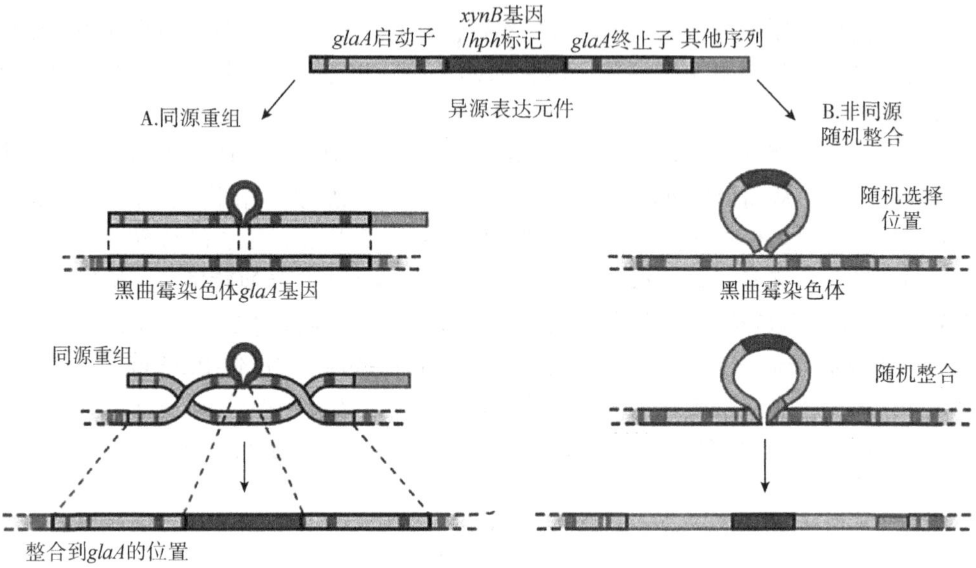

图 14-2　异源表达元件在染色体中的整合方式（Göran,2007）

2）质粒 pGXTH，以 hygromycin B phosphotransferase（*hph*）为筛选标记，并且含有黑曲霉葡萄糖淀粉酶 *glaA* 的启动子、信号肽，该质粒已构建成功（图 14-3），可保存在大肠杆菌 DH5α 中。如果拟自行构建，请参考“实验步骤（一）”。

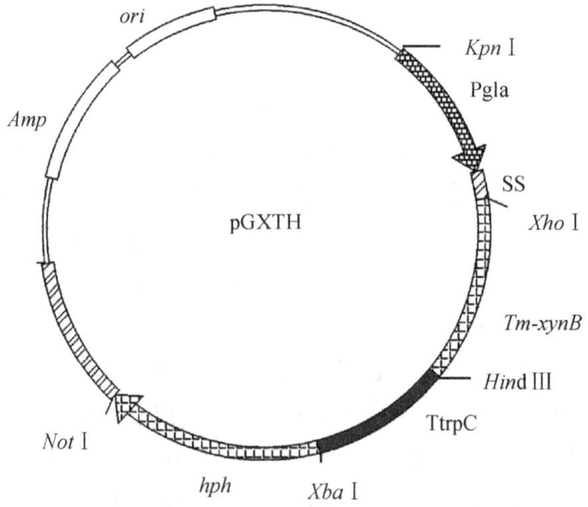

图 14-3　异源表达质粒的构建图谱

3）pET28a-TmxynB：pET28a 质粒，连接了海栖热袍菌（*Thermotoga maritima*）的木聚糖酶 B 基因（杨梦华等，2005），作为扩增目的片段的模板，该质粒宿主为大肠杆菌 JM109。

4）pCB1004 质粒的信息参见 http：//www.fgsc.net/fgn41/carroll.html，该质粒保存在大肠杆菌 DH5α 中。

（二）培养基及试剂

1. YPD 液体培养基

酵母提取物	1%
蛋白胨	2%
葡萄糖	2%
pH	自然

2. 黑曲霉固体培养基（GMP）

葡萄糖	2.0%
麦芽提取物	2.0%
蛋白胨	0.1%
琼脂	1.2%
pH	自然

3. 黑曲霉转化培养基（GMPS-hyg^r）

葡萄糖	2.0%
麦芽提取物	2.0%
蛋白胨	0.1%
蔗糖	0.8 mol/L
琼脂	1.2%
pH	自然

使用前加入终浓度为 200 μg/mL 的潮霉素 B。

4. 黑曲霉转化上层培养基

即 0.35%琼脂的 GMPS 固体培养基。

5. 黑曲霉转化子二次筛选平板与斜面培养基（GMP- hyg^r）

即含有终浓度为 200 μg/mL 的潮霉素 B 的 GMP 培养基。

6. 查氏固体培养基

蔗糖	3.0%
K_2HPO_4	0.1%
KCl	0.05%
$NaNO_3$	0.3%
$MgSO_4 \cdot 7H_2O$	0.05%
$FeSO_4 \cdot 7H_2O$	0.001%
琼脂	1.2%
pH	自然

7. 黑曲霉液体发酵培养基

淀粉	8.0%
柠檬酸钠	7.0%
（NH_4）$_2SO_4$	1.5%
$MgSO_4 \cdot 7H_2O$	0.1%
胰蛋白酶大豆肉汤（tryptic soy broth）	4%
$NaH_2PO_4 \cdot H_2O$	0.1%
蔗糖	2%
吐温 80（Tween80）	0.07%
微量元素（trace element）	0.7%
pH	自然

附：1 L 微量元素所加入的成分及含量

$Na_2B_4O_7 \cdot 10H_2O$	40 mg
$CuSO_4 \cdot 5H_2O$	400 mg
$FeSO_4 \cdot 7H_2O$	800 mg
$MnSO_4 \cdot 2H_2O$	800 mg
$Na_2M_2O_4 \cdot 2H_2O$	800 mg
$ZnSO_4 \cdot 7H_2O$	8000 mg

8. 黑曲霉原生质体的制备及转化用试剂（以 100 mL 为例）

0.2mol/L 磷酸缓冲液 pH7.4

0.2 mol/L Na_2HPO_4	81 mL
0.2 mol/L NaH_2PO_4	19 mL

0.8 mol/L 的 $MgSO_4$ 溶液

$MgSO_4$	0.8 mol/L
磷酸缓冲液 pH 7.4	10 mmol/L

山梨醇（sorbitol）溶液

山梨醇	1.2 mol/L
$CaCl_2$	0.05 mol/L
Tris-HCl pH 7.5	0.01 mol/L

聚乙二醇（PEG）溶液

PEG4000	50 %
$CaCl_2$	0.05 mol/L
Tris-HCl pH 7.4	0.01 mol/L

（三）主要仪器

培养箱、摇床、光学显微镜、离心机、分光光度计、恒温箱（或水浴锅）等。

四、实验步骤

（一）异源表达质粒的构建

分别提取并纯化 pET28a-TmxynB、pCB1004 和 pBluescript SK-质粒 DNA，以及黑曲霉和构巢曲霉的总 DNA 备用。

通过 PCR 的方法分别扩增需要的表达元件，并引入相应的限制性内切酶位点，依次连接到载体 pBluescript SK-的多克隆位点，并且每一次扩增得到的 PCR 产物都要进行测序验证。具体的构建流程如下（引物序列见表 14-2）。

表 14-2　本实验中所使用的引物序列

引物名称	引物序列 5′→3′
gla-ss *Kpn* Ⅰ	GCGGTACCTAGCGGTACAGATCATGG
gla-ss *Xho* Ⅰ	GC<u>CTCGAG</u>GGTCGCGCGCTTGGAAAT
xyn *Xho* Ⅰ	GC<u>CTCGAG</u>ATGAAAATATTACCTTCTG
xyn *Hind* Ⅲ	GC<u>AAGCTT</u>CATTTTCTTTCTTCTATCT
trpC *Hind* Ⅲ	GC<u>AAGCTT</u>GATTAGTGATTTAATAGCT
trpC *Xba* Ⅰ	GC<u>TCTAGA</u>CTAGAAAGAAGGATTACCT
hph *Xba* Ⅰ	GC<u>TCTAGA</u>GCGAAGAACGTTTTCCAAT
hph *Not* Ⅰ	GC<u>GCGGCCGC</u>CCCGTGGAGGTAATAATT

注：下划线处为酶切位点。

1）以黑曲霉总 DNA 为模板，gla-ss *Kpn* Ⅰ和 gla-ss *Xho* Ⅰ为引物扩增 *glaA* 启动子 Pgla 和信号肽 ss 片段，长度为 1.2 kb 的 PCR 产物经 *Kpn* Ⅰ和 *Xho* Ⅰ双酶切后连接到质粒 pBluescript SK-的 *Kpn* Ⅰ和 *Xho* Ⅰ之间，得到 pG 质粒。

2）以质粒 pET28a-TmxynB 为模板，xyn *Xho* Ⅰ和 xyn *Hind* Ⅲ为引物扩增 *xynB* 基因，长度为 1 kb 的 PCR 产物经 *Xho* Ⅰ和 *Hind* Ⅲ双酶切后连接到 pG 质粒的 *Xho* Ⅰ和 *Hind* Ⅲ之间，得到质粒 pGX。

3）以构巢曲霉总 DNA 为模板，trpC *Hind* Ⅲ和 trpC *Xba* Ⅰ为引物扩增 *trpC* 终止子片段，长度为 570 bp 的 PCR 产物经 *Hind* Ⅲ和 *Xba* Ⅰ双酶切后连接到 pGX 质粒的 *Hind* Ⅲ和 *Xba*Ⅰ之间，得到质粒 pGXT。

4）以质粒 pCB1004 为模板，hph *Xba* Ⅰ和 hph *Not* Ⅰ为引物扩增 *hph* 基因，长度为 1.5 kb 的 PCR 产物经 *Xba* Ⅰ和 *Not* Ⅰ双酶切后连接到 pGXT 质粒的 *Xba* Ⅰ和 *Not* Ⅰ之间，得到质粒 pGXTH。

或者将上述 PCR 片段分别用相应的限制性内切酶酶切后混合，直接连接到 pBluescript SK-的 *Kpn* Ⅰ和 *Not* Ⅰ之间，这种多片段连接的效率会比较低，但是可简化实验流程。质粒构建成功后需要测序验证。

（二）黑曲霉原生质体的制备

1）取新活化的黑曲霉菌种一支制备孢子悬液，接种于 50 mL YPD 培养基中，30 ℃条件下 200 r/min 摇床培养 13～14 h。

2）用 4 层纱布收集菌丝，无菌水洗涤菌丝 3 次，0.8 mol/L $MgSO_4$ 溶液洗涤 1 次，菌丝悬浮于 20 mL 浓度为 25 mg/mL 裂解酶（VinoTaste® Pro）溶液中（注：真菌细胞壁的降解可采用不同的裂解酶，如国产的蜗牛酶和纤维素酶混合液、广东微生物研究所研制的破壁酶等，至于选用哪种酶，需要根据细胞壁的特点选择，最好先做预实验）。

3）30 ℃条件下 75～80 r/min 缓慢摇动，酶解反应 2～3 h，不时在显微镜下观察菌丝的酶解情况。

4）待酶解完全后，加等体积 1.2 mol/L 山梨醇缓冲液。

5）用 Calbiochem® Miracloth（或者双层 200 目尼龙网）过滤，收集原生质体悬浮液（注：Calbiochem 为公司名称；Calbiochem® Miracloth 为一种滤布名称）。

6）室温离心 500 r/min，6 min，收集原生质体。

7）沉淀用山梨醇缓冲液洗涤两次，每次室温 500 r/min 离心 6min。

8）弃去上清液将原生质体悬浮于 200 μL 山梨醇缓冲液中，血球计数板计数，原生质球浓度大约为 4×10^7 个/mL 时即可用于转化。

（三）黑曲霉原生质体-PEG 转化

1）将 10 μg 的 DNA 加入 200 μL 黑曲霉原生质体中，混合均匀。

2）加入 50 μL PEG 缓冲液混匀，冰浴 30 min。

3）再加入 1 mL PEG 缓冲液，混匀，室温放置 20 min。

4）加入 1 mL 山梨醇缓冲液，混匀。

5）与上层转化培养基（融化后温度降至 55 ℃）混匀，取适量混合物立即平铺于多个 GMPS-hyg（含潮霉素 B 200 μg/mL）平板上。

6）室温放置 30 min 待上层培养基凝固后，30 ℃温箱培养 4～7 d。

（四）黑曲霉的发酵培养及木聚糖酶的活性测定

1）将阳性转化子用接种环转接到 GMP 固体培养中，30 ℃条件下培养 4～5 d。

2）刮取培养基表面的孢子，溶解到无菌水中，并用涡旋振荡器充分打散。

3）用血球计数板计算孢子溶液的浓度。

4）孢子接种到液体发酵培养基中，终浓度为 10^6 个/mL，30 ℃，150 r/min 培养 5～6 d。

5）用滤纸过滤菌丝，得到滤液用于木聚糖酶活性的测定。

6）取滤液 1 mL，在 85 ℃ 水浴中处理 10 min，14 000 r/min 离心 10 min，取上清液。

7）将上述上清液 25 μL，50 mmol/L MES 缓冲液（pH 6.5）25 μL、1.15%remazol brilliant blue R-D-Xylan（RBB-xylan，测定木聚糖酶活的底物）50 μL，70 ℃下反应 10 min，加入 200 μL 无水乙醇终止反应，室温静置至少 15 min，12 000 r/min 离心 5 min，取上清液，在波长 595 nm 下测定吸光值。1 个酶活单位（unit）定义为：在上述反应条件下，测定 OD_{595} 数值每分钟上升为 1 时所需的酶量为 1 个酶活单位。

五、实验报告（作业）

1. 筛选获得阳性转化子；提供检测依据。
2. 计算阳性转化子发酵液的木聚糖酶活力，即每毫升发酵液含有多少酶活单位。
3. 完成实验报告。

六、思考题

1. 简述丝状真菌中常用的筛选标记和转化方法。
2. PEG 在黑曲霉转化中作用是什么？
3. 异源 DNA 整合到黑曲霉染色体中有哪几种整合方式？

七、参考文献

杨梦华, 李颖, 关国华, 等. 2005. 极端耐热木聚糖酶基因在大肠杆菌和毕赤酵母中的高效表达. 微生物学报, 45(2): 236-240

Göran K Hansson. 2007. The 2007 Nobel Prize in Physiology or Medicine—Advanced Information. http：//www. nobelprize.org/nobel-prizes/laureates/2007/advanced.html

Hillson N J, Rosengarten R D, Keasling J D. 2012. j5 DNA assembly design automation software. ACS Synth Biol,1(1): 14-21

Lakshmi Prabha V, Punekar N S. 2004. Genetic transformation in Aspergilli: Tools of the trade. Indian Journal of Biochemistry & Biophysics, 41: 205-215

Schuster E, Dunn-Coleman N, Frisvad J C, et al. 2002. On the safety of *Aspergillus niger* -a review. Appl Microbiol Biotechnol, 59: 426-435

Schigeyuki K, Wataru H, Kousaku M. 2010. Transformation of Sacoharomyces cererisiae and other fungi. Bioengineered Bugs, 1(6): 395-403

Szewczyk E, Nayak T, Oakley C E, et al. 2006. Fusion PCR and gene targeting in *Aspergillus nidulans*. Nat Protoc, 1(6): 3111-3120

Weiberg A, Wang M, Lin F, et al. 2013. Fungal Small RNAs Suppress Plant Immunity by Hijacking Host RNA Interference Pathways. Science, 342: 118-123

实验十五　脂肪酶基因在毕赤酵母中的表达与目的蛋白检测

一、实验目的

1. 了解毕赤酵母表达体系的特点。
2. 学习和掌握载体的构建和酵母细胞转化（电击）的技术。
3. 掌握外源基因在毕赤酵母中的表达技术及目的蛋白的检测原则和方法。

二、实验原理

毕赤酵母表达体系是广泛应用且商业化的表达体系，它具有操作简单、表达量高、可进行蛋白质翻译后修饰等优点。毕赤酵母是甲醇营养型酵母，可以产生大量的醇氧化酶，利用甲醇作为其唯一碳源。编码醇氧化酶的基因是 *AOX1* 及 *AOX2*，细胞中大多数的醇氧化酶来自于 *AOX1*。甲醇可在转录水平紧密调节、诱导 *AOX1* 基因的高水平表达，但即使有甲醇存在，葡萄糖也抑制其转录。因此用甲醇进行诱导时，使用甘油培养基比较合适。但即使在甘油培养基中生长（去抑制）时，仍不足以使 *AOX1* 基因达到最低水平的表达，诱导物甲醇是 *AOX1* 基因表达所必需的。在甲醇中生长的细胞大约有 5%的 poly（A）RNA 来自 *AOX1* 基因，醇氧化酶占可溶性蛋白的 30%以上。因此调控产生醇过氧化物酶的启动子可以作为驱动外源基因在毕赤酵母中表达的高效启动子。*AOX2* 基因与 *AOX1* 基因有 97%的同源性，但在甲醇中只带 *AOX2* 基因的菌株比带 *AOX1* 基因菌株生长慢得多。缺失 *AOX1* 基因，会丧失大部分的醇氧化酶活性，细胞代谢甲醇的能力下降，因而在甲醇培养基中生长缓慢，产生一种表型为 Mut^s 的突变株（methanol utilization slow）。Mut^+（methanol utilization plus）指利用甲醇为唯一碳源的野生型菌株。

外源蛋白可在毕赤酵母胞内表达或分泌至胞外。分泌表达需要蛋白质上的信号肽序列。例如，酿酒酵母 α 因子信号肽序列已成功使用。

毕赤酵母表达体系的载体包括用于胞内表达的 pPIC3.5K、pAO815 和分泌表达的 pPIC9K、pPICZα，受体菌株是 Mut^+ X-33、Mut^+ GS115 或 Mut^s KM71。本实验脂肪酶基因 *rml*，pPICZα A 为载体，以 X-33 菌株为例叙述脂肪酶基因在毕赤酵母中的分泌表达。

表达载体如图 15-1 所示，*AOX1* 基因启动子连接有 α 因子信号肽序列，接下来是多克隆位点，可以将外源基因连接在此位点，后面是 α 因子转录终止密码子。X-33 是野生型毕赤酵母，pPICZα A 含有博来霉素（zeocin）抗性，在大肠杆菌和毕赤酵母中只有这一种抗性筛选，操作简单，另外，pPICZα A 质粒大小为 3.5 kb，比较小，且自身带有 6×His。而 GS115 在组氨酸脱氢酶位点（His4）有突变，因而不能合成组氨酸，载体有 *His4* 基因可与宿主进行互补，可通过不含组氨酸的培养基来选择转化子。氨苄西林、卡那霉素抗性基因在质粒克隆时赋予大肠杆菌两种抗生素的抗性，卡那霉素抗性基因在酵母细胞（受体）中为潮霉素抗性。pPIC9K 质粒大小为 9.3 kb，比较大，且不含 6×His，目的蛋白纯化只能采用液相色谱等设备。与 GS115 和 pPIC9K 相比，X-33 和 pPICZα A 体系操作简便，除了目的蛋白纯化可采用亲和层析外，还可直接采用商用 6×His 抗体对蛋白质进行 Western blot 检测。

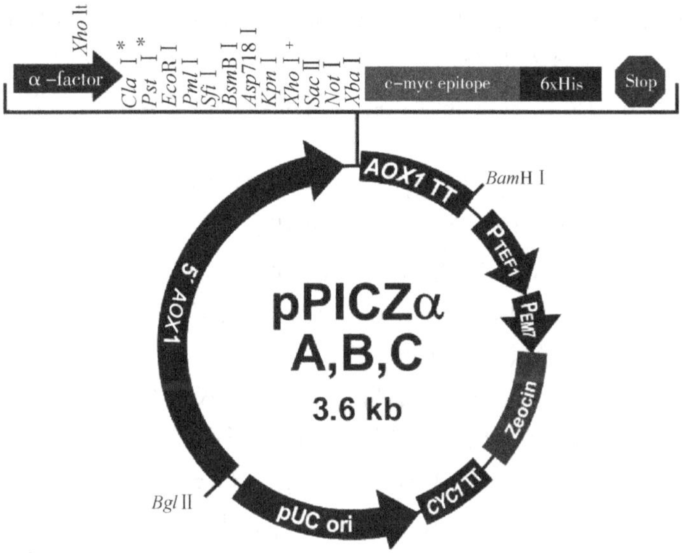

图 15-1　pPICZα质粒图谱

pPICZα质粒含有 3593 个核苷酸；α-factor（α-信号肽），多克隆位点；*c-myc* epitope（*c-myc* 基因的抗原表位）；6×His（6 个组氨酸标签，用于亲和层析纯化蛋白）

将表达载体酶切线性化转化受体菌后，会与基因组 DNA 进行同源重组，整合至染色体中。使用的限制性内切酶不同、酶切位点不同，发生同源重组的位点就不同，重组子的表型可能也不同。

脂肪酶可以将固体培养基内的三丁酸甘油酯水解，出现透明圈，可以作为毕赤酵母脂肪酶重组子平板筛选的表型。测定酶活性时可以以橄榄油为底物，经酶水解产生脂肪酸，脂肪酸的生成量可作为衡量酶活性高低的标准。

本实验以构建成功的表达质粒和毕赤酵母菌株（X33）为材料，分别按照质粒提取、线性化处理、向受体菌转化、阳性重组子筛选、目的蛋白的检测及其脂肪酶活性测定等步骤进行，希望通过本实验，了解在毕赤酵母表达外源基因的基本步骤。

三、实验材料

1. 菌株

巴斯德毕赤酵母菌株 X-33（*Pichia pastoris* X-33）。

RML-pPICZα-DH5α（前期构建的转入连有编码脂肪酶的 *RML* 基因 pPICZα A 载体的大肠杆菌）。

2. 培养基及试剂

1）YPD 培养基（1 L）：1%酵母浸出物（yeast extract）、2%蛋白胨（peptone）、2%葡萄糖（dextrose），若制固体培养基，加入 1.5%～2.0%琼脂粉（注：葡萄糖、酵母浸出物、蛋白胨溶液混合后在高温下可能会发生化学反应，导致培养基成分变化，因此要分别灭菌后再混合。葡萄糖可以过滤除菌，也可以 115 ℃ 15 min 灭菌。）

2）YPDS 培养基（1 L）：蛋白胨 20 g、酵母粉 10 g、葡萄糖 20 g、1 mol/L 山梨醇，pH 5.8，固体培养基中加入 14～15 g 琼脂。

3）低盐 LB 培养基（1 L）：氯化钠 5 g、酵母粉 5 g、胰化蛋白胨 10 g、调 pH 至 7.5，固体培养基中加入 14～15 g 琼脂，121 ℃灭菌 20 min。

4）13.4%YNB（酵母氮源）：过滤除菌。

5）1M 山梨醇（1 L）：182.1 g 山梨醇，115 ℃ 灭菌 20 min。

6）种子培养基 BMGY（1 L）：酵母粉 10 g、蛋白胨 20 g、甘油 10 g、磷酸二氢钠 · $2H_2O$ 13.68 g、磷酸氢二钠 · $12H_2O$ 4.405 g、100 mL 13.4%YNB。

7）诱导培养基 BMMY（1 L）：酵母粉 10 g、蛋白胨 20 g、磷酸二氢钠 · $2H_2O$ 13.68 g、磷酸氢二钠 · $12H_2O$ 4.405 g、100 mL 13.4%YNB，于使用前加入终浓度为 1%甲醇（*V/V*）。

8）磷酸二氢钠-柠檬酸（0.1 mol/L pH6.0）：磷酸氢二钠 · $12H_2O$ 22.65 g、柠檬酸 3.85 g，定容至 1 L。

9）D-2 buffer：异硫氰酸胍 4.7264 g、0.2M Tris-HCl 2.5 mL、0.5 mol/L EDTA 0.1 mL、β-巯基乙醇 7 μL，定容至 10 mL。

10）抗生素：博来霉素（zeocin）。

11）质粒提取试剂盒（购自生物试剂公司）。

3. 主要器皿及仪器

离心管（250 mL）灭菌备用（每组各 1 个），吸管（1 mL、5 mL）灭菌备用、培养皿、摇床、恒温培养箱、离心机、电转化仪、水浴锅、旋涡振荡器等。

四、实验步骤

1. X-33 细胞感受态制备

1）吸取−20 ℃保存菌液涂布于 YPD 平板，30 ℃倒置培养；挑取单菌落接种入

5 mL YPD 中，30 ℃ 200 r/min 振荡培养 20 h 左右。

2）取 125 μL 菌液接种入 125 mL（500 mL 的三角瓶）YPD 中，30℃ 200 r/min 振荡培养 20 h 左右至 OD_{600} 1.3～1.5，4 ℃ 5000 r/min 离心 5 min 收集细胞。

3）用 125 mL 冰预冷的无菌水洗涤细胞两次，然后用 10 mL 冰预冷的 1 mol/L 山梨醇洗涤细胞一次。

4）最后用 0.5 mL 冰预冷的 1 mol/L 山梨醇悬浮细胞，以每份 80 μL 分装菌液于小离心管中。

注意：冰上保存，当天使用，该感受态只能现做现用。

2. 线性化质粒的制备

1）质粒提取：吸取–20 ℃保存 RML-pPICZα-DH5α 菌液涂布于低盐 LB（含 50 μg/mL 博来霉素）平板，37 ℃培养。

2）挑取单菌落接种入 3 mL LB 中，37 ℃ 200 r/min 振荡培养 10 h 左右，参照试剂盒说明书提取质粒，电泳检测。

3）质粒线性化：取 10 μg 左右质粒，经 *Bst*X Ⅰ 酶切（请计算加酶量），约产生 4.5 kb DNA 片段，经琼脂糖电泳确认后，65 ℃加热 20 min（酶失活）。

4）纯化：等体积酚/氯仿抽提一次，12 000 r/min，5 min；将上层液体转移到 1.5 mL 管中，加入液 1/10 体积的 pH5.8 3 mol/L 乙酸钠和 2.5 倍体积的无水乙醇，冰上沉淀 10 min，12 000 r/min，10 min，弃上清液；加入 1 mL 80%的乙醇溶液洗涤沉淀，12 000 r/min，5 min，弃上清液；并用枪头吸干，干燥 10 min，10 μL 无菌水悬浮后置–20℃。

3. 电击转化（仪器见图 15-2）

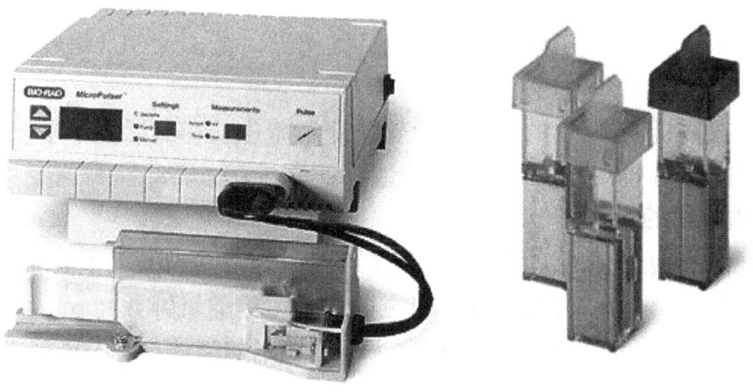

A　　　　　　　　B

图 15-2　伯乐 Micro Pulser 电穿孔仪（A）及电转杯（B）

1）将 10 μg 左右线性化 DNA 与 80 μL 酵母感受态细胞混匀，冰上放置 5 min，然后加入到冰预冷的 0.2 cm 电转杯，用 1.5 kV 电压转化。

2）立即加入 1 mL 预冷的山梨醇，与细胞 DNA 混合液混匀后吸入 1.5 mL 离心管，30 ℃静止 1～2 h。

3）取 50～200 μL 涂布于 YPDS（含 100 μg/mL 博来霉素）平板，30 ℃培养 2～3 d。

4. 重组子的筛选

1）基因组 DNA 快速提取：将长出的单菌落划线于 YPD（含 100 μg/mL 博来霉素）平板。

2）D-2 buffer 提取基因组 DNA，将菌体用灭菌枪头挑入 100 μL D-2 buffer 中悬浮，100 ℃，5 min，12 000 r/min 离心 2 min，水洗 2 次，离心弃上清液。

3）将沉淀溶于 10 μL 水中，沸水煮 5 min，12 000 r/min 离心 2 min，得上清液即可作为模板进行菌落 PCR，用量 0.5～2 μL（注意：使用前可检测 DNA 浓度）。PCR 验证 *rml* 基因存在（反应体系如下）。

模板 DNA	0.5 μL
5′-AOX-F（10 nM）	0.5 μL
3′-AOX-R（10 nM）	0.5 μL
2×Taq mix	10.0 μL
ddH_2O	8.5 μL

95 ℃、5min；95 ℃、40 s，60 ℃、40 s，72 ℃、2 min（30 个循环）；72 ℃、10 min；4 ℃、10 min，正对照以 RML-pPICZα 为模板；负对照以空 pPICZα 质粒为模板或用等量 ddH_2O 代替模板。

5. 重组子的诱导培养和脂肪酶的检测

1）诱导培养：将重组子接种入 10 mL BMGY 中，30 ℃、200 r/min 培养 16～18 h。

2）当种子 OD_{600}=2～6（对数生长期）时，吸取 3 mL 菌液接种入 50 mL BMMY 中，30 ℃、200 r/min 培养。

3）每隔 24 h 加入终浓度为 1%的甲醇持续诱导，至 4～5 d，培养时间可根据细胞生长和酶活检测情况而定。

4）对于重组子目的产物的检测，除了检测细胞生长和酶活性水平以外，还可以采用 SDS-PAGE 及 Western blot 检测目的蛋白。

6. 脂肪酶酶活的测定

1）0.05 mol/L NaOH 的配制：先用无 CO_2 水配制 5 mol/L 的 NaOH 储液；再准确稀释 50 倍后，称取 100 ℃烘 2 h 至恒重的邻苯二甲酸氢钾 0.38 g，溶于 80 mL 无 CO_2 水中（3 个平行），标定出其准确浓度，再推算出储液浓度；0.05 mol/L 的 NaOH 溶液用储液现用现配。

2）2%PVA-1750 的配制：称量好药品后，加入到蒸馏水中，并用沸水浴加热使之溶解，然后用 4 层纱布过滤，并定容，4 ℃保存。

3）PVA-橄榄油乳化液的配制：将橄榄油与 2% PVA-1750 以 1∶3（75 mL∶225 mL）比例混合，用高剪切乳化器乳化（或用超声波仪），13 000 r/min，3 min。

4）取 5 mL 乳化液底物，4 mL 0.1 mol/L pH6.0 的柠檬酸-磷酸盐缓冲液加入到

150 mL 角瓶中，置于恒温水浴摇床 35 ℃、130 r/min 温育 5 min。

5）取 1 mL 适当稀释的酶液加到底物和缓冲液中，35 ℃、150 r/min 反应 10 min 后加入 15 mL 无水乙醇终止反应。

6）加入 6 滴酚酞指示剂，用 0.05 mol/L NaOH 滴定酶解产生的脂肪酸，至反应液变为粉红色停止。

7）空白：将发酵液与无水乙醇混合反应 10 min 后加到底物和缓冲液中。

8）酶活定义：在该测定条件下，1 min 释放 1 μmol 脂肪酸的酶量为一个酶活单位。

9）酶活计算公式：$5V_{NaOH}$×稀释倍数。

酶活检测：在 0 h、12 h、24 h（1 d）、36 h、48 h（2 d）、60 h、72 h（3 d）、84 h、96 h（4 d）、每次取样 1～3 mL，测定发酵液 OD_{600} 和脂肪酶活，绘制生长曲线和酶活曲线。

五、实验报告（作业）

1. 展示目的基因 PCR 扩增、质粒线性化后 DNA 检测结果。
2. 给出阳性转化子基因组目的基因检测结果。
3. 说明阳性转化子培养，细胞生长情况及胞外分泌的蛋白、酶活性检测结果。
4. 完成实验报告。

六、思考题

1. 在本实验中，为什么重组质粒需线性化后再做转化?
2. 为鉴定重组菌株的正确性，除了采用测定酶活的方法以外，还可以采用哪些方法验证?
3. 分析你的实验结果。说明影响本实验成败的主要因素有哪些? 如何克服?
4. 试述酵母菌的转化方法有哪些? 各有什么特点?

七、参考文献

Guan F F, Peng P, Wang G L, et al. 2010. Combination of two lipases more efficiently catalyzes methanolysis of soybean oil for biodiesel production in aqueous medium. Process Biochem, 45: 1677-1682

Huang D F, Han S Y, Han Z L, et al. 2012. Biodiesel production catalyzed by *Rhizomucor miehei* lipase-displaying *Pichia pastoris* whole cells in an isooctane system. Biochem Eng J, 63: 10-14

J 萨姆布鲁克, D W 拉塞尔. 2002. 分子克隆实验指南. 第三版. 黄培堂译. 北京：科学出版社

实验十六　真核细胞表达异源蛋白的糖基化修饰及检测

一、实验目的

1. 了解毕赤酵母表达外源蛋白时存在的糖基化修饰现象。
2. 学习和掌握检测糖基化蛋白的方法及原理。

二、实验原理

（一）毕赤酵母表达的外源蛋白在宿主细胞中的糖基化修饰

毕赤酵母作为一种成功的外源蛋白表达受体细胞，有很多优点，因而其应用也越来越广泛。该系统不仅操作简单、易于培养，还具有对外源蛋白的翻译后修饰等特点，如糖基化、蛋白磷酸化等。毕赤酵母对外源蛋白的糖基化修饰主要有两种：*N*-糖基化和 *O*-糖基化。其中 *N*-糖基化比较常见且研究较多。

1. *N*-糖基化

当蛋白质含有一致性序列 Asn-Xaa-Thr / Ser（Xaa 代表任何氨基酸）时，毕赤酵母能对其中天冬氨酸残基上的酰胺氮进行糖基化，即产生 *N*-糖基化。在内质网中，毕赤酵母先形成一个寡糖核心 Man8GlcNAc2，然后 Man8GlcNAc2 转入高尔基体，在一系列甘露糖转移酶的作用下添加甘露糖，形成高甘露糖型结构。在表达外源蛋白时，毕赤酵母与酿酒酵母的糖基化修饰过程十分相似，但二者也存在着差异：首先，前者表达蛋白每个侧链的平均长度（8～14 个甘露糖残基）比后者（50～150 个甘露糖残基）要短得多，这可能使前者对表达蛋白性质的影响较后者要小得多。此外，毕赤酵母不能在寡聚糖链添加 α-1, 3-末端甘露糖，而酿酒酵母则很容易形成 α-1, 3-末端甘露糖，该形式连接的多糖被认为是酿酒酵母表达的蛋白质具有抗原性的原因之一。到目前为止，对毕赤酵母寡聚糖侧链结构了解还很少，也不清楚为什么一些毕赤酵母分泌蛋白会添加侧链和如何形成侧链，这些问题仍待进一步研究探索。

2. *O*-糖基化

若对蛋白质中的苏氨酸 / 丝氨酸上的羟基进行糖基化即产生 *O*-糖基化。目前检测到的外源蛋白的糖基化类型主要是 *N*-糖基化。与 *N*-糖基化相比，毕赤酵母 *O*-糖基化的报道比较少。

（二）糖基化对外源蛋白的分泌及功能的影响

外源蛋白被糖基化修饰后，糖基化对外源蛋白的分泌影响也不是固定的，会因不同的蛋白质而异，对于某些蛋白质可以增加其产量，但对于有的蛋白质或许没有变化，甚至会降低其产量。糖基化对外源蛋白的功能影响也不是绝对的，糖基化修饰后蛋白质性质可能会有变化，如修饰后的目的蛋白可能温度稳定性提高，蛋白质更加稳定。但糖基化修饰也有可能对目的蛋白的性质没有任何影响。

（三）糖基化修饰的检测方法

在毕赤酵母表达外源蛋白时，如果发现外源蛋白实际分子质量比预测值偏大或者电泳检测蛋白条带为弥散状，即可初步推测目的蛋白可能存在糖基化修饰。常用的检测糖基化修饰的方法是用去糖基化酶（如 Endo H、Endo Hf 或 PNGase F）。如果目的蛋白存在糖基化修饰，经酶切后，SDS-PAGE 或 Western blot 检测可发现蛋白质分子质量变小（图 16-1）。Endo Hf 是糖苷内切酶 H 和麦芽糖结合蛋白组成的融合重组蛋白，具有与糖苷内切酶 H 相同的活性，能够特异性切割 *N*-糖蛋白中高甘露糖和部分混合寡聚糖的壳二糖核心活性的重组糖苷酶。糖苷内切酶 H 和糖苷内切酶 Hf 克隆自褶皱链霉菌（*Streptomyces plicatus*），在大肠杆菌中表达。被广泛地应用于去除蛋白质中的糖类残基。作用识别位点如图 16-2 所示。

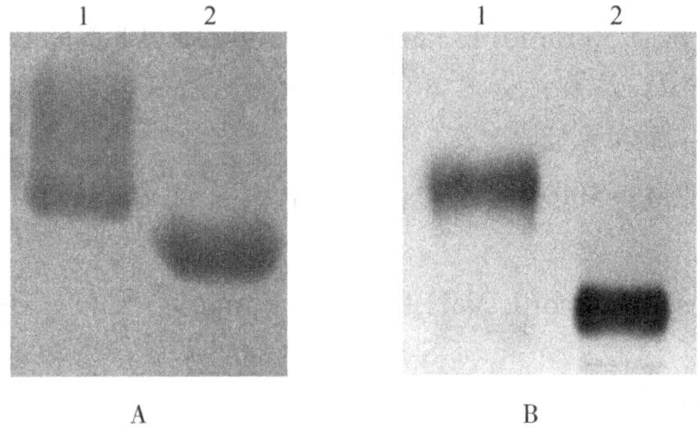

图 16-1 两种糖基化蛋白糖基化检测图

A. 脂肪酶 1：1. 糖基化修饰样品（弥散条带），2. 去糖基化后的蛋白样品；B. 脂肪酶 2：1. 糖基化修饰样品，2. 去糖基化后的蛋白样品

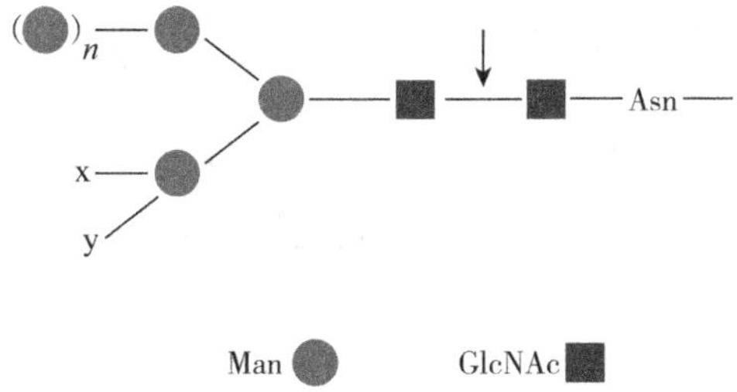

图 16-2 Endo Hf 仅切割高甘露糖型（high mannose structure）结构

（n=2～150，x=（Man）1～2，y=H）和杂合型结构（hybrid structure）（n=2，x 和/或 y = AcNeu-Gal-GlcNAc）。

Man：甘露糖； GlcNAc：*N*-乙酰葡萄糖胺；Asn：天冬酰胺

本实验是根据实验十五的结果设计的。可以对实验十五获得的蛋白质进行检测。

三、实验材料及试剂

1. 菌株

实验十五构建的重组菌株。

2. 培养基及试剂

1）YPD 培养基（1 L）：同实验十五。

2）种子培养基 BMGY（1 L）：酵母粉 10 g、蛋白胨 20 g、甘油 10 g、磷酸二氢钠 · $2H_2O$ 13.68 g、磷酸氢二钠 · $12H_2O$ 4.405 g、100 mL 13.4%YNB。

3）诱导培养基 BMMY（1 L）：酵母粉 10 g、蛋白胨 20 g、磷酸二氢钠 · $2H_2O$ 13.68 g、磷酸氢二钠 · $12H_2O$ 4.405 g、100 mL 13.4%YNB，于使用前加入终浓度为 1%的甲醇（*V*/*V*）。

4）0.01%考马斯亮蓝 G-250 溶液：考马斯亮蓝 G-250 100 mg、95%乙醇溶液 50 mL、85%（*W*/*V*）磷酸 100 mL，去离子水定容至 1 L，过滤除杂质，室温储存备用。

5）1×裂解缓冲液：50 mmol/L NaH_2PO_4、300 mmol/L NaCl、10 mmol/L 咪唑，用 NaOH 调 pH 至 8.0。注意：如果目的蛋白能够被裂解缓冲液洗脱或结合效果差，裂解缓冲液中可以不加入咪唑。

6）10×裂解缓冲液：500 mmol/L NaH_2PO_4、1.5 mol/L NaCl、100 mmol/L 咪唑用 NaOH 调 pH 至 8.0。

7）洗涤缓冲液：50 mmol/L NaH_2PO_4、300 mmol/L NaCl、20 mmol/L 咪唑，用 NaOH 调 pH 至 8.0。注意：如果 SDS-PAGE 中检测发现杂蛋白过多，可以适当提高 NaCl 浓度，直到终浓度为 1 mol/L。

8）洗脱缓冲液：50 mmol/L NaH_2PO_4、300 mmol/L NaCl、50～250 mmol/L 咪唑，用 NaOH 调 pH 至 8.0。

9）Ni-NTA Agrose（QIAGEN，30210）。

10）Endo Hf（1000 00U）及相关缓冲液（buffer）（购自 NEB 公司）。

11）SDS-PAGE 相关试剂（参考实验十一介绍的方法）。

3. 主要仪器

离心管（250 mL）灭菌备用（每组各 1 个）、吸管（1 mL、5 mL）灭菌备用、培养皿、摇床、恒温培养箱、离心机、分光光度计、水浴摇床等。

四、实验步骤

1. 菌株培养条件（见实验十五）

1）将重组子在 YPD 平板上划线，30 ℃，培养至产生单菌落。

2）挑单菌落接种入 BMGY（25 mL/250 mL 三角瓶）中，30 ℃、200 r/min 培养

16～18 h。

3）当种子 OD_{600}=2～6（对数生长期）时，吸取 5 mL 菌液接种入 50 mL BMMY（50 mL/500 mL 三角瓶）中，30 ℃、200 r/min 培养，每隔 24 h 加入终浓度为 1%的甲醇持续诱导，至 4～5 d。

4）根据细胞生长和酶活情况而定。待酶活不再增加时，收集菌液，8000 r/min 离心 10 min，弃沉淀，将上清液保存在 4 ℃或–20 ℃备用。

2. 考马斯亮蓝 G-250 检测蛋白质浓度（Bradford 法）

1）取 0.01%的考马斯亮蓝 G-250 溶液 1.5 mL 加入 2 mL Eppendorf（EP）离心管中。

2）配制标准溶液：将浓度分别为 0.1 mg/mL、0.3 mg/mL、0.5 mg/mL、0.7 mg/mL、0.9 mg/mL 的标准 BSA 样品 20 μL，分别加入考马斯亮蓝 G-250 溶液中，混匀。对照加入 20 μL 双蒸水。

3）将待测定的样品加入考马斯亮蓝 G-250 试剂中观察颜色，在标准样品显色范围内即可，如果浓度过高，将样品稀释后重新测定。

4）待样品和考马斯亮蓝 G-250 试剂反应 5 min 以后开始测定（1 h 之内颜色稳定）。

5）用分光光度计在可见光区 595 nm 波长下测量吸光值。

6）记录数据，根据标准牛血清白蛋白（BSA）样品绘制标准曲线，然后计算出待测样品的蛋白质浓度。

3. 蛋白质纯化

1）亲和层析纯化目的蛋白：表达载体 pPICZα 在多克隆位点区融合有 6 个组氨酸标签（His-tag），当目的蛋白基因连接在载体上时 C 端会连有该标签。His-tag 有咪唑侧链，是常用的纯化蛋白融合标签，在中性或弱碱的条件下，它能够特异性地与镍、锌和钴等金属离子结合，因此融合有该标签的蛋白质如果属于可溶蛋白，在非变性条件下能够结合在镍柱上进行亲和层析，再利用从低到高不同浓度的咪唑洗脱目的蛋白，最终达到蛋白质纯化的目的。

2）处理发酵液：取发酵液 45 mL 加入 5 mL 10×裂解缓冲液，混匀，放冰上。

3）处理担体：取适量的 Ni-NTA Agrose（QIAGEN，30210）担体，3000 r/min 离心 2 min 除去乙醇，分别用 ddH_2O 及裂解缓冲液清洗担体 1～2 次。

注意：①担体的体积要根据目的蛋白浓度及担体的承载量合理选择（一般情况下，1 mL 担体可以吸附 10 mg 目的蛋白）；②因担体非常脆弱，吸取担体时最好将枪头尖端剪去，吸取时动作尽量轻缓。

4）将发酵液的上清液与担体结合，冰上混匀 1 h。

5）将上述混合物加到层析柱中，柱底部流出溶液，待担体聚集。

6）裂解缓冲液洗脱担体上其他杂蛋白，直至考马斯亮蓝 G-250 无法检测出蛋白质为止。

7）洗涤缓冲液洗杂蛋白，直至考马斯亮蓝 G-250 无法检测出蛋白质为止。分别用与担体等体积的洗脱缓冲液（咪唑浓度分别为：50 mmol/L、80 mmol/L、100 mmol/L、150 mmol/L、200 mmol/L）洗脱目的蛋白，每种浓度上样 2 次，每加一次，下部打开收集流出液 0.5 mL，每种浓度重复 2 次。

8）用含有 250 mmol/L 咪唑的洗脱缓冲洗脱缓冲液清洗担体残留的蛋白质，直至考马斯亮蓝 G-250 无法检测出蛋白质为止。

9）用 SDS-PAGE 电泳检测收集的样品，分析目的蛋白的最适洗脱条件。

4. 目的蛋白去糖基化及其检测

1）取 20 μg 糖蛋白，1/10 体积的 10×糖蛋白变性缓冲液。

2）100 ℃中煮沸 10 min，使蛋白质变性。

3）加 1×G5 反应缓冲液，1～5 μL（1 000 U/μL）Endo Hf 于 37 ℃温育 1 h（对照不加 Endo Hf）。

4）SDS-PAGE 检测去糖基化前后的蛋白质条带位置是否有变化。

五、实验报告（作业）

1. 说明蛋白质纯化的全过程，注意哪个浓度的咪唑洗脱目的蛋白效果最佳？
2. 提供纯化目的蛋白的 SDS-PAGE 检测图（注意标注）。
3. 完成实验报告，并讨论本实验的关键步骤。

六、思考题

1. 怎样确定蛋白质（氨基酸序列）的糖基化位点？
2. 试述如果异源蛋白被糖基化修饰后，是否会影响蛋白质的性质？

七、参考文献

顾园，诸欣平，少华. 2004. 毕赤酵母表达蛋白质的糖基化. 生命的化学, 24(4): 353-355

De Pourcq K, De Schutter K, Callewaert N. 2010. Engineering of glycosylation in yeast and other fungi: current state and perspectives. Appl Microbiol Biotechnol, 87(5): 1617-1631

Potvin G, Ahmad A, Zhang Z. 2012. Bioprocess engineering aspects of heterologous protein production in Pichia Pastoris: A review. Biochemical Engineering Journal, 64: 91-105

实验十七　多拷贝异源基因重组表达体系的构建及其 qPCR 检测

一、实验目的

1. 学习构建多拷贝异源基因表达质粒的方法。

2. 学习采用实时荧光定量 PCR（real-time quantitative PCR，qPCR）检测菌株基因组上目标基因拷贝数的原理和方法。

二、实验原理

外源蛋白的表达受多方面的影响，很多实验发现，在一定程度上增加外源蛋白的基因剂量可以提高外源蛋白的表达水平，但是在表达不同的蛋白质时，增加基因剂量后并不是绝对会增加外源蛋白表达水平的，也有可能使外源蛋白表达水平降低。另外，对于不同的蛋白质，表达水平最高的菌株的拷贝数也是不相同的。因此为了增加外源蛋白的表达量，需要构建不同拷贝数的重组菌株，筛选得到最佳的拷贝数。以实验十五所用质粒为例，在 5′前端和 3′AOX 末端存在两个酶切位点 *Bam*H Ⅰ 和 *Bgl* Ⅱ，将带有单拷贝的 *rml*-pPICZα 进行 *Bam*H Ⅰ 和 *Bgl* Ⅱ 双酶切，得到含有 *rml* 片段的表达框；将 *rml*-pPICZα 进行 *Bam*H Ⅰ 单酶切得到含有单拷贝 *rml* 的 pPICZα 载体片段；将上述表达框和载体片段连接即得到二拷贝的 2*rml*-pPICZα 载体（图 17-1）。将 2*rml*-pPICZα 载体重复上述步骤，即可得到含有更高拷贝的 pPICZα 载体。

将获得的多拷贝重组质粒电转到 X-33 菌株中，可以通过实时荧光定量 PCR 的方法鉴定菌株中目的基因的拷贝数。

本实验除学习多拷贝外源基因（脂肪酶基因 *rml*，见下面说明）表达体系的构建外，还将学习选用实时荧光定量 PCR（real-time quantitative PCR，qPCR）技术检测目标基因拷贝数的方法。qPCR 技术的原理是使用荧光基团标记探针，5′端标记荧光基团 R，3′端标记淬灭基团 Q，在没有 PCR 扩增时，由于荧光基团和淬灭基团空间距离很近，荧光基团被淬灭，不发荧光；而当 PCR 扩增时，引物与荧光标记的特异性探针同时结合在模板上，荧光标记的探针与模板的结合位置位于上下游引物之间，利用 *Taq* 酶的 5′-3′外切酶活性，将荧光探针水解，荧光基团被释放出来，由于在空间上与淬灭基团分开，则发出荧光。发出的荧光可以被荧光探头检测到，一边扩增，一边检测，这样就实现了“实时”检测。该技术不仅实现了 PCR 从半定量到定量的飞跃，而且与常规 PCR 相比，它具有特异性强、自动化程度高、有效解决了 PCR 污染问题等特点。随着循环次数的增加，被扩增的目的基因片段呈指数规律增长，通

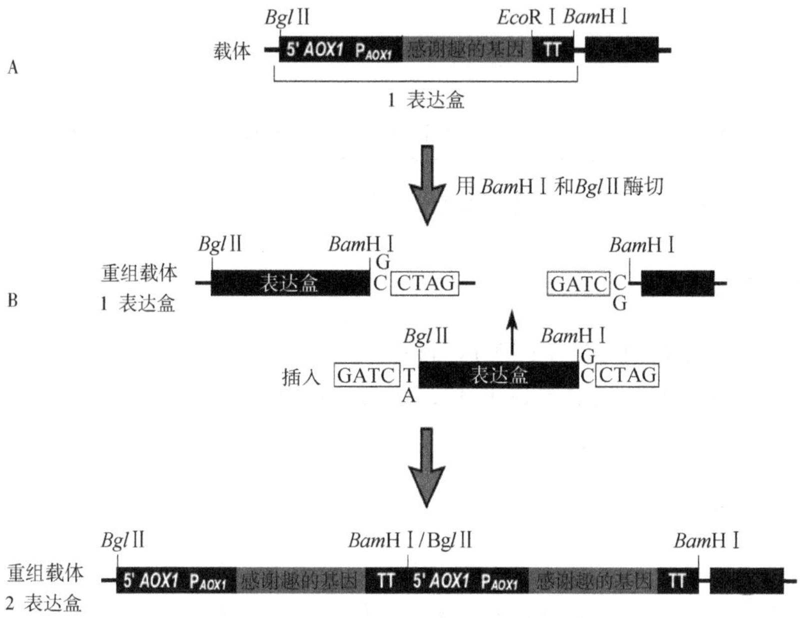

图 17-1　多拷贝重组质粒的构建

过实时检测与之对应的随扩增而变化的荧光信号强度，求得 C_t 值，同时利用数个已知模板浓度的标准品作对照，即可得出待测标本目的基因的拷贝数。

三、实验材料

1. 菌株

巴斯德毕赤酵母菌株 X-33（*Pichia pastoris* X-33）、大肠杆菌（*rml*-pPICZα-DH5α，*rml* 为脂肪酶基因）。

2. 培养基及试剂

（1）培养基

1）低盐 LB 培养基（低盐 LB）：1%蛋白胨、0.5%酵母粉、0.5%NaCl，调 pH 至 7.5。

2）YPD 培养基（同实验十五）。

（2）化学及生化试剂

*Bam*HⅠ（10 U/μL）

*Bgl*Ⅱ（10 U/μL）

碱性磷酸酶（alkaline phosphatase，calf intestinal，CIAP）（30 U/μL）

T4 DNA 连接酶（350 U/μL）

2×SYBR Green mix（荧光试剂混合液）

2×*Taq* mix（*Taq* 酶及缓冲液混合物）

酚（水饱和）：氯仿：异戊醇（25：24：1）

酵母基因组提取试剂盒（购自生物试剂公司）

3. 主要器皿及仪器

普通 PCR 仪、荧光定量 PCR 仪、电泳仪、紫外-可见分光光度计、离心机、水浴锅等。

四、实验步骤

1. 带有不同拷贝数的脂肪酶基因的载体构建

（1）目的质粒提取　按照质粒提取试剂盒（购自生物试剂公司）说明书进行。

（2）酶切　*Bam*H Ⅰ和 *Bgl* Ⅱ双酶切。

*Bam*H Ⅰ（10 U/μL）	5.0 μL
Bgl Ⅱ（10 U/μL）	5.0 μL
10×K buffer	10.0 uL
rml-pPICZα（5～10 μg）	80.0 μL

37 ℃，反应 1 h，反应体系可根据实际情况进行调整。反应结束后，凝胶电泳检测酶切是否正确，并回收酶切片段。

*Bam*H Ⅰ单酶切：

*Bam*H Ⅰ（10 U/μL）	5.0 μL
10×K buffer	20.0 μL
rml-pPICZα（5～10 μg）	80 μL

30 ℃，反应 30 min，反应体系可根据实际情况进行调整。反应结束后，凝胶电泳检测酶切是否正确，回收酶切片段。

单酶切片段去磷酸化：

*Bam*H Ⅰ单酶切质粒	17.0 μL
10×CIAP buffer	2.0 μL
CIAP（1 U/μL）	1.0 μL

37 ℃，反应 15 min，浓缩回收 DNA。反应体系可根据实际情况进行调整。

（3）凝胶电泳 DNA 回收　0.8%琼脂糖凝胶、140 V 条件下，电泳 20～30 min。EB 溶液染色 10 min，凝胶成像系统下观察。切胶回收，回收步骤按照琼脂糖凝胶 DNA 回收试剂盒说明书进行，分别回收单酶切和双酶切的 DNA 片段，紫外-可见分光光度计（A_{260}）检测回收 DNA 的浓度。

（4）连接

T4 DNA 连接酶（2.5 U/μL）	1.0 μL
10×T4 连接缓冲液	2.0 μL
*Bam*H Ⅰ单酶切载体	1.0 μL

*Bam*HⅠ-*Bgl*Ⅱ双酶切产物　　15.0 μL

16 ℃，过夜，反应体系可根据实际情况进行调整。65 ℃，20 min 使酶失活。

向上述体系中加入 *Bam*HⅠ和 *Bgl*Ⅱ去除错误连接。

*Bam*HⅠ（10 U/μL）	1.0 μL
*Bgl*Ⅱ（10 U/μL）	1.0 μL
10×K buffer	5.0 μL
ddH_2O	23.0 μL

37 ℃，反应 2 h。

（5）连接产物纯化与浓缩　在上述体系中加入等体积酚/氯仿/异戊醇，混合均匀后，12 000 r/min 离心 15 min；加入 1/10 体积的 3 mol/L 乙酸钠溶液和 2 倍体积无水乙醇，−20 ℃沉淀 10 min；4 ℃，12 000 r/min 离心 10 min，弃上清液；加入 1 mL 80%乙醇溶液洗涤沉淀，离心 2 min，弃乙醇，再离心 1 min，除去乙醇，晾干；将沉淀溶于 4～10 μL ddH_2O 中，存于−20 ℃冰箱。

（6）大肠杆菌 DH5α 细胞的转化　从−80℃冰箱中取事先制备好的大肠杆菌 DH5α 感受态细胞置于冰上，取 10 μL 重组质粒与 100 μL DH5α 轻轻混合均匀，在冰上放置 30 min。42 ℃热激 90 s，立即放于冰上 2 min，每管加 600 μL 低盐 LB 培养基（不含抗生素），37 ℃、200 r/min 复壮培养 1 h。取 50～100 μL 菌液涂于含抗生素的低盐 LB 平板上，37 ℃培养 14～16 h。

（7）菌落 PCR 检测正确转化子

挑单菌落加水	0.5 μL	95 ℃	5 min	
5′-AOX-F	0.5 μL	95 ℃	40 s	30 个循环
3′-AOX-R	0.5 μL	60 ℃	40 s	
2×*Taq* mix	10.0 μL	72 ℃	2 min	
ddH_2O	8.5 μL	72 ℃	10 min	
		4 ℃	10 min	

PCR 产物在 0.8%琼脂糖凝胶、140 V 条件下，电泳 20～30 min。EB 溶液染色 10 min，凝胶成像系统下观察。

（8）双酶切验证含两个目的基因拷贝的质粒

挑取 20 个转化子，接种于 2 mL LB（25 μg/mL 的博来霉素）中，37 ℃过夜培养后提取 DNA，*Bam*HⅠ和 *Bgl*Ⅱ双酶切电泳检测酶切结果，验证获得二拷贝的重组质粒。重复上述结果可以获得不同拷贝的重组质粒。

2. 将多拷贝质粒经电转化至 X-33 中，获得多拷贝目的基因的毕赤酵母重组子

电转及筛选方法见实验十五（注意：多拷贝质粒在转化前不需要线性化，电转时质粒浓度控制在 50～100 μg 为宜）。

3. 筛选阳性转化子

筛选方法见实验十五，用 D-2 buffer 快速提取酵母基因组及 PCR 法验证目的基因的存在（引物 5′-AOX-F 和 3′-AOX-R）。

4. qPCR 确定外源基因的拷贝数

（1）重组酵母基因组 DNA 提取

菌株培养及回收：将拟检测酵母细胞在 YPD 平板上活化，接种于 YPD 液体培养基（50 mL）中，25～28 ℃，150～180 r/min，摇床振荡培养至 OD_{600}=1.0 时（相当于 $1×10^7$～$2×10^7$ 个细胞/mL），培养至 OD_{600}=3.0～4.0 时，即可离心收集细胞（以下按试剂盒规定条件进行）。

基因组 DNA 提取按照酵母基因组提取试剂盒说明书进行（以北京索莱宝科技有限公司的产品为例）。

本试剂盒采用可以特异性结合 DNA 的离心吸附柱和独特的缓冲液系统，提取酵母基因组 DNA。离心吸附柱中采用的硅基质材料为该公司特有新型材料，能够高效专一吸附 DNA，可最大限度去除杂质蛋白及细胞中其他有机化合物。提取的基因组 DNA 片段大，纯度高，质量稳定可靠。使用本试剂盒提取的基因组 DNA 可用于各种常规操作，包括酶切、PCR、文库构建、Southern 杂交等实验。

A. 操作步骤

使用前请先在漂洗液中加入无水乙醇，加入体积请参照瓶体上的标签。所有离心步骤均为使用台式离心机在室温下离心。

1）取酵母细胞（不超过 $5×10^7$ 个细胞），12 000 r/min 离心 1 min，尽量吸除上清液。

2）酵母细胞壁的破除：向酵母菌体中加入 470 μL 山梨醇 Buffer（同前）。充分悬浮菌体，加入 25 μL 酵母破壁酶和 5 μLβ-巯基乙醇，充分混匀。30 ℃处理 1～2 h，期间可颠倒离心管混匀数次。

3）12 000 r/min 离心 1 min，弃上清液，收集沉淀。

4）向沉淀中加入 200 μL 酵母基因组提取试剂溶液 A，充分悬浮沉淀，向悬浮液中加入 20 μL 的 RNase A（10 mg/mL），充分颠倒混匀，室温放置 10 min。

5）加入 20 μL 的蛋白酶 K（10 mg/mL），充分颠倒混匀。65 ℃水浴消化 15～30 min，消化期间可颠倒离心管混匀数次，直至样品消化完全为止。

6）加入 200 μL 酵母基因组提取试剂溶液 B，再加入 200 μL 无水乙醇，充分颠倒混匀，此时可能会出现絮状沉淀，不影响 DNA 的提取，可将溶液和絮状沉淀都加入吸附柱中，室温放置 2 min。

7）12 000 r/min 离心 2 min，弃废液，将吸附柱放入收集管中。

8）向吸附柱中加入 600 μL 漂洗液（使用前请先检查是否已加入无水乙醇）。12 000 r/min 离心 1 min，弃废液，将吸附柱放入收集管中。

9）向吸附柱中加入 600 μL 漂洗液，12 000 r/min 离心 1 min，弃废液，将吸附柱放入收集管中。

10）12 000 r/min 离心 2 min，将吸附柱敞口置于室温或 50 ℃温箱数分钟，目的是将吸附柱中残余的漂洗液去除，否则漂洗液中的乙醇会影响后续实验如酶切、PCR 等。

11）将吸附柱放入一个干净的离心管中，向吸附膜中央悬空滴加 50～200 μL 经 65 ℃水浴预热的洗脱液，室温放置 5 min，12 000 r/min 离心 1 min。

12）离心所得洗脱液再加入吸附柱中，12 000 r/min 离心 2 min，即可得到高质量的基因组 DNA。

B. 注意事项

1）样品应避免反复冻融，否则会导致提取的 DNA 片段较小且提取量下降。

2）若试剂盒中的溶液出现沉淀，可在 65 ℃水浴中重新溶解后再使用，不影响提取效果。

3）如果实验中的离心步骤出现柱子堵塞的情况，可适当延长离心时间。

4）洗脱缓冲液的体积最好不少于 50 μL，体积过小会影响回收效率；洗脱液的 pH 对洗脱效率也有影响，若需要用水做洗脱液应保证其 pH 在 8.0 左右（可用 NaOH 将水的 pH 调至此范围），pH 低于 7. 0 会降低洗脱效率。DNA 产物应保存在−20 ℃，以防 DNA 降解。

5）DNA 浓度及纯度检测：得到的基因组 DNA 片段的大小与样品保存时间、操作过程中的剪切力等因素有关。回收得到的 DNA 片段可用琼脂糖凝胶电泳和紫外分光光度计检测浓度与纯度。DNA 应在 OD_{260} 处有显著吸收峰，OD_{260} 值为 1.0 大约相当于 50 μg/mL 双链 DNA、40 μg/mL 单链 DNA。OD_{260}/OD_{280} 应为 1.7～1.9，如果洗脱时不使用洗脱缓冲液，而使用去离子水，比值会偏低，因为 pH 和离子存在会影响光吸收值，但并不表示纯度低。

（2）qPCR

以只含有一个拷贝 *rml* 的重组子的基因组为模板，进行不同浓度的稀释（10^{-5}～10^{-1} 倍），按所用仪器配套的试剂加好不同的样品后进行 qPCR 检测（见 qPCR 体系）。分别得到目的基因 *rml* 和内参基因 *gap* 的模板量的 Log 值与 C_t 值之间的标准曲线（图 17-2）。将未知样品的目的基因的 C_t（*rml*）和内参基因 C_t（*gap*）代入公式，得到目的基因和内参基因的模板量 *rml*（copy quantity）和 *gap*（copy quantity）。拷贝数计算公式为

rml 拷贝数=[*rml*（copy quantity））/（*gap*（copy quantity）]

qPCR 体系：

内参基因 *gap*

模板（酵母基因组 DNA）	0.5 μL	95 ℃	5 min	
gap- qPCR –F	0.5 μL	95 ℃	40 s	40 个循环
gap- qPCR –R	0.5 μL	60 ℃	40 s	
2×SYBR Green mix	10 μL	72 ℃	15 s	
ddH_2O	8.5 μL	72 ℃	10 min	
		4 ℃	10 min	

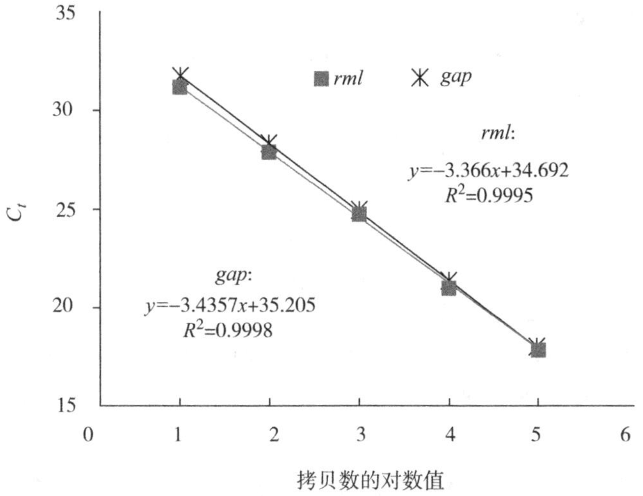

图 17-2 C_t 值与 Log copy quantity 负对数标准曲线图例

rml 为目的基因标准曲线；*gap* 为内参基因标准曲线

目的基因 *rml*

模板（酵母基因组 DNA）	0.5 μL	95 ℃	5 min	
rml-qPCR-F	0.5 μL	95 ℃	40 s	40 个循环
rml-qPCR-R	0.5 μL	60 ℃	40 s	
2×SYBR Green mix	10 μL	72 ℃	15 s	
ddH_2O	8.5 μL	72 ℃	10 min	
		4 ℃	10 min	

注：本实验使用罗氏公司提供的试剂。qPCR 一般在 48 或 96 孔板中加样后置仪器中。除了需要正负对照外，一般需将每个样品做 3～5 个重复。因此，加样时一定要谨慎，特别是在加荧光试剂时最好避免强光。

5. 菌株培养及酶活测定

方法见实验十五。比较不同拷贝数菌株的细胞生长及酶活水平。

五、实验报告（作业）

1. 完成多拷贝质粒的构建；注意提供各步骤的检测图。
2. 提供 qPCR 对菌株外源基因拷贝数检测结果。
3. 完成实验报告。

六、思考题

1. 为了使质粒酶切彻底，酶切体系中如何控制条件？

2. 酶切产物去磷酸化的目的是什么？
3. 构建的多拷贝质粒在转化前不需要线性化，为什么？
4. 本实验如何选择内参基因？
5. 简述采用 qPCR 方法计算目的基因拷贝数的原理？

七、参考文献

Abad S, Kitz K, Hormann A, 2010. Real-time PCR-based determination of gene copy numbers in *Pichia pastoris*. Biotechnol J, 5(4): 413-420

Shen Q, Wu M, Wang HB, et al. 2012. The effect of gene copy number and co-expression of chaperone on production of albumin fusion proteins in *Pichia pastoris*. Appl Microbiol Biotechnol, 96(3): 763-772

附：实时荧光定量 PCR 仪图示（图 17-3）及其基本技术原理详解

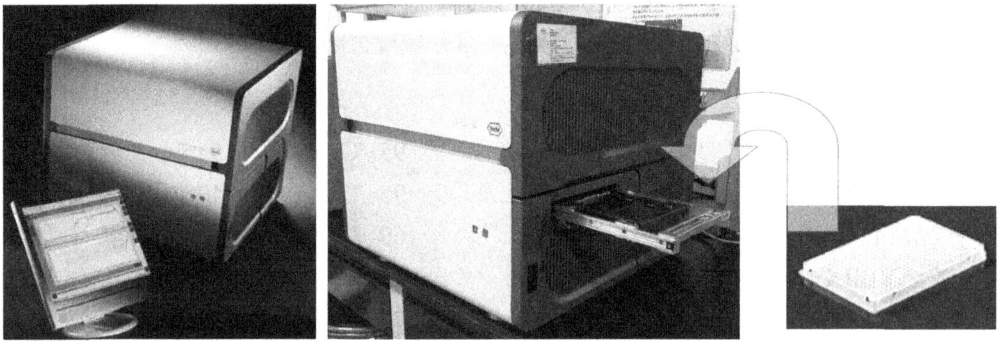

图 17-3　罗氏荧光定量 PCR 仪（Roche Light Cycler 480）及 96 孔板

1. 概述

实时荧光定量 PCR 仪+实时荧光定量试剂+通用电脑+自动分析软件，构成 PCR-DNA/RNA 实时荧光定量检测系统。

2. qPCR 优势

样品到达阈值水平所经历的循环数称为 C_t 值（限制点的循环数）。域值应设定在使指数期的扩增效率为最大，这样可以获得最准确、可重复性的数据。如果同时扩增的还有标有相应浓度的标准品，线性回归分析将产生一条标准曲线，可以用来计算未知样品的浓度。

3. 技术原理

real-time quantitative PCR（qPCR）技术，是指在 PCR 反应体系中加入荧光基因，利用荧光信号累积实时监测整个 PCR 进程，最后通过标准曲线对未知模板进行定量分析的方法。在该技术的发展过程中，两个重要的发现起着关键的作用：①在 20 世纪 90 年代早期，发现 *Taq*DNA 多聚酶的 5′核酸外切酶活性，能降解特异性荧光记探针，因此使得间接地检测 PCR 产物成为可能。②此后荧光双标记探针的运用使在一密闭的反应管中能实时地监测反应全过程。这两个发现的结合及相应仪器和试剂的商品化发展促使了 qPCR 方法在研究工作中的运用。

PCR 过程中产生的 DNA 拷贝数是呈指数方式增加的，随着反应循环数的增加，最终 PCR 不再以指数方式生成模板，从而进入平台期。在传统的 PCR 中，常用凝胶电泳分离并用荧光染色来检测 PCR 反应的最终扩增产物，因此用此终点法对 PCR 产物定量分析存在不可靠之处。在 qPCR 中，对整个 PCR 扩增过程进行了实时地监测和连续地分析扩增相关的荧光信号，随着反应时间的进行，监测到的荧光信号的变化可以绘制成一条曲线。在扩增早期，产生荧光的水平不能与背景明显地区别，而后荧光的产生进入指数期、线性期和最终的平台期，因此可以在 PCR 处于指数期的某一点上来检测 PCR 产物的量，并且由此来推断模板最初的含量。为了便于对所检测样本进行比较，在 qPCR 的指数期，首先需设定一定荧光信号的阈值，一般这个阈值（threshold）是以 PCR 的前 15 个循环的荧光信号作为荧光本底信号（baseline），荧光阈值的缺省设置是 3～15 个循环的荧光信号的标准偏差的 10 倍。如果检测到荧光信号超过阈值则被认为是真正的信号，它可用于定义样本的阈值循环数（C_t）。C_t 值的含义是：每个反应管内的荧光信号达到设定的阈值时所经历的循环数。研究表明，每个模板的 C_t 值与该模板的起始拷贝数的对数存在线性关系，起始拷贝数越多，C_t 值越小。利用已知起始拷贝数的标准品可作出标准曲线，因此只要获得未知样品的 C_t 值，即可从标准曲线上计算出该样品的起始拷贝数。

实验十八　采用重叠 PCR 技术敲除粟酒裂殖酵母 *Clr4* 基因

一、实验目的

1. 学习并掌握采用重叠 PCR 技术获得目的 DNA 片段的原理和方法。
2. 学习并掌握将外源 DNA 片段置换受体菌基因组目的基因的方法。
3. 学习对正确突变体进行筛选和鉴定的方法。

二、实验原理

（一）利用同源重组进行基因敲除

粟酒裂殖酵母（*Schizosaccharomyces pombe*）呈杆状，是单细胞微生物，直径 3～4 μm，长 7～14 μm。染色体与高等真核生物相似，有着丝粒、端粒等结构。基因组约 14.1 Mb，编码 4970 个基因。粟酒裂殖酵母基因组小、繁殖速度快、遗传操作简单，是研究细胞周期调节、DNA 损伤修复、表观遗传修饰等生命活动的模式生物之一。

基因敲除是研究基因功能的基本方法之一。通过对基因敲除突变体进行表型和生理生化分析，可以研究基因在生命活动中的作用。粟酒裂殖酵母基因敲除主要利用同源重组的方法，将带有筛选标记的 DNA 片段整合到基因组上，置换拟敲除的目的基因，再通过筛选，得到敲除特定基因的突变体。常用的筛选标记之一是合成氨基酸过程中关键的基因。基因敲除突变体可以在缺乏该种氨基酸的培养基上生长，但野生型不能生长，从而筛选出阳性转化子。实验中可用的筛选标记是抗生素的抗性基因（Bahler et al.，1998）。采用抗性筛选的方法不仅方便、准确，不受转化菌株基因型的限制，而且可用来进行大规模基因组研究（Roguev et al.，2008）。筛选酵母转化子的抗生素有新霉素（G418）、潮霉素等，对应的抗性基因分别是 *KanMX*6、*HphMX*6 等，这些抗性基因已经分别被克隆到质粒上，因此可以从质粒上扩增获得抗性基因。在设计引物时，正向、反向引物上需要分别带有 20 bp 左右与拟敲除靶基因上下游同源的序列；除抗性基因外，还需分别扩增出靶基因上下游 200～400 bp 的序列，扩增基因上下游序列的引物必须带有 20 bp 左右与抗性基因同源的序列，将这 3 条扩增出来的 DNA 片段按照 1∶1∶1（摩尔比）混合，由于它们有部分序列重叠，在变性退火后可以连在一起，作为模板，扩增出带有与被敲除基因上下游同源序列的抗性基因（图 18-1）。这种方法通常被称为重叠延伸 PCR 技术（gene splicing by overlap extension PCR，SOE PCR）。由于采用具有互补末端的引物，PCR 产物形成了重叠链，从而在随后的扩增反应中通过重叠链的延伸，将不同来源的扩增片段重叠拼接起来。PCR 能够在体外进行有效的基因重组，而且不需要内切酶消化和连接酶处理，可利用这一技术很快获得其他依靠限制性内切酶消化的方法难以得到的产物。重叠延伸 PCR 技术成功的关键是重叠互补引物的设计。重叠延伸 PCR 在基因的定点突变、融合基因的构建、长片段基因的合成、基因敲除及目的基因的扩增等方面有其广泛而独特的应用。获得目的 DNA 片段通过热激法转入酵母细胞后，利用同源重组整合到酵母基因组中，替换出原来位置上拟敲除的内源基因，从而获得目的菌株。

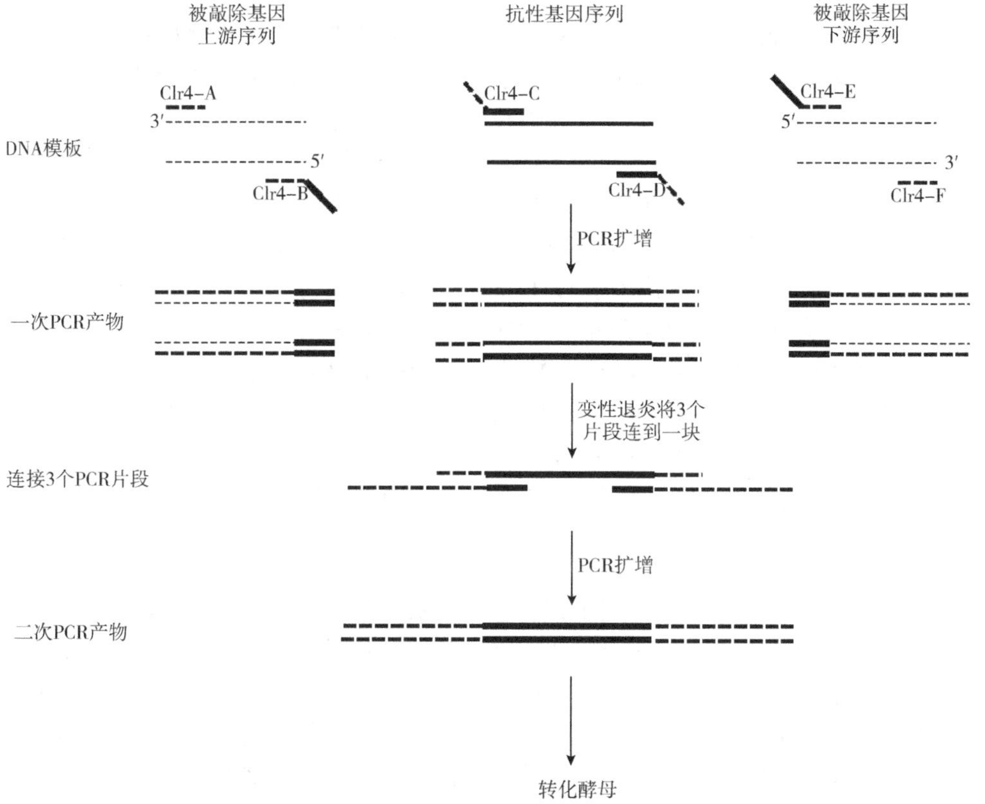

图 18-1　转化 DNA 片段的扩增原理

以敲除 *Clr4* 基因为例，通过两步 PCR 扩增出带有抗性基因的片段，该片段两端分别带有 *Clr4* 基因上下游同源的序列。虚线代表酵母基因组中 *Clr4* 基因上下游序列，实线代表抗性基因序列

本实验中拟敲除的基因是 *Clr4*（1473 bp）。Clr4 是组蛋白 H3K9 的甲基转移酶，能够将甲基转移到组蛋白 H3 第九位的赖氨酸上。这个基因对裂殖酵母中异染色质的维持和基因组的稳定性非常重要。基因突变后，染色体分离会受到影响，但并不影响细胞的生长和分裂，因此突变体可以存活。实验中所用的抗性基因是 *KanMX6*。这是一个抗新霉素（G418）的基因，该基因表达时，酵母细胞可以在添加抗生素 G418 的平板上生长。

如图 18-1 所示，被敲除的 *Clr4* 基因是 1473 bp，PCR 无需扩增完整 *Clr4* 基因，只扩增 *Clr4* 基因上下游序列。*Clr4* 上游序列，即引物 Clr4-A 和 Clr4-B 扩出的片段约 384 bp；*Clr4* 下游序列，即引物 Clr4-E 和 Clr4-F 扩出的片段约 410 bp；抗性基因，即引物 Clr4-C 和 Clr4-D 扩出的片段约 2000 bp，因此最后拼接后的片段约 3000 bp，即引物 Clr4-A 和 Clr4-F 扩出的片段。

（二）酵母转化

通过 PCR 获得的 DNA 片段，需要转化至受体细胞。常用的酵母转化方法有两种：热击转化和电击转化。本实验将采用 PEG/乙酸锂（LiAc）的热激转化方法。该方法的原理是利用碱性锂离子改变细胞膜的通透性，形成短暂的感受状态，容易吸收外源 DNA，但会对细胞膜产生一定的损伤。DNA 黏附在细胞表面后，经过 40 ℃热击处理，进入细胞，通过同源重组整合至酵母基因组。转化后首先将转化液涂布于无抗性平板培养基上，30 ℃培养箱中培养 16 h 左右，待转入 DNA 片段上的抗性基因稳定表达后，影印至含抗生素 G418 的培养基上，进行筛选。PEG 是一种高分子聚合物，本实验中所用的分子质量为 3350 Da 的 PEG 能够在酵母转化过程中保护高浓度乙酸锂环境下的细胞膜，减少乙酸锂对细胞膜的损伤，促进 DNA 与细胞膜更紧密地接触。在酵母转化中需要用到鲑精 DNA。鲑精 DNA 是双链 DNA 分子，在使用前必须进行热变性，打开 DNA 双链，形成单链 DNA。单链的鲑精 DNA 可以保护转化 DNA 片段不被核酸酶降解，有助于酵母细胞摄取外源 DNA 片段。

（三）阳性转化子鉴定

转化子可以通过 PCR 进行鉴定。图 18-2 是内源基因被抗性基因取代后的示意图。为检测目的基因是否被抗性基因代替，首先在抗性基因前端选取一段序列作为引物 Kan2，后端选取一段序列作为引物 Kan3，分别与敲除基因上下游的序列配对，以基因组 DNA 为模板，进行 PCR 扩增，如果被敲除的基因被抗性基因代替，则可以扩出条带，如果没有发生同源重组，要敲除的目的基因还在原来的位置，则不能扩增出条带。

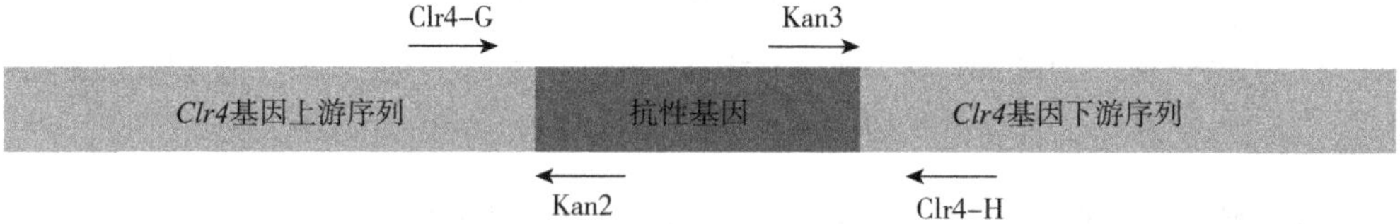

图 18-2　阳性转化子 PCR 鉴定的示意图

三、实验材料

（一）实验菌株

粟酒裂殖酵母（*Schizosaccharomyces pombe*）。

菌株的培养：将冻存的菌种涂在不带抗性的 YEA 培养基上，30 ℃培养 2 d，备用。

（二）培养基

YEA 培养基：葡萄糖 30 g、酵母提取物 5 g、腺嘌呤 100 mg。

用盐酸调 pH 至 5.5，加水定容至 1000 mL，每升固体培养基中加 20 g 琼脂粉，121 ℃灭菌 15 min。

若配抗性培养基，则需等灭菌后培养基冷却至约 60 ℃，每升中加入 1 mL 100 mg/mL G418 至终浓度 100 mg/L。

（三）试剂

1. PCR 反应所需试剂

Taq 酶、*Taq* 酶缓冲液、dNTP、DNA 模板、引物。

所需引物序列（实验前由公司合成备用）

Clr4-A：CAACAACCTGGTCGAAATACAA

Clr4-B：TTAATTAACCCGGGGATCCGTCGCAAAACTAATAACCTCTTG

Clr4-C：CAAGAGGTTATTAGTTTTGCGACGGATCCCCGGGTTAATTAA

Clr4-D：GGAGTCAACCAGTAATAAATTAGCGAATTCGAGCTCGTTTAAAC

Clr4-E：GTTTAAACGAGCTCGAATTCGCTAATTTATTACTGGTTGACTCC

Clr4-F：CAGCTGAAGAAACAACTGATGC

Clr4-G：GTTGTTAACACCGTATTTCCTT

Clr4-H：AGCTCTCAGGTTTGGTGC

Kan2：ATCATTGGCAACGCTACCTT

Kan3：GCGCAATCACGAATGAATAA

DNA 模板：酵母基因组 DNA、pFA6a 质粒（该质粒带有 G418 抗性基因 *KanMX6*）。

2. DNA 回收纯化试剂盒

购自生物试剂公司。

3. 转化所需试剂

PEG3350	50%
乙酸锂	1mol/L
鲑精 DNA	4 mg/mL

4. DNA 提取缓冲液

1 mol/L Tris-HCl	pH 8.0	500 μL
5 mol/L NaCl		1 mL
0.5 mol/L EDTA		100 μL
10%Triton X-100		10 mL

10%SDS	5 mL

加 ddH_2O 定容至 50 mL。

（四）主要仪器

PCR 仪、培养箱、摇床、电泳仪、水平电泳槽、水浴锅、移液器、离心机、可见分光光度计等。

四、实验步骤

（一）PCR 获得带有抗性基因的 DNA 片段

1. 按照下列顺序分别加入 PCR 反应体系各组分

10×*Taq* 酶缓冲液	5.0 μL
dNTP（10 mmol/L）	1.0 μL
正向引物（10 nmol/L）	1.0 μL
反向引物（10 nmol/L）	1.0 μL
DNA 模板（10 nmol/L /μL）	0.5 μL
Taq 酶（10 U/μL）	1.0 μL
ddH_2O	40.5 μL

混匀后放入 PCR 仪中，按下列程序进行反应：

① 预变性	94 ℃ 4 min
② 变性	94 ℃ 30 s
③ 退火	55 ℃ 30 s
④ 延伸	72 ℃ 2 min

重复步骤②至步骤④，35 个循环。最后延伸 72 ℃，10 min，4 ℃保温。

注：引物配对及模板分别如下。

1）Clr4-A 和 Clr4-B，DNA 模板：酵母基因组 DNA。

2）Clr4-C 和 Clr4-D，DNA 模板：pFA6a 质粒（该质粒带有 G418 抗性基因 *KanMX6*）。

3）Clr4-E 和 Clr4-F，模板：DNA 酵母基因组 DNA。

2. 切胶回收 PCR 产物

PCR 产物用 DNA 回收纯化试剂盒回收。

1）配制 1%琼脂糖凝胶，将 PCR 产物全部加入点样孔，电泳，200 V 电压，约 20 min。

2）柱平衡步骤：向吸附柱 CB2 中（吸附柱放入收集管中）加入 500 μL 平衡液 BL，12 000 r/min，离心 1 min，倒掉收集管中的废液，将吸附柱重新放回收集管中。

3）将目的 DNA 条带从琼脂糖凝胶中切下，放入干净的离心管中，称取质量。

4）向胶块中加入等倍体积溶液 PC，50 ℃水浴放置 10 min 左右，其间不断温和地上下翻转离心管，以确保胶块充分溶解。

5）将上一步所得溶液加入一个吸附柱 CB2 中（吸附柱放入收集管中），12 000 r/min，离心 1 min，倒掉收集管中的废液，将吸附柱 CB2 放入收集管中。

6）向吸附柱 CB2 中加入 600 μL 漂洗液 PW，静置 2～5 min，12 000 r/min，离心 1 min，倒掉收集管中的废液，将吸附柱 CB2 放入收集管中。

7）重复操作步骤 5。

8）将吸附柱 CB2 放入收集管中，12 000 r/min，离心 2 min，尽量除去漂洗液。将吸附柱置于室温放置数分钟，彻底晾干。

9）将吸附柱 CB2 放入一个干净离心管中，向吸附膜中间位置悬空滴加 50 μL 的洗脱缓冲液 EB，室温放置 2 min。12 000 r/min 离心 2 min，收集 DNA 溶液。

10）1%琼脂糖凝胶电泳检测回收 DNA。

3. PCR 获得转化片段

1）按照下列顺序分别加入 PCR 反应体系各组分。

10×*Taq* 酶缓冲液	5.0 μL
dNTP（10 mmol/L）	1.0 μL
Clr4-A	1.0 μL
Clr4-F	1.0 μL
DNA 模板	按照摩尔比 1∶1∶1 的比例混合步骤 2 中回收的 PCR 产物
Taq 酶	1.0 μL
ddH_2O	加至 50.0 μL

注：本实验 PCR 体系中各种试剂的添加如无特殊说明，均按常规原则。

混匀后放入 PCR 仪中，按下列程序进行反应：

① 预变性	94 ℃ 4 min
② 变性	94 ℃ 30 s
③ 退火	55 ℃ 30 s
④ 延伸	72 ℃ 2 min

重复步骤②至步骤④，35 个循环。最后延伸 72 ℃、10 min，4 ℃保温。

2）用 DNA 回收纯化试剂盒纯化 PCR 产物，1%琼脂糖凝胶电泳检测。

（二）酵母的转化

1）挑取 YEA 平板上活化的酵母菌，放入 50 mL 液体 YEA 培养基中培养过夜。

2）菌液长到约 OD_{600} =1.0 时，室温离心收集细胞，3500 r/min，5 min。

3）在离心管中加入无菌 ddH_2O 将酵母细胞重悬，反转 5～8 次，室温离心，3500 r/min，5 min，收集细胞。

4）重复步骤 3。

5）加 1.0 mL 无菌 ddH_2O 重悬酵母细胞，转移至 1.5 mL 无菌 EP 管中。

6）12 000 r/min 离心 30 s，去掉上清液，加入无菌 ddH_2O 稀释细胞至 100 OD/mL，取 100 μL 菌液用于转化（注：100 OD/mL，如果测出 OD_{600} 是 1.0，收集 50 mL 菌液后，加入 0.5 mL ddH_2O 重悬细胞，此时细胞浓度即为 100 OD/mL）。

7）将 4 mg/mL 鲑精 DNA 在 100 ℃沸水中煮 5 min，取出后立刻置冰上，静置 5 min。

8）将步骤 6 中取出的菌液离心，12 000 r/min，30 s，去上清液。

9）按照顺序加入下列各组分：

50%的 PEG3350	240 μL
4 mg/mL 单链鲑精 DNA	50 μL
1.0 mol/L 乙酸锂	36 μl
DNA 片段，振荡混匀	34 uL

10）40 ℃水浴 40 min。

11）离心，12 000 r/min，30 s，去上清液，加入 400 μL 无菌 ddH_2O 重悬酵母细胞。

12）将重悬酵母均匀地涂布在没有抗性的培养基平板上，每个平板涂 200 μL。晾干后倒置于 30 ℃培养箱中，培养约 16 h。

13）将平板上的菌落影印到带有 G418 抗生素的培养基上，倒置于 30 ℃培养箱中，培养约 3 d，即可看到菌落。

（三）转化子的鉴定

1）将 G418 平板上长出的单克隆在新的 G418 平板上涂布，30 ℃培养 2 d。

2）在 1.5 mL EP 管中加入 200 μL DNA 提取液，从菌苔处刮下细胞，重悬在 DNA 提取液中。

3）加入 0.3 g 玻璃珠，200 μL 酚/氯仿。

4）剧烈振荡 1 min。

5）室温下离心 12 000 r/min，5 min。

6）将上清液转移到新的 EP 管中，加入 1 mL 无水乙醇，混匀，室温放置 5 min。

7）4 ℃离心，12 000 r/min，15 min。

8）去掉上清液，真空干燥 10 min。

9）沉淀重悬在 100 μL TE 中。

10）PCR 鉴定，按照下列顺序分别加入 PCR 反应体系各组分：

ddH_2O	7.2 μL
10×*Taq* 酶缓冲液	1.0 μL
dNTP（10 mmol/L）	0.2 μL
Clr4-G/Clr4-H	0.2 μL
Kan2/Kan3	0.2 μL

转化子基因组 DNA　　1.0 μL
Taq 酶　　0.2 μL

混匀后置 PCR 仪中，按下列程序进行反应：

① 预变性　94 ℃ 4 min
② 变性　94 ℃ 30 s
③ 退火　55 ℃ 30 s
④ 延伸　72 ℃ 1 min

重复步骤②至步骤④，35 个循环。最后延伸 72 ℃，10 min，4 ℃保温。

11）1%琼脂糖凝胶电泳，200 V 电压，20 min。有 PCR 产物条带的为阳性克隆，大小约 1.5 kb。

五、实验报告（作业）

1. 观察转化后抗性平板上长出的细胞，计算转化效率。
2. 提供各步骤采用 PCR 检测所获得的琼脂糖凝胶电泳图。
3. 完成实验报告。

六、思考题

1. 简述采用重叠 PCR 对酵母细胞进行基因敲除的原理。
2. 在转化过程中所用试剂乙酸锂、PEG 和鲑精 DNA 的功能是什么？
3. 对酵母阳性转化子进行 PCR 鉴定时引物设计的原则是什么？
4. 总结本实验的关键操作要点。

七、参考文献

Bahler J, Wu J, Longtine M, et al. 1998. Heterologous Modules for Efficient and Versatile PCR-based Gene Targeting in *Schizosaccharomyces pombe*. Yeast, 14: 943-951

Egel R. 2004. The molecular biology of *Schizosaccharomyces pombe*. Berlin: Springer

J 萨姆布鲁克, D W 拉塞尔. 2002. 分子克隆实验指南. 第三版. 黄培堂译. 北京: 科学出版社

Reguev A, Bandyopadhyay S, Zofall M, et al. 2008. Conservation and Rewiring of Functional Modules Revealed by an Epistasis Map in Fission Yeast. Science, 322: 405-410

实验十九　利用细菌 CRISPR/Cas 系统敲除酿酒酵母目的基因

一、实验目的

1. 学习和掌握通过 CRISPR/Cas 系统进行酿酒酵母基因敲除的原理和方法。
2. 比较本方法与重叠 PCR 进行真菌基因敲除方法的区别。

二、实验原理

（一）细菌的 CRISPR 防御系统简介

微生物的生活环境充满着各种遗传物质，如噬菌体和质粒 DNA。转导、接合、转化和侵染经常发生着，这促使微生物进化出一整套免疫机制，来识别并排除“异己”的遗传成分，保护自身的安全，其中包括由 CRISPR 基因调控的基于核苷酸的获得性免疫系统。CRISPR 是“clustered regularly interspaced short palindromic repeat”的首字母缩写，意思是“簇集存在的规则短间隔重复序列”，它存在于细菌染色体上；Cas 是“CRISPR-associated”的缩写，指的是 CRISPR 相关的蛋白质，是一类 DNA 结合蛋白，具有核酸酶和解旋酶的活性。目前发现约 90%的古生菌和 40%的细菌基因组中含有 CRISPR/Cas 结构。典型的 CRISPR 基因座一般含有 21～48 bp 的正向重复序列，大多数重复序列中含有回文结构，可以形成稳定的、保守的二级结构。而这些重复序列又由长度相似的 21～72 bp 的非重复性间隔子（non-repetitive spacer）隔开，大部分间隔子序列与细菌所捕获的病毒及质粒序列相关。CRISPR 基因座通常邻近 4～20 个 *cas* 基因，这些 *cas* 基因表达一整套 Cas 蛋白，发挥核酸酶、解旋酶、聚合酶及 RNA 结合蛋白等功能。当外源噬菌体或质粒进入细菌后，细菌便表达 crispr RNA，指导 Cas 蛋白将外源基因剪断。

图 19-1 展示了基于 Cas9 的 CRISPR 系统工作示意图。Cas9 内切酶是一种 DNA 内切酶，很多细菌都可以表达这种蛋白质，Cas9 内切酶能够为细菌提供一种防御机制，避免病毒或者质粒等外源 DNA 的侵入。Cas9 内切酶必须在向导 RNA 分子的引导下对 DNA 进行切割，这是因为这些含有与靶 DNA 序列互补的序列。Cas9 内切酶在向导 RNA 分子的引导下对特定位点的 DNA 进行切割，形成双链 DNA 缺口，然后细胞会借助同源重组机制（homologous recombination）或者非同源末端连接机制（non-homologous end joining）对断裂的 DNA 进行修复。如果细胞通过同源重组机制进行修复，会用另外一段 DNA 片段填补断裂的 DNA 缺口，因而会引入一段“新的”遗传信息。有多项研究表明，RNA 介导的 Cas9 系统可以用于对人类和小鼠细胞，以及细菌或斑马鱼胚胎进行基因组改造的工作中。

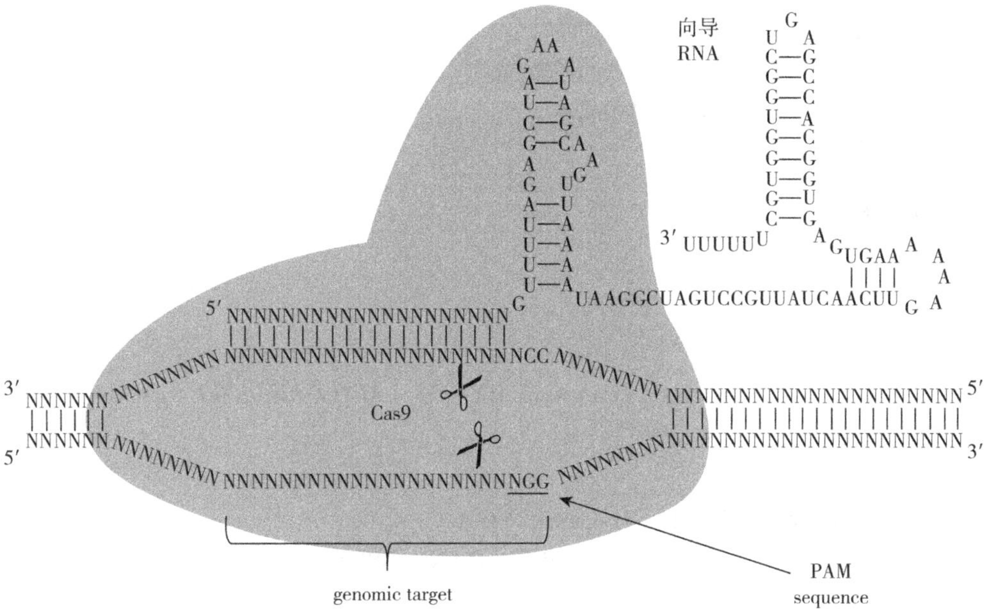

图 19-1　基于 Cas9 的 CRISPR 系统工作示意图

genomic target. 基因组目标序列；PAM sequence（protospacer adjacent motif）前间区序列邻近基序，与靶 DNA 序列互补的序列

（二）利用 CRISPR/Cas 系统对真核生物进行基因敲除的方法

CRISPR/Cas 系统主要分为 3 种不同类型，目前产脓链球菌（*Streptococcus pyogenes* SF370）的 Type Ⅱ型系统是被改造的最成功的人工核酸内切酶，已经在人类细胞、小鼠、斑马鱼中成功实现了基因组定点修饰。Type Ⅱ型 CRISPR/Cas 系统编码 tracrRNA（trans-activating crRNA），其指导 RNaseⅢ和 Cas9 完成前体 crRNA 的成熟。随后 tracrRNA 还能与成熟的 crRNA 的重复序列配对形成 RNA 二聚体，进而和 Cas9 蛋白结合成核糖核蛋白复合体，发挥识别和降解入侵外源 DNA 的功能。研究人员发现 tracrRNA 的 5′端与成熟的 crRNA 3′端有部分序列（约 13 bp）能够配对进而形成茎环结构，对维持 crRNA 与靶点的配对可能十分重要。根据 tracrRNA 与 crRNA 的结构特性，他们将 tracrRNA 和 crRNA 表达为一条嵌合的向导 RNA（guide RNA，gRNA），并在体外证明 gRNA 可以发挥 tracrRNA 和 crRNA 的功能。因此只需要表达 Cas9 与 gRNA 便可以对基因组进行定点编辑。本实验通过在酿酒酵母中同时表达 Cas9 和 gRNA 对其精氨酸转运蛋白 CAN1 进行敲除，使用色氨酸缺陷型筛选培养基和含有精氨酸的有毒类似物刀豆氨酸（canavanine）的培养基进行目的基因敲除菌株的筛选。

（三）作为一种新的基因编辑技术，CRISPR/Cas9 的特点和优势

1）靶向精确性更高。RNA 靶向序列和基因组序列必须完全匹配，Cas9 才会对

DNA 进行剪切。

2）可实现对靶基因多个位点同时敲除。

3）实验周期短，节省时间和成本。

4）无物种限制。

三、实验材料

（一）菌株和质粒

1. 菌株

酿酒酵母 *Saccharomyces cerevisiae* BY4733（*MATa his3Δ200 trp1Δ63 leu2Δ0 met15Δ0 ura3Δ0*）。

2. 质粒

Cas9 表达质粒：p414-TEF1p-Cas9-CYC1t。

gRNA 表达质粒：p426-SNR52p-gRNA.CAN1.Y-SUP4t。

（二）培养基

1. YPAD

20 g 蛋白胨、10 g 酵母抽提物、2 g 葡萄糖，适量双蒸水溶解。15 mL 0.2%腺嘌呤溶液，定容到 1 L，120 ℃高压灭菌 15 min，室温储存。

固体：YPDA 液体培养基中加入 2%的琼脂粉，120 ℃灭菌 15 min，制备平板，待凝固后 4 ℃储存。

2. 选择培养基 1

synthetic complete（SC）media – tryptophan（色氨酸）。

（1）提前准备试剂

酵母基本氮源（YNB）0.67 g。

葡萄糖（glucose，配成 40% 储液，105 ℃灭菌 15 min，4 ℃保存）。

硫酸亚铁铵 $Fe(NH_4)_2(SO_4)_2$，单独灭菌，后加入，0.01 μmol/L（终浓度）。

氨基酸混合物（10× dropout 溶液，以母液形式配好备用，见表 19-1）。

琼脂（bacto-agar）2 g。

表 19-1　10×dropout 溶液

营养物	10 × 含量（100 mL）	1×终浓度/（mg/L）
腺嘌呤	0.02 g	200
L-缬氨酸	0.15 g	1500
L-异亮氨酸	0.03 g	300
L-精氨酸（盐酸盐）	0.02 g	200

续表

营养物	10×含量（100 mL）	1×终浓度/（mg/L）
L-组氨酸（一水合盐酸盐）	0.02 g	200
L-亮氨酸	0.1 g	1000
L-赖氨酸	0.03 g	300
L-甲硫氨酸	0.02 g	200
L-苯丙氨酸	0.05 g	500
L-苏氨酸	0.2 g	2000
L-色氨酸	0.02 g	200
L-酪氨酸	0.03 g	300
L-天冬氨酸	0.01 g	100
L-丝氨酸	0.04 g	400
L-谷氨酸	0.01 g	100

（2）制备方法

酵母基本氮源和琼脂加 ddH_2O 至 80 mL，调 pH 至 5.8，定容至 84 mL，120 ℃灭菌 15 min。待温度降至 55 ℃时，加入 10 mL 无菌的 10× dropout 溶液（Uracil-）、5 mL 预热的无菌 40%葡萄糖储液，1 mL $Fe(NH_4)_2(SO_4)_2$。

3. 选择培养基 2

SC-arginine（精氨酸）培养基加 60 mg/mL L-刀豆氨酸（L-canavanine）。

（三）试剂

L-刀豆氨酸、蛋白胨、酵母抽提物、葡萄糖、腺嘌呤、酵母基本氮源、硫酸亚铁铵、琼脂、10× dropout 溶液（配方见表 19-1）。

（四）主要器皿及仪器

离心机、培养箱、恒温摇床、培养皿、移液器等。

四、实验步骤

（一）感受态细胞制备

1）将在斜面活化的酿酒酵母接种到 300 mL 液体的 YPAD 培养基中。

2）28～30 ℃摇床振荡培养，150～180 r/min，培养至 5×10^6～10×10^6 细胞/mL。

3）室温离心，5000 r/min，5 min。

4）使用 10 mL 去离子水重悬细胞，并转移到 50 mL 离心管中。

5）室温离心 7000 r/min，5 min。

6）使用 1.5 mL 无菌的 1×TE，LiAc 重悬细胞 [使用 10×储液稀释； 10×TE（0.1 mol/L Tris-HC1，0.01 mol/L EDTA，pH 7.5）； 10×LiAc（1 mol/L LiAc pH 7.5，使用乙酸调节 pH）]。

7）30 ℃缓慢摇动孵育 1 h。

（二）转化

1）在离心管中加入 200 ng 质粒（p414-TEF1p-Cas9-CYC1t 和 p426-SNR52p-gRNA.CAN1.Y-SUP4t）。

2）在离心管中加入 200 μL 酵母细胞悬液。

3）30 ℃摇动孵育 0.5 h。

4）加入 1.2 mL 无菌 40%PEG 4000 溶液（40%PEG 4000，1×TE，1×LiAc）。注意：从灭菌的 50%PEG 储液，灭菌的 10×TE 和 10×LiAc 吸取配置。

5）30 ℃缓慢摇动孵育 0.5 h。

6）42 ℃热激 15 min。

7）离心，5000 r/min，5 s。

8）用 0.5 mL 的无菌 1×TE 清洗两次。

9）用 1 mL 无菌 1×TE 重新悬浮细胞，各取 200 μL 分别涂布到选择培养基 1 和选择培养基 2 平板上。注意：可以分别选择 50 μL、100 μL、200 μL 涂布，以便挑选单菌落。

10）30 ℃培养，直到出现转化子（单菌落）。

（三）阳性转化子筛选及鉴定

1）选择 8 个在抗性平板上的转化子和出发菌株分别提取基因组 DNA，提取方法同实验十八。

2）使用下列引物进行 PCR 扩增。

引物序列为　canF：GCCGACATAGAGGAGAAGCA

canR：GTAGCCATTTCACCAAGGAC

3）PCR 产物使用琼脂糖凝胶电泳（1.5%），切取约 400 bp 大小的条带（实为 413 bp）回收（回收步骤参照胶回收试剂盒说明书）。

4）将回收产物测序，并与原序列进行比较。

五、实验报告（作业）

1. 完成实验报告，计算突变率：选择培养基 2 平板菌落数/选择培养基 1 平板菌落数。

2. 分析突变序列变化（需提交测序分析结果）。

六、思考题

1. 请简述本实验的关键步骤及每步实验应注意的事项。
2. 试比较两种在真核微生物中进行基因突变的方法，分析各自的优、缺点。
3. 如果采用本方法，对丝状真菌进行某基因突变，受体细胞感受态应如何制备?

七、参考文献

方锐, 畅飞, 孙照霖, 等. 2013. CRISPR/Cas9 介导的基因组定点编辑技术. Progress in Biochemistry and Biophysics, 40(8): 691-702

Cong L, Ran F A, Cox D, et al. 2013. Multiplex genome engineering using CRISPR/Cas systems. Science, 339(6121): 819-823

DiCarlo J E, Norville J E, Mali P, et al. 2013. Genome engineering in *Saccharomyces cerevisiae* using CRISPR-Cas systems. Nucleic acids research, 41(7): 4336-4343

Hwang W Y, Fu Y, Reyon D, et al. 2013. Efficient genome editing in zebrafish using a CRISPR-Cas system. Nature biotechnology, 31(3): 227-229

Jinek M, Chylinski K, Fonfara I, et al. 2012. A programmable dual-RNA–guided DNA endonuclease in adaptive bacterial immunity. Science, 337(6096): 816-821

Mali P, Yang L, Esvelt K M, et al. 2013. RNA-guided human genome engineering via Cas9. Science, 339 (6121): 823-826

Schiestl R H, Gietz R D. 1989. High efficiency transformation of intact yeast cells using single stranded nucleic acids as a carrier. Current genetics, 16(5-6): 339-346

Whelan W L, Gocke E, Manney T R. 1979. The CAN1 locus of *Saccharomyces cerevisiae*: fine-structure analysis and forward mutation rates. Genetics, 91(1): 35-51

实验二十　粗糙脉孢菌双基因缺失突变体的构建及双基因的遗传互作分析

一、实验目的

1. 了解在真核细胞中两个基因遗传互作的几种常见类型。
2. 学习和掌握通过杂交获得双突变体的方法。
3. 分析粗糙脉孢菌胡萝卜色素合成途径基因的遗传互作。

二、实验原理

（一）双基因的遗传相互作用

随着基因组测序技术的飞速发展，越来越多的真菌基因组被测序。在此基础上，真菌的研究进入了功能基因组时代。研究基因功能的一个重要方法是获得单基因缺失突变体，分析突变体的表型。早期研究在酵母中，随后扩展到丝状真菌，如在粗糙脉孢菌中构建了全基因组的单基因敲除突变体库。通过突变体库的构建，有了充足的遗传分析资源。对全基因组突变体库筛选，可以了解哪些是必需基因。通过设计合理的筛选系统，可知道参与某一具体生物学过程的所有基因，如参与细胞分裂的基因或参与减数分裂的基因。然而，还必须清楚这些基因及其产物是如何互作并最终形成一个系统来控制这些复杂的生物学过程的。

为确定基因在信号通路、代谢途径及复杂系统中的作用方式，一个经常使用的策略是构建双基因突变体，并进行双基因的遗传互作分析。蛋白质与蛋白质的相互作用也可能是具有信号特征依赖的，即只在某种特定时空环境条件下才发生。然而，与这种具体的物理上的相互作用不同的是，基因与基因之间即使没有物理的相互作用，也可以发生复杂的相互作用。两个基因的相互关系常见的有上下位关系、合成致死、修饰或抑制等。具体来说，基因与基因可能作用在同一个信号通路中，如常见的 MAPK（mitogen activated protein kinase，促分裂原活化蛋白激酶）信号通路，上游的 MAPKKK 激活 MAPKK，MAPKK 再激活 MAPK。或者在细胞的代谢合成途径中，前一个酶合成的产物作为下一个酶的合成底物。在这些不同的生命活动过程中，基因与基因之间通过多种复杂的相互作用，最终维护整个生命系统的稳定性与活力。

全面地探究这些双基因的遗传互作同样可以采用系统生物学的方法。最开始在酵母中，完成了全基因组的双突变体构建及遗传互作分析。在酿酒酵母（*Saccharo-*

myces cerevisiae）中，科学家利用机器人全自动的方法，分析了 600 多万个双突变体，在此基础上得到了一系列重要的研究成果（Costanzo et al., 2010）。将酵母中的方法延伸到其他模式生物中，使得对许多复杂的生物学过程有了更加系统全面的了解。

（二）杂交

进行双基因的遗传互作分析，前提是必须有两个基因的单突变体，以及通过多种方法获得双基因突变体。获得双基因突变体的一个经济有效手段是杂交。杂交是物种起源进化的重要驱动力。杂交不仅是图位克隆、等位基因测试等必需的基本遗传学操作，而且是研究减数分裂、配子形成、合子发育等必需的生物学过程。此外，杂交还可以用作筛选有性生殖过程的突变体，对野生型菌株进行分类，是区分孟德尔遗传和非孟德尔遗传如细胞质遗传的有效方法。对染色体形态细致观察的最好时机也是有性生殖的阶段。

与二倍体相比，利用单倍体进行杂交更具优势。与二倍体相比（*AAbb*×*aaBB*），单倍体（*Ab*×*aB*）可以在 F1 代就能获得双基因突变体（*ab*），而不需要先经 F1（*AaBb*）代，然后 F1 代自交才能得到 F2 代的双基因突变体（*aabb*）。此外，如果两个基因可以自由组合，单倍体中双基因突变体的获得概率为 1/4（1∶1∶1∶1），而二倍体如果 F1 代杂交，其 F2 代中双基因突变体的概率仅为 1/16（9∶3∶3∶1）。

（三）粗糙脉孢菌的胡萝卜色素合成酶基因的上下位分析

在粗糙脉孢菌（*Neurospora crassa*）的胡萝卜色素合成过程中，一共有 5 个酶参与整个过程，编码这 5 个酶的基因分别是 *al-1*、*al-2*、*al-3*、*cao-2* 及 *ylo-1*，胡萝卜色素的整个合成过程如图 20-1 所示。野生型粗糙脉孢菌菌落的橙色是由几种色素组合形成，菌丝中的色素合成受光调控，而孢子的颜色则主要受到发育的调控。尽管如此，但胡萝卜色素合成途径的中间产物与终产物双键饱和程度及整体化学物理性质的差异，使得这些色素的颜色有区别。科学家已经获得 *al-1*、*al-2*、*al-3*、*cao-2* 及 *ylo-1* 这 5 个基因的缺失突变体。*al-1*、*al-2* 和 *al-3* 这 3 个基因的缺失突变体均为白色的菌株，而 *cao-2* 基因缺失突变体是一种很深的橘红色的菌株，而 *ylo-1* 基因缺失突变体菌株的颜色为黄色。通过构建 *al-1*、*al-2* 和 *al-3* 这 3 个基因缺失突变体中的任意一个与 *cao-2* 或 *ylo-1* 基因缺失突变体的双基因缺失突变体，分析后代的表型出现比例，可以判断这 5 个基因的上下位关系。本实验设计确定 *al-1* 基因和 *ylo-1* 基因的上下位关系。将采用 *al-1* 基因缺失突变体（FGSC#17609，A）和 *ylo-1* 基因缺失突变体菌株（FGSC#16601，a）。通过杂交构建双基因缺失突变体。分析鉴定双基因缺失突变体并针对杂交后代菌株颜色表型的比例进行分析，从而确定 *al-1* 基因和 *ylo-1* 基因的上下位关系。

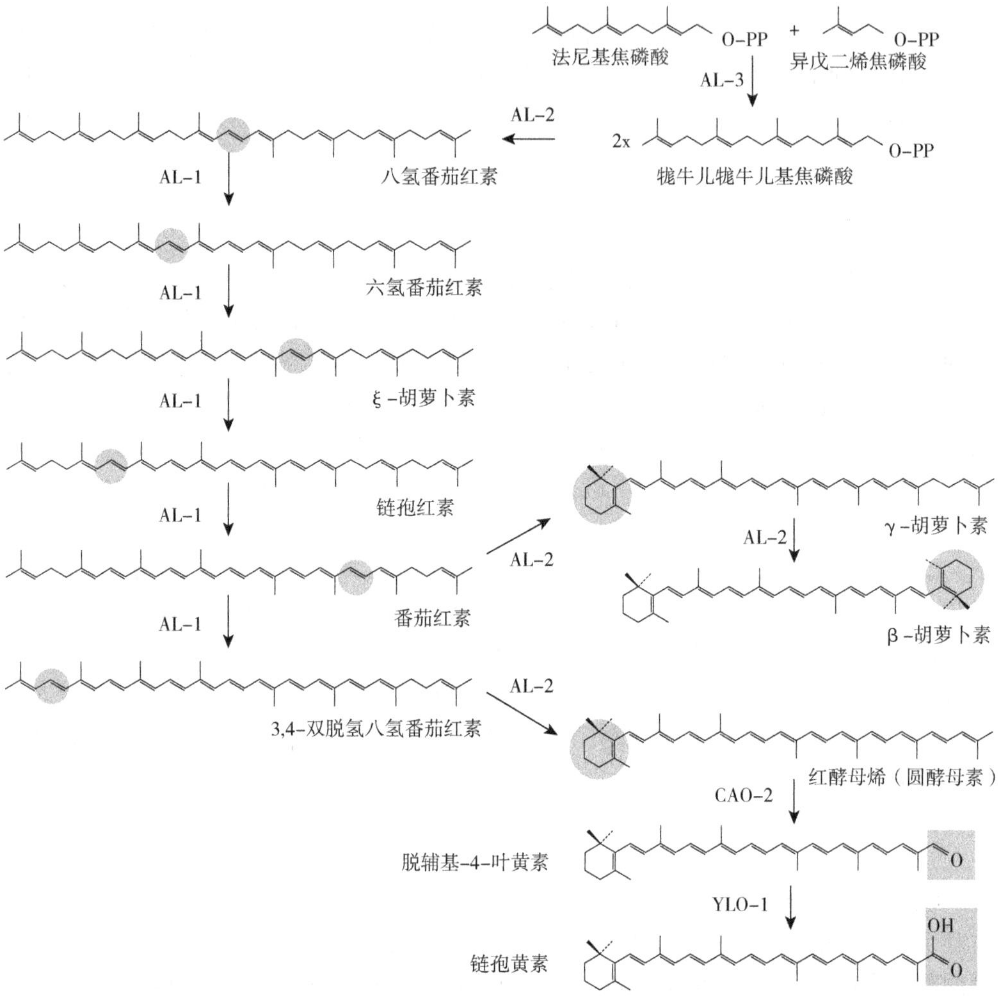

图 20-1　粗糙脉孢菌胡萝卜色素的合成途径（Estrada et al.，2008）

三、实验材料

（一）实验菌株

野生型粗糙脉孢菌（*Neurospora crassa* FGSC#4200，a），*al-1* 基因缺失突变体菌株（FGSC#17609，A），*ylo-1* 基因缺失突变体菌株（FGSC#16601，a）。

（二）培养基

1. 菌株培养的基本培养基（minimal slants）

300 mL 配方：50×Vogel's　6.0 mL、蔗糖 9.0 g、琼脂 4.5 g、去离子水 294 mL，加热混匀，分装到试管，115 ℃灭菌 15 min，摆斜面备用。

微量元素溶液为粗糙脉孢菌生长提供一些微量的金属离子及元素（表 20-1）。

表 20-1　微量元素溶液（trace element solution）

药品名称	质量
柠檬酸	5 g
$ZnSO_4 \cdot 7\ H_2O$	5 g
$Fe(NH_4)_2(SO_4)_2 \cdot 6\ H_2O$	1 g
$CuSO_4 \cdot 5\ H_2O$	0.25 g
$MnSO_4 \cdot 1\ H_2O$	0.05 g
H_3BO_3 (无水)	0.05 g
$Na_2MoO_4 \cdot 2\ H_2O$	0.05 g
加去离子水定容至	100 mL
加氯仿（抑制细菌生长）	1 mL

50×Vogel's 为粗糙脉孢菌生长提供除碳源之外的所有其他元素及金属离子（表 20-2）。

表 20-2　50×Vogel's

药品名称	质量
Na_3 citrate · $2H_2O$	125 g
KH_2PO_4	250 g
NH_4NO_3	100 g
$MgSO_4 \cdot 7\ H_2O$	10 g
$CaCl_2 \cdot 2H_2O$（溶解的）	5 g
微量元素溶液	5 mL
生物素溶液 0.1 mg/mL	2.5 mL
加 ddH_2O 定容至	1L
加氯仿（抑制细菌生长）	3mL

50×Vogel's 不含有硝酸铵的配方，由于硝酸铵在高温、高压和有可被氧化的物质存在下会发生爆炸，该配方采用磷酸铵和硝酸钾进行替代，而最终的元素比例及离子配方并不发生改变（表 20-3）。

表 20-3　50×Vogel's 不含有硝酸铵的配方

药品名称	质量
Na_3 citrate · 2 H_2O	130 g
KNO_3	126 g
$(NH_4)H_2PO_4$	144 g
KH_2PO_4	80 g
$MgSO_4$ · 7 H_2O	10 g
$CaCl_2$ · 2 H_2O	5 g
微量元素溶液	5 mL
生物素溶液 0.1 mg/mL	2.5 mL
加水定容至	1L
加氯仿（抑制细菌生长）	3mL

2. 杂交培养基（含有组氨酸的配方，如果菌株无组氨酸缺陷，可以去掉组氨酸）

10×Westergaard's	100 mL
组氨酸（histidine）	500 mg
蔗糖（sucrose）	20 g
生物素（biotin 0.1mg/mL）	0.5 mL
琼脂（agar）	15 g

加去离子水定容至 1 L，115 ℃、15 min 灭菌，制备平板待用。

10×Westergaard's 盐溶液

KNO_3	10 g
KH_2PO_4	10 g
$MgSO_4$ · $7H_2O$	5 g
NaCl	1 g
$CaCl_2$ · $2H_2O$	1.324 g
微量元素溶液	1 mL

加去离子水定容至 1L。

3. 克隆筛选培养基（限制菌丝生长）

底层琼脂（bottom agar）和上层琼脂（top agar）各 300mL 配方

50×Vogel's	6.0 mL
10×Fig's	30.0 mL
琼脂	4.5 g
去离子水	264 mL

115 ℃灭菌 15 min 后，先平铺底层琼脂到大号平皿。上层琼脂冷却到 50 ℃备

用。将孢子悬液加到约 15 mL 上层琼脂中，混匀后涂布到已经制备好的底层琼脂的大平皿中。

10×Fig's 液体配方（1L）

L-山梨糖	200 g
葡萄糖	5.0 g
果糖	5.0 g

加去离子水定容至 1L，灭菌备用。

（三）试剂

潮霉素，如果需要添加潮霉素，待下层琼脂（bottom agar）冷却到 50 ℃左右，加入 0.3 %的潮霉素（300 mL 加 900 μL，潮霉素 4 ℃保存备用）。

四、实验步骤

（一）单基因缺失突变体的信息查询

1）查询粗糙脉孢菌基因组数据库（http：//www.broadinstitute.org/annotation/genome/neurospora/MultiHome.html），获得粗糙脉孢菌胡萝卜色素合成途径基因所在染色体的位置（表 20-4），如果两个基因位于不同的染色体上，那么两者可以自由组合，如果两者位于同一染条色体上，那么两者的连锁概率与两者的距离有关，一般两个基因相隔越近，获得双突变体的概率越小。

表 20-4　粗糙脉孢菌胡萝卜色素合成途径的 5 个基因染色体位置分布

基因名	NCU 号	染色体位置
al-1	NCU00552	1 号染色体约 0.186 M 处
al-2	NCU00585	1 号染色体约 0.3 M 处
al-3	NCU01427	5 号染色体约 1.9 M 处
cao-2	NCU11424	7 号染色体左臂近端粒区
ylo-1	NCU04013	6 号染色体约 0.55 M 处

2）粗糙脉孢菌有两种交配型，A 与 a，在选择菌株时要确定所选菌株的交配型，为获得双突变体必须选择一个菌株是 A 型，一个菌株是 a 型。可以通过查询美国真菌遗传保藏中心（www.fgsc.net）的菌株信息页面，获得粗糙脉孢菌色素合成中 *al-1* 和 *ylo-1* 基因缺失突变体菌株的 FGSC 号及对应菌株的交配型。

3）有的基因缺失会导致雄性或雌性不育，雌性不育发生的概率高，雄性不育发生的概率低。为确保获得双突变体，必须保证至少一个菌是雌性可育，对应的菌株必须是雄性可育。如果有雄性不育或雌性不育的菌株存在，此时可以利用粗糙脉孢菌的异核体等特性进行弥补。

（二）双突变体的构建

在前述 3 步的前提下，选择合适的菌株进行杂交试验。

1）在杂交培养皿背面画一条中线，在两边分别标注好菌株类型（正反面皆是如此），标记好日期，用接种钩接菌分别指杂交培养皿的左侧和右侧。如果两个菌株的生长具有较大差异，将生长缓慢的菌株接种至靠近中线处，或先接种生长缓慢菌，培养 3 d 后再接种生长迅速的菌株。

2）接种完成，用封口膜封住培养皿的边缘，留下一个小口便于通气，可以直接放置在恒定的室温里的黑暗环境下半个月，或是先放入 30 ℃培养箱培养 3 d，再取出放在黑暗环境下。

3）经过 2 周左右的时间，如果一切进行顺利，此时能肉眼可见培养基上黑色的斑点，显微镜下能看到黑色的子囊果。

4）将杂交成功的平板从黑暗下取出，正面放置到灯光下，此时黑色的子囊孢子会朝光源所在方向进行弹射。光源在上方，则子囊孢子将弹射到培养皿的盖子上。

（三）萌发

1）洗孢子。用无菌水在解剖镜或显微镜观察下将子囊孢子冲洗下来（也可先用水洗下来，然后用显微镜观察，确定孢子已经洗下来）。

2）热激。将孢子悬液放置在 EP 管中，60 ℃水浴，放置 45 min，进行子囊孢子的热激。

3）制备平板。将热激后的子囊孢子与约 50 ℃的上层琼脂（top agar）培养基混匀，均匀铺在底层琼脂（bottom agar）筛选培养基上（如果只希望观察单突变体与双突变体，使用添加有潮霉素的筛选培养基），倒置培养 2 d 左右，可见萌发出菌丝的菌落。

（四）单突变体与双突变体的表型观察及基因上下位分析

1）挑取克隆 30 个左右。将萌发菌落挑至基本培养基，30 ℃光照培养，3 d 后观察表型并计算表型的比例。

2）根据表型的比例分析两个基因是否存在相互作用，查阅《Introduction to genetic analysis》英文原版教材（Anthony J F Griffiths 等，Macmillan 公司，2012 年，第十版），确定 *al-1* 和 *ylo-1* 是否有遗传相互，是哪种遗传相作方式。

五、实验报告（作业）

本实验提供的 *al-1* 和 *ylo-1* 单基因缺失菌株的菌落颜色分别为白色和黄色。如果采用普通筛选培养基，后代的表型比应该为野生型橙色：白色菌株：黄色菌株=1：

2∶1。如果在添加有潮霉素的筛选培养基上筛选，则白色菌株∶黄色菌株=2∶1。符合该比例说明 *al-1* 基因上位于 *ylo-1* 基因。

记录每步实验结果，并将最终筛选结果列表，完成实验报告。

六、思考题

1. 在二倍体细胞中，如何进行双突变体的遗传分析？
2. 三基因和多基因的遗传互作分析应该如何进行？
3. CRISPR 技术能否应用于双基因的遗传互作分析？为什么？
4. 请你根据本实验的方法，设计分析其他基因互作的实验流程？

七、参考文献

Costanzo M, Baryshnikova A, Belay J, et al. 2010. The genetic landscape of a cell. Science，327(5964): 425-431

Estrada A F, Youssar L, Scherzinger D, et al. 2008. The ylo-1 gene encodes an aldehyde dehydrogenase responsible for the last reaction in the *Neurospora* carotenoid pathway. Mol Microbiol，69(5): 1207-1220

附录1　常用培养基配方及染色液

培养基

（一）马铃薯葡萄糖琼脂（potato dextrose agar，PDA）

1.成分（1 L）

马铃薯块200～300 g、葡萄糖（也可用蔗糖代替）20 g、琼脂 20 g、水 1000 mL，pH 5.5～5.7。

2.制法

1）马铃薯洗净去皮，切成小块。

2）将马铃薯放入900 mL水中，煮30 min（或116 ℃、20 min），用纱布过滤，榨出所有液体，补足水量。

3）加入葡萄糖及琼脂，补充水分至1000 mL，加热溶化，调pH。

4）分装容器。

5）121 ℃高压灭菌20 min。

3. 用途

1）分离与鉴定真菌的基础培养基。

2）皮肤癣菌可在此培养基上产不同色素，如羊毛状小孢子菌产黄色、奥杜盎小孢子菌产褐色、红色毛癣菌产红色、石膏样毛癣菌不产色素。有鉴别意义。

3）也为分离放线菌的基础培养基。

（二）胡萝卜琼脂（carrot agar）

1. 成分（1 L）

胡萝卜汁 100 mL、琼脂 20 g。

2. 制法

1）胡萝卜100 g洗净切片，在100 mL水中浸泡1 h，煮沸5 min或加水300 mL，低温冷浸4 h。

2）纱布过滤后补足水量加入琼脂，加热溶化。

3）分装容器。

4）121 ℃高压灭菌30 min或118 ℃、20 min。

3. 用途

培养酵母菌产生孢子及形成假菌丝。

（三）胡萝卜块培养基（carrot block medium）

1. 制法

胡萝卜洗净后切成楔形长条，装入预先垫有脱脂棉的试管中，塞好棉塞，118 ℃高压灭菌 20 min。

2. 用途

培养酵母菌产生孢子。

（四）玉米粉琼脂（corn meat agar）

1. 成分（1 L）

玉米粉 30～60 g、琼脂 0.5 g、水 1000 mL。

2.制法

1）取玉米粉加水调成糊状，60～70 ℃水浴加热 1 h。

2）用双层纱布过滤，除去粗块，补足水量。

3）加入琼脂，热溶后分装。

4）118 ℃高压灭菌 40 min（或 121℃、15 min）。

3.用途

1）用于培养真菌，观察白念珠菌厚垣孢子（chlamydospore）的形成。

2）在本培养基中加入 1%葡萄糖，可使癣菌产色素，以鉴别红色毛癣菌和石膏样毛癣菌。

4.说明

培养基中若加入 1%吐温 80，可加强厚垣孢子的形成。

（五）察贝克氏琼脂（Czapek's agar）

1.成分（1 L）

硝酸钠（$NaNO_3$）3 g、磷酸氢二钾（KH_2PO_4）1 g、硫酸镁（$MgSO_4·7H_2O$）0.5 g、氯化钾 0.5 g、硫酸铁 0.01 g、蔗糖 30 g、琼脂 20 g、水 1000 mL。

2.制法

1）除了蔗糖及琼脂外，其余成分均加入水中。

2）在水浴中加热约 15 min 后，稍冷却即将蔗糖及琼脂加入。

3）121 ℃高压灭菌 20 min。

3.用途

1）为分离、培养及鉴定真菌及放线菌常用的培养基，对耐高渗透压的菌株，可增加蔗糖含量 30%～40%，为高渗察贝克氏琼脂。

2）用 0.5%蛋白胨代替硝酸钠，即为察贝克蛋白胨琼脂，适用培养酵母菌。

4.说明

1）本培养基可用于分离曲霉、青霉及有关真菌。

2）可用于培养腐生真菌及土壤细菌等。

3）加入 3%甘油，为甘油察贝克氏琼脂。

（六）麦芽汁琼脂（malt extract agar）

1.配方一

（1）成分（1 L）

麦芽汁粉 20 g、琼脂 20 g、水 1000 mL。

（2）制法

各成分相加，加热溶化分装，121 ℃高压灭菌 30 min。调 pH 为 3.0～4.0。若培养担子菌（Basidiomycetes），可将麦芽汁粉增加 50 g，并加入苹果酸 5 g。

2. 配方二

（1）成分（1 L）

大麦芽粉 50 g，水 150 mL、鸡蛋 1 个。

（2）制法

将大麦芽粉加入水中，60 ℃加温糖化。取 0.5 mL 糖化液加碘液 2 滴，无蓝色反应即无淀粉反应（糖化完全），停止加温。纱布过滤，加入鸡蛋清一个（用于澄清麦芽汁）搅拌均匀，煮沸，再过滤即成。调糖度至 10～15 波林，调 pH 至 5.4，116 ℃高压灭菌 20 min。

3. 配方三

成分（1 L）及制法：取市售麦芽汁，糖度稀释为 10～15 波林，调 pH 至 5.4，分装，116 ℃高压灭菌 30 min。

4.用途

1）分离、培养和鉴定酵母菌与丝状真菌（形成分生孢子、闭囊壳、子囊和子囊孢子）的常用培养基。

2）用于酵母菌培养，效果良好。

5.说明

1）配方一为固体培养基，其余为液体培养基，若制成固体培养可加入 2%琼脂。

2）培养耐高渗透压真菌，加 20%蔗糖。

（七）麦芽膏酵母膏蛋白胨葡萄糖脂（MYPG agar; malt extract yeast extract peptone glucose agar）

1.配方一

（1）成分（1 L）

麦芽膏 3 g、酵母膏 3 g、蛋白胨 5 g、葡萄糖 10 g、琼脂 30 g、水 1000 mL。

（2）制法

各成分相加，加热溶解，分装后，118 ℃高压灭菌 15 min。

2.配方二

（1）成分（1 L）

麦芽淀粉 6 g、麦芽糖 1.8 g、葡萄糖 6 g、酵母浸粉 1.2 g、水 1000 mL、pH 4.5～4.9。

（2）制法

全部成分加入水中，混匀。分装后，121 ℃高压灭菌 15 min。

3. 用途

分离、培养与增殖酵母菌及丝状真菌。

4. 说明

（1）配方一为固体培养基。也可不加琼脂，即为 MYPG 液体培养基。

（2）本培养基不得重复加热，否则将变黑。

（八）石膏块培养基（gypsum block medium）

1. 成分（1 L）

硫酸钙（石膏）、稀麦芽汁（糖度 1.5 波美）、甘露醇（2%）、磷酸氢二钾（0.05%）。

2. 制法

将石膏与水按 8∶3 比例混合，制成楔状石膏斜面体，置于管底垫棉花的试管中，用稀麦芽汁或甘油与磷酸氢二钾混合液湿润，116 ℃高压灭菌 30 min，冷却备用。

3. 用途

培养酵母产子囊孢子。

（九）豆芽汁培养基（soya germ infusion medium）

1. 成分（1 L）

大豆芽 100 g、水 1000 mL。

2. 制法

上述成分相加，煮沸 30 min，纱布过滤即得。加入 5%葡萄糖或蔗糖为豆汁液培养基，再加入 2%琼脂为固体培养基，培养基制成后均需 121 ℃高压灭菌 15 min。

3. 用途

培养、分离酵母菌及丝状真菌等多种微生物。

（十）马丁氏（Martin）琼脂培养基

1. 成分

葡萄糖 10 g、蛋白胨 5 g、KH_2PO_4 1 g、$MgSO_4 \cdot 7H_2O$ 0.5 g、1/3000 孟加拉红（rose bengal，玫瑰红水溶液）100 mL、琼脂 15～20 g、pH 自然，蒸馏水 800 mL。

2. 制法

112.6 ℃高压（0.56 kg/cm^2，8 磅/平方英寸①）灭菌 30 min。临用前加入 0.03%链霉素稀释液 100 mL，使每毫升培养基中含链霉素 30 μg。

3. 用途

分离真菌。

（十一）葡萄糖蛋白胨酵母琼脂（dextrose peptone yeast-extract agar）

1. 成分（1 L）

蛋白胨 1 g、酵母浸粉 2 g、葡萄糖 5 g、丙酸钠 1 g、胆汁粉（oxgall，Difco 产品）5 g、亚硝酸铵 5 g、磷酸氢二钾（K_2HPO_4）1 g、硫酸镁（$MgSO_4 \cdot 7H_2O$）0.5 g、氯化铁（$FeCl_3 \cdot 6H_2O$）微量、琼脂 20 g、水 1000 mL。

2. 制法

上述成分混合，加热溶解，分装容器，121 ℃高压灭菌 30 min。

3. 用途

培养、分离真菌。

（十二）Emmons 改良沙氏琼脂（Emmon's modification of Sabouraud's agar）

1. 成分（1 L）

肉胨 5 g、葡萄糖 20 g、胰酪胨 5 g、琼脂 20 g、水 1000 mL，pH 6.5～7.0。

2. 制法

1）各成分混合成均匀悬液。

2）搅拌加热至完全溶解。

3）分装容器中。

4）121 ℃高压灭菌 15 min。

3. 用途

培养各种诺卡氏菌，白色链霉菌也可生长。

4. 质控

接种奥杜盎氏小孢子菌（*Microsporonau douini*），生长良好。

（十三）子囊孢子琼脂（ascospore agar）

1. 成分（1 L）

酵母浸粉 2.5 g、葡萄糖 1 g、水 1000 mL，pH 6.5。

---

① 1 平方英寸=6.451 600×10^{-4}m^2。

2. 制法

1）各成分充分混合成均匀悬液。

2）搅拌加热，煮沸 1 min。

3）分装试管或其他适宜容器。

4）121 ℃高压灭菌 15 min。

5）摆放成斜面。

3. 用途

用于子囊菌纲（Ascomycetes）等菌株的子囊孢子的形成。特别用于酵母菌属（*Saccharomyces*）。

4. 质控

接种酿酒酵母（*Saccharomyces cerevisiae*），应有子囊孢子产生。

（十四）乙酸培养基（acetic acid medium）

1. 成分（1 L）

乙酸钠（无水）4 g、琼脂 15 g、水 1000 mL，pH 7.2～7.4。

2. 制法

各成分相加热溶后调 pH，分装，121 ℃高压灭菌 15 min。

3. 用途

检查真菌子囊孢子的产生。

（十五）卡尔氏培养基（Carr's medium）

1. 成分（1 L）

明胶 10 g、酵母浸膏 10 g、葡萄糖 5 g、维生素 C 2.5 g、水 1000 mL，pH 5.5。

2. 制法

上述成分混匀，加热溶解，调 pH，分装，116 ℃高压灭菌 20 min（或间歇灭菌 3 次）。

3. 用途

分离酵母。

（十六）胱氨酸葡萄糖血琼脂（Cystine glucose blood agar）

1. 成分（1 L）

肉汤琼脂 50 mL、葡萄糖 5 g、胱氨酸 0.5 g、脱纤维兔血 25 mL，pH 7.4～7.6。

肉汤琼脂成分为（1 L）：蛋白胨 5 g、牛肉浸粉 3 g、酵母浸粉 2 g、氯化钠 5 g、琼脂约 13 g、pH 7.2～7.4。

2. 制法

取已灭菌的肉汤琼脂加热溶化后加入其他成分，调 pH，121 ℃高压灭菌 15min，冷至 45～50 ℃，加入脱纤维兔血，混匀，无菌分装备用。

3. 用途

培养酵母型孢子丝菌。

（十七）葡萄糖硝酸盐琼脂（glucose nitrate agar）

1. 成分（1 L）

葡萄糖 20 g、硝酸钾 1 g、磷酸氢二钾 0.5 g、硫酸镁（$MgSO_4 \cdot 7H_2O$）0.5 g、氯化钠 0.5 g、琼脂 15 g、水 1000 mL、pH 7.2。

2. 制法

上述成分加于水中，混匀，加热溶解，分装，116 ℃高压灭菌 20 min。

3. 用途

培养真菌。

（十八）葡萄糖蛋白胨琼脂（glucose peptone agar），又称沙堡氏琼脂（Sabouraud's agar）

1. 成分（1 L）

蛋白胨 10 g、葡萄糖 40 g、琼脂 18 g、水 1000 mL，pH 5.6。

2. 制法

琼脂加水，热溶解，再加其他成分调 pH，分装，116 ℃高压灭菌 30 min。

3. 用途

1）分离、培养及鉴定病原性真菌与放线菌常规培养基。

2）为减少细菌污染的干扰，可加抑菌剂如青霉素（20 μg/mL）或链霉素（40 μg/mL），也可加氯霉素（0.05～0.125 mg/mL）或庆大霉素（40～50 μg/mL）。前两种抗生素不耐热，应于培养基高压灭菌后无菌加入，后两种可同时加入灭菌。

3）加入维生素 B 1 μg/mL，可促使紫色毛癣菌及断发毛癣菌生长。

4）加入酵母浸膏 5 μg/mL，可促使皮肤丝状菌的生长。

（十九）葡萄糖蛋白胨盐琼脂（glucose peptone salt agar），又称高氏培养基（Gorodkowa's medium）

1. 成分（1 L）

蛋白胨 10 g、葡萄糖 1 g、氯化钠 5 g、琼脂（经水洗）20 g、水 1000 mL，pH 5.6。

2. 制法

上述成分加于水中，混匀，调 pH，分装，116 ℃高压灭菌 30 min。

3. 用途

培养酵母产子囊及子囊孢子。

（二十）水琼脂培养基（供孢子萌发用）

琼脂 10 g、水 1000 mL，灭菌 15 磅 20～30 min。

（二十一）壶菌培养基

麦芽糖 0.15%、蛋白胨 0.004%，pH 自然，灭菌 10 磅，20～30 min。

（二十二）YPD 培养基

蛋白胨 20 g、酵母抽提物 10 g、葡萄糖 20 g、蒸馏水 1000 mL，115 ℃，灭菌 20 min。

常用真菌染色液

（一）真菌菌丝封片悬浮剂——乳酚油（或称乳酸酚）

苯酚 10 g、乳酸 10 g、甘油 20 g、蒸馏水 10 mL。

（二）乳酸酚酸性复红染色液

1. 成分

苯酚 10 g、乳酸 10 g、甘油 20 g、蒸馏水 10 mL、酸性复红 0.5 g。

2. 制法

将水与酚混合直到溶解，然后加入乳酸和甘油，最后加入酸性复红。

（三）乳酸酚棉蓝染色液

1. 成分

苯酚 10 g、乳酸 10 g、甘油 20 g、蒸馏水 10 mL、棉蓝 0.025 g。

2. 制法

配制方法与（二）相同。

（四）吕氏（Loeffler）美蓝染色液

1. 成分

A 液：美蓝（methylene blue，又称甲烯蓝）0.3 g、95%乙醇溶液 30 mL。

B 液：0.01%KOH 100 mL。

2. 制法

混合 A 液和 B 液即成，用于酵母单染色，可长期保存。根据需要可配制成稀释美蓝液，按 1∶10 或 1∶100 稀释均可。

（五）过碘酸锡夫氏真菌染色法

1. 成分

甲液：1%过碘酸液。乙液：碱性复红 0.1 g、95%乙醇溶液 5 mL、蒸馏水 95 mL。丙液：亚硫酸氢锌 1 g、酒石酸 0.5 g、蒸馏水 100 mL。丁液：1.22%饱和苦味酸液。

2. 染色法

将标本在甲液中染 10 min，水洗后再用乙液染 2～3 min，置丙液中染 30～40 min，至玻片呈淡红色为合适，水洗 1 min，再置于丁液中染 3 min。充分水洗至无黄色液体为止。脱水、透明、树胶封固后镜检。结果：真菌组织染色鲜红色。

（六）中国蓝真菌染色法

1. 染色液成分

中国蓝 0.05 g、纯石炭酸 20 mL、乳酸 20 mL、甘油 40 mL、蒸馏水 20 mL。

2. 制法

将石炭酸、乳酸、甘油、蒸馏水混合，加温溶解后加入中国蓝 0.05 g，混合振荡即成。

附录 2　安斯沃思（Ainsworth，1973）的分类系统

真菌界的门和亚门分类检索表

1　有原生质团或假原生质团……………………………………………黏菌门 Mycomycota

1　无原生质团或假原生质团，同化阶段为典型的菌丝体……真菌门 Eumycota

2　有能动细胞（游动孢子或游动配子），有性阶段产生典型的卵孢子……………
……………………………………………………………………鞭毛菌亚门 Mastigomycotina

2　无能动细胞

3　有有性阶段

4　有性阶段产生接合孢子……………………………………接合菌亚门 Zygomycotina

4　有性阶段产生子囊孢子……………………………………子囊菌亚门 Ascomycotina

4　有性阶段产生担子孢子……………………………………担子菌亚门 Basidiomycotina

3　无有性阶段…………………………………………………半知菌亚门 Deuteromycotina

附录3　真菌词典第八版（1995年）的分类体系

原生动物界（Protozoa）

　集胞黏菌门（Acrasiomycota）

　网柱黏菌门（Dictyosteliomycota）

　黏菌门（Myxomycota）

　根肿菌门（Plasmodiophoromycota）

假菌界（Chromista）

　丝壶菌门（Hyphochytriomycota）

　网黏菌门（Labyrinthulomycota）

　卵菌门（Oomycota）

真菌界（Fungi）

　子囊菌门（Ascomycota）

　担子菌门（Basidiomycota）

　　　担子菌纲（Basidiomycota）

　　　冬孢菌纲（Teliomycetes）

　　　黑粉菌纲（Ustomycetes）

　壶菌门（Chytridiomycota）

　接合菌门（Zygomycota）

　　　毛菌纲（Trichomycetes）

　　　接合菌纲（Zygomycetes）

附录 4　真菌词典第九版（2001 年）的分类体系

2001 年出版的《真菌词典》第九版分类系统，根据 rDNA 测序等技术对第八版分类系统进行了修订。将子囊菌门分成 6 个纲，55 个目，291 个科；担子菌门原有的 32 个目合并为 16 个目；担子菌类酵母菌划分到 3 个不同类群中。

原生动物界 Protozoa

黏菌门 Myxomycota

　网柱黏菌纲 Dictyosteliomycetes

　黏菌纲 Myxomycetes

　原柱黏菌纲 Protosteliomycetes

根肿菌门 Plasmodiophoromycota

　根肿菌纲 Plasmodiophoromycetes

藻界 Chromista

丝壶菌门 Hyphochytriomycota

　丝壶菌纲 Hyphochytridiomycetes

网黏菌门 Labyrinthumycota

　网黏菌纲 Labyrinthumycetes

卵菌门 Oomycota

　卵菌纲 Oomycetes

真菌界 Fungi

壶菌门 Chytridiomycota

　壶菌纲 Chytridiomycetes

　尾体菌纲 Rumpomycetes

接合菌门 Zygomycota

　接合菌纲 Zygomycetes

　毛菌纲 Trichomycetes

子囊菌门 Ascomycota

　子囊菌纲 Ascomycetes

　新床菌纲 Neolectomycetes

　肺炎菌纲 Pneumocystidomycetes

　酵母菌纲 Saccharomycetes

　裂殖酵母菌纲 Schizosaccharomycetes

　外囊菌纲 Taphrinomycetes

担子菌门 Basidiomycota

担子菌纲 Basidiomycetes

锈菌纲 Urediniomycetes

黑粉菌纲 Ustilaginomycetes

附录5　真菌词典第十版（2008年）的分类体系

2008 年出版的《真菌词典》第十版分类系统，对第九版的分类系统做了很大的调整，收录了 2001～2008 年的研究成果。该版将真菌界划分 7 个门，底下分 36 纲、140 目、560 科、8283 属、97 861 种。

真菌界 Fungi

壶菌门 Chytridiomycota

　　壶菌纲 Chytridiomycetes

　　单毛壶菌纲 Monoblepharidomycetes（新）

芽枝霉门 Blastocladiomycota（新）

　　芽枝霉纲 Blastocladiomycetes（新）

新美鞭菌门 Neocallimastigomycota（新）

　　新美鞭菌纲 Neocallimastigomycetes（新）

球囊菌门 Glomeromycota（新）

　　球囊菌纲 Glomeromycetes（新）

接合菌门 Zygomycota

　　接合菌纲 Zygomycetes

地位未定 Incertae sedis（亚界）

　　虫霉菌亚门 Entomophthoromycotina

梳霉亚门 Kickxellomycotina

　　毛霉菌亚门 Mucoromycotina

　　捕虫霉菌亚门 Zoopagomycotina

子囊菌门 Ascomycota

　　盘菌亚门 Pezizomycotina（=子囊菌亚门 Ascomycotina）

　　星裂菌纲 Arthoniomycetes（新）

　　座囊菌纲 Dothideomycetes（新）

　　散囊菌纲 Eurotiomycetes（新）

　　虫囊菌纲 Laboulbeniomycetes（新）

　　茶渍菌纲 Lecanoromycetes（新）

　　锤舌菌纲 Leotiomycetes（新）

　　异极菌纲 Lichinomycetes（新）

　　圆盘菌纲 Orbiliomycetes（新）

　　盘菌纲 Pezizomycetes（新）

　　粪壳菌纲 Sordariomycetes（新）
　酵母菌亚门 Saccharomycotina
　　酵母菌纲 Saccharomycetes
　外囊菌亚门 Taphrinomycotina
　　新床菌纲 Neolectomycetes（又译无丝盘菌纲）
　　肺炎菌纲 Pneumocystidomycetes
　　裂殖酵母菌纲 Schizosaccharomycetes
　　外囊菌纲 Taphrinomycetes
　担子菌门 Basidiomycota
　　伞菌亚门 Agaricomycotina
　　　伞菌纲 Agaricomycetes（新）
　　　花耳纲 Dacrymycetes（新）
　　　银耳纲 Tremellomycetes（新）
　　柄锈菌亚门 Pucciniomycotina
　　　伞型束梗孢菌纲 Agaricostilbomycetes（新）
　　　小纺锤菌纲 Atractiellomycetes（新）
　　　Classiculomycetes（新）
　　　隐菌寄生菌纲 Cryptomycocolacomyctes（新）
　　　囊担子菌纲 Cystobasidiomycetes（新）
　　　小葡萄菌纲 Microbotryomycetes（新）
　　　混合菌纲 Mixiomycetes（新）
　　　柄锈菌纲 Pucciniomycetes（新）
　黑粉菌亚门 Ustilaginomycotina（新）
　　　黑粉菌纲 Ustilaginomycetes
　　　根肿黑粉菌纲（Entorrhizomycetes）
　　　外担子菌纲（Exobasidiomycetes）
　地位未定 Incertae sedis（亚门）
　　　节担菌纲 Wallemiomycetes（新）

附录 6　互动实验室设备使用原则及方法（学生端的使用）

一、MiE

1. 双击“MiE”，打开 MiE，同时打开显微镜的电源开关。点击“预览”，如果图像闪烁严重，调节光源强度或者光阑，至不闪烁为止。调节显微镜至镜下和屏幕图像均达到清晰。

2. 点击“设置”，选择物镜倍数和显微镜当前倍数一致。这一步在保存图像之前和测量（“视频预览”方式下）之前必须进行。

3. “标定”和“测量”均需要在“滚动窗口”下进行，当然这是在“视频预览”方式下。在“图像处理”方式下标定后即可测量。

4. “视频预览”出错问题的分析和解决。

（1）可能原因：安装的驱动不正确；数据线或者摄像机接口坏了；电脑的 USB 接口供电不足。

（2）解决的方法：重新安装驱动；更换数据线或者摄像机；换一个 USB 接口试一下。

（3）当硬件出问题应首先和其他能正常使用的设备交换硬件以便确定是否是硬件故障。

5. 白平衡的设置：调节显微镜和屏幕图像均达到清晰，然后将玻片调至大面积空白处，单击“高级”，在“自动白平衡”后的多选框打勾，等待至镜下图像和屏幕图像一致，然后取消对钩，保存。如果效果不理想，还可以进行“白平衡校正”，方法与“自动白平衡”一样。一般是先“自动白平衡”后“白平衡校正”。

二、MiNet 学生端

1. 该程序开机后自动运行。

2. 任务栏上的电脑小图标即为 MiNet 学生端软件，显示为蓝色表示该电脑已经登录互动教室系统；黑色表示未登录或者登录不成功。

3. 登录不成功时，可重启电脑；如果重启后还不成功，则可重装 MiNet 学生端软件，检查网络设置是否正确及水晶头是否连接紧密。

4. 右键单击电脑小图标，弹出菜单，可举手（当键盘和鼠标未被锁定时可选择，如果鼠标被锁定时可按 Scroll Lock 键），以便向老师提问。

5. 提交作业的方法：点击作业提交，弹出对话框，在对话框中点击“添加文件”，选择要提交的文件，后点击“添加目录”，选择要提交的文件夹，然后单击“提交”。

待提交成功后，关闭对话框。注意提交前把要提交的文件或文件夹保存后关闭，否则有可能提交不成功。

6. 屏幕回放：回放屏幕录制文件。

7. 远程消息：输入文字信息和教师交流。

附录 7　真菌常用网站

1. National Center for Biotechnology Information，NCBI

www.ncbi.nlm.nih.gov

2. Stuntz Memorial Foundation

http：//www.stuntzfoundation.org/

3. Index Fungorum

http：//www.indexfungorum.org/Names/Names.asp

4. International Powdery Mildew Project

http：//erysiphales.wsu.edu/

5. LIAS – A Global Information System for Lichenized and Non-Lichenized Ascomycetes

http：//www.lias.net/

6. MycoBank

http：//www.mycobank.org/

7. Northwest Lichenologists

http：//www.nwlichens.org/

8. Palouse Mycological Association

http：//mycology.wsu.edu/mushroom/

9. Pacific Northwest Fungi Database

http：//pnwfungi.wsu.edu/programs/aboutDatabase.asp

10. Pacific Northwest Plant Disease Management Handbook Online

http：//plant-disease.ippc.orst.edu/

11.Puget Sound Mycological Society
http：//www.psms.org/index.html

12. Spokane Mushroom Club
http：//www.spokanemushroomclub.org/index.htm

13. University of Washington Herbarium at the Burke Museum
http：//www.washington.edu/burkemuseum/collections/herbarium/index.php

14. U.S. National Fungus Collection
http：//www.ars.usda.gov/is/np/systematics/usfungu.htm

15. Western Montana Mycological Association
http：//www.fungaljungal.org/

附录 8　常用真菌学名列表

（发音请进入科学出版社教学服务网站 www.sciencep.com）

Eumycota	[真菌门]
Mastigomycotina	[鞭毛菌亚门]
Chytridiomycetes	[壶菌纲]
Chytridiales	[壶菌目]
Olpidiaceae	[油壶菌科]
Olpidium	[油壶菌属]
Olpidium viciae	[蚕豆油壶菌]
Synchytriaceae	[集壶菌科]
Synchytrium	[集壶菌属]
Synchytrium endobioticum	[内生集壶菌]
Phlyctidiaceae	[泡壶菌科]
Rhizophydium	[根生壶菌属]
Rhizophydium couchii	[库奇根生壶菌]
Rhizidiaceae	[根壶菌科]
Polyphagus	[多主壶菌属]
Polyphagus euglenae	[眼藻多主壶菌]
Chytridiaceae	[壶菌科]
Chytriomyces hyalinus	[晶壶丝菌]
Blastocladiales	[芽枝霉目]
Blastocladiaceae	[芽枝霉科]
Allomyces	[异水霉属]
Allomyces macrogtnus	[雌大异水霉]
Plasmodiophoromycetes	[根肿菌纲]
Plasmodiophora brassicae	[芸苔根肿菌]
Oomycetes	[卵菌纲]
Saprolegniales	[水霉目]
Saprolegniaceae	[水霉科]
Saprolegnia	[水霉属]
Achlya	[绵霉属]
Dictyuchus	[网囊霉属]

Thraustotheca	[破囊霉属]
Leptomitales	[水节霉目]
Peronosporales	[霜霉目]
Pythiaceae	[腐霉科]
Pythium	[腐霉属]
Pythium debaryanum	[德氏腐霉]
Pythium aphanidermatum	[瓜果腐霉]
Phytophthora	[疫霉属]
Phytophthora infestans	[致病疫霉]
Peronosporaceae	[霜霉科]
Basidiophora	[圆梗霉属]
Sclerospora	[指梗霉属]
Plasmopara	[单轴霉属]
Peronospora	[霜霉属]
Bremia	[盘梗霉属]
Peronophythoraceae	[霜疫霉科]
Peronophytora litchii	[荔枝霜疫霉]
Albuginaceae	[白锈菌科]
Albugo	[白锈菌属]
Albugo candida	[白锈菌]
Zygomycotina	[接合菌亚门]
Zygomycetes	[接合菌纲]
Mucorales	[毛霉目]
Mucoraceae	[毛霉科]
Mucor	[毛霉属]
Mucor recemosus	[总状毛霉]
Rhizopus	[根霉属]
Rhizopus stolonifer	[匍枝根霉，黑根霉]
Rhizopus oryzae	[米根霉]
Absidia	[犁头霉属]
Absidia glauca	[灰绿犁头霉]
Phycomyces	[须霉属]
Phycomyces blackesleeanus	[布拉克须霉]
Syzygites	[联轭霉属]
Pilobolaceae	[水玉霉科]

Pilobolus	[水玉霉属]
Pilaira	[倚囊霉属]
Thamnidiaceae	[枝霉科]
Thamnidium	[枝霉属]
Thamnidium elegans	[美丽枝霉]
Choanephoraceae	[笄霉科]
Choanephora	[笄霉属]
Choanephora trispora	[三孢笄霉]
Syncephalastraceae	[共头霉科]
Syncephalastrum racemosum	[总状共头霉]
Cunninghamellaceae	[小克银汉科]
Cunninghamella	[小克银汉属]
Endogonaceae	[内囊霉科]
Endogone	[内囊霉属]
Entomophthorales	[虫霉目]
Basidiobolus	[蛙粪霉属]
Entomophthora	[虫霉属]
Zoopagales	[捕虫霉目]
Ascomycotina	[子囊菌亚门]
Hemiascomycetes	[半子囊菌纲]
Endomycetales	[内孢霉目]
Endomycetaceae	[内孢霉科]
Schizosaccharomyces octosporus	[八孢裂殖酵母]
Saccharomycetaceae	[酵母科]
Saccharomycodes ludwigii	[路德酵母]
Saccharomyces cerevisiae	[酿酒酵母]
Taphrinales	[外囊菌目]
Taphrina deformans	[畸形外囊菌]
Plectomycetes	[不整子囊菌纲]
Eurotiales	[散囊菌目]
Aspergillus	[曲霉属]
Penicillium	[青霉属]
Ceratocystis	[长喙壳属]
Ceratocystis fimbriata	[甘薯长喙菌]
Erysiphales	[白粉菌目]

Erysiphaceae	[白粉菌科]
Pyrenomycetes	[核菌纲]
Sphaeriales	[球壳目]
Sordariaceae	[粪壳科]
Sordaria fimicola	[粪生粪壳]
Neurospora crassa	[粗糙脉胞菌]
Neurospora sitophila	[好食脉胞菌]
Neurospora tetrasperma	[四孢脉胞菌]
Melanosporaceae	[黑孢壳科]
Chaetomium globosum	[球毛壳菌]
Hypocreales	[肉座菌目]
Hypocreaceae	[肉座菌科]
Nectria cinnabarina	[朱红丛赤壳]
Gibberella fujikuori	[藤仓赤霉菌，稻恶苗病菌]
Fusarium moniliforme	[串珠镰刀菌]
Clavicipitaceae	[麦角菌科]
Claviceps purpurea	[麦角菌]
Cordyceps sinensis	[冬虫夏草]
Discomycetes	[盘菌纲]
Helotiales	[柔膜菌目]
Sclerotiniaceae	[核盘菌科]
Sclerotinia	[核盘菌属]
Monilinia fructigena	[果生链核盘菌]
Phacidiales	[星裂盘菌目]
Rhytisma acerinum	[槭斑痣盘菌]
Pezizales	[盘菌目]
Pyronema omphalodes	[烧土火丝菌]
Pyronema domesticum	[砖火丝菌]
Morchellaceae	[羊肚菌科]
Morchella esculenta	[羊肚菌]
Helvellaceae	[马鞍菌科]
Helvella crispa	[皱马鞍菌]
Tuberales	[块菌目]
Tuber	[块菌属]
Loculoascomycetes	[腔菌纲]

Myriangiales [多腔菌目]
Elsinoe veneta [悬钩子炭疽病菌]
Myriangium haraeanum [竹鞘多腔菌]
Dothideales [座囊菌目]
Dothideaceae [座囊菌科]
Mycosphaerella tulipiferae [球腔菌]
Guignardia bidwellii [葡萄球座菌]
Capnodiaceae [煤炱科]
Pleosporales [格孢腔目]
Pleospora [格孢腔菌属]
Cochliobolus [旋孢腔菌属]
Venturiaceae [黑星菌科]
Venturia inaequalis [苹果黑星菌]
Basidiomycotina [担子菌亚门]
Hemibasidiomycetes [半担子菌纲]
Ustilaginales [黑粉菌目]
Ustilago [黑粉菌属]
Tilletia [腥黑粉菌属]
Uredinales [锈菌目]
Pucciniaceae [柄锈科]
Puccinia graminis [禾谷柄锈菌]
Hymenomycetes [层菌纲]
Agaricales [蘑菇目]
Amanitaceae [鹅膏菌科]
Amanita [鹅膏菌属]
Agaricaceae [蘑菇科]
Agaricus [蘑菇属]
Agaricus bisporus [双孢蘑菇]
Coprinaceae [鬼伞科]
Coprinus [鬼伞属]
Boletaceae [牛肝菌科]
Boletus [牛肝菌属]
Russulaceae [红菇科]
Russula [红菇属]
Lactarius [乳菇属]

Aphyllophorales	[非褶菌目]
Polyporaceae	[多孔菌科]
Ganodermataceae	[灵芝菌科]
Tulasnellales	[胶膜菌目]
Auriculariaceae	[木耳科]
Auricularia	[木耳属]
Auricularia auricula	[木耳]
Tremellaceae	[银耳科]
Tremella	[银耳属]
Sporobolomycetaceae	[掷孢酵母科]
Sporobolomyces roseus	[掷孢酵母]
Gasteromycetes	[腹菌纲]
Lycoperdales	[马勃目]
Lycoperdon	[马勃属]
Geastrum	[地星属]
Nidulariales	[鸟巢菌目]
Cyathus	[黑蛋巢菌属]
Phallales	[鬼笔目]
Phallus	[鬼笔属]
Deuteromycotina	[半知菌亚门]
Blastomycetes	[芽孢纲]
Cryptococcales	[隐球酵母目]
Candida tropicalis	[热带假丝酵母]
Hyphomycetes	[丝孢纲]
Agonomycetales	[无孢目]
Rhizoctonia	[丝核菌属]
Hyphomycetales	[丝孢目]
Moniliaceae	[丛梗孢科]
Aspergillus	[曲霉属]
Aspergillus flavus	[黄曲霉]
Penicillium	[青霉属]
Beauveria	[白僵菌属]
Beauveria bassiana	[球孢白僵菌]
Trichoderma	[木霉属]
Trichoderma koningii	[康氏木霉]

Trichoderma viride	[绿色木霉]
Geotrichum	[地霉属]
Geotrichum candidum	[白地霉]
Dematiaceae	[暗色孢科]
Cladosporium	[枝孢霉属]
Geotrichum herbarum	[蜡叶枝孢霉]
Geotrichum resinae	[树脂枝孢霉]
Helminthosporium	[长蠕孢菌属]
Alternaria	[链格孢属]
Cercospora	[尾孢霉]
Stilbellales	[束梗孢目]
Graphium ulmi	[榆黏束孢]
Tuberculariales	[瘤座孢目]
Fusarium	[镰刀菌属]
Coelomycetes	[腔孢纲]
Sphaeropsidales	[球壳孢目]
Phoma	[茎点霉属]
Phoma lingam	[黑茎点霉]
Phoma betae	[甜菜茎点霉]
Phoma eitricarpa	[柑果茎点霉]
Melanconiales	[黑盘孢目]
Colletotrichum	[刺盘孢属]
Gloeosporium	[盘圆孢属]
Gynomycota	[裸菌门]
Myxomycota	[黏菌门]
Acrasiogymnomycotina	[集胞裸菌亚门]
Acrasiomycets	[集胞菌纲]
Acrasiales	[集胞菌目]
Acrasiaceae	[集胞菌科]
Acrasis	[集胞菌属]
Guttulinaceae	[班瘤菌科]
Guttulina	[班瘤菌属]
Guttulinopsis	[拟班瘤菌属]
Copromyxiceae	[粪黏菌科]
Copromyxa	[粪黏菌属]

Dictyosteliales	[网柄菌目]
Dictyosteliaceae	[网柄菌科]
Dictyostelium discoldeum	[盘基网柄菌]
Plasmodiogymnomycotina	[原质体裸菌亚门]
Protosteliomycetes	[原柄菌纲]
Nematostelium ovatum	[卵孢线柄菌]
Ceratiomyxella tahitiensis	[小鹅绒菌]
Myxomycetes	[黏菌纲]
Ceratiomyxomycetidae	[鹅绒菌亚纲]
Ceratiomyxa fruticulosa	[鹅绒菌]
Myxogastromycetidae	[腹黏菌亚纲]
Liceales	[无丝菌目]
Lycogala epidendrum	[粉瘤菌]
Cribraria piriformis	[梨形筛菌]
Trichiales	[团毛菌目]
Arcyria nutans	[黄垂团网菌]
Arcyria cinerea	[灰团网菌]
Tricia favoginea	[网胞团毛菌]
Hemitrichia serpula	[蛇形半网菌]
Hemitrichia clavata	[棒形半网菌]
Hemitrichia calyculata	[细柄半网菌]
Metatrichia vesparium	[暗红变毛菌]
Physarales	[绒泡菌目]
Physaraceae	[绒泡菌科]
Physarum polycephalum	[多头绒泡菌]
Physarum biralve	[两瓣绒泡菌]
Fuligo septica	[煤绒菌]
Craterium leucocephalum	[白头高杯菌]
Craterium minutum	[小高杯菌]
Stemonitomycetidae	[发网菌亚纲]
Stemonitales	[发网菌目]
Stemonitis splendens	[美发网菌]
Stemonitis fusca	[褐发网菌]
Stemonitis herbatica	[草生发网菌]
Stemonitis axifera	[锈发网菌]

Lichenes [地衣门]
Deuterolichens [半知衣纲]
Basidiolichenes [担子衣纲]
Ascolichenes [子囊衣纲]
Collema tenax [同层地衣，坚韧胶衣]
Parmelia conspersa [异层地衣，菊叶梅衣]
Peltigera aphthosa [叶状地衣，绿皮地卷]
Dimelaena oreina [壳状地衣，鳞饼衣]
Parmelia caperata [梅花衣，皱梅衣]
Cladonia cristatella [石蕊衣]
Physcia stellaris [星状蜈蚣衣]

本书附加内容请登录科学出版社教学服务网站浏览下载

科学出版社教学服务网站访问方式

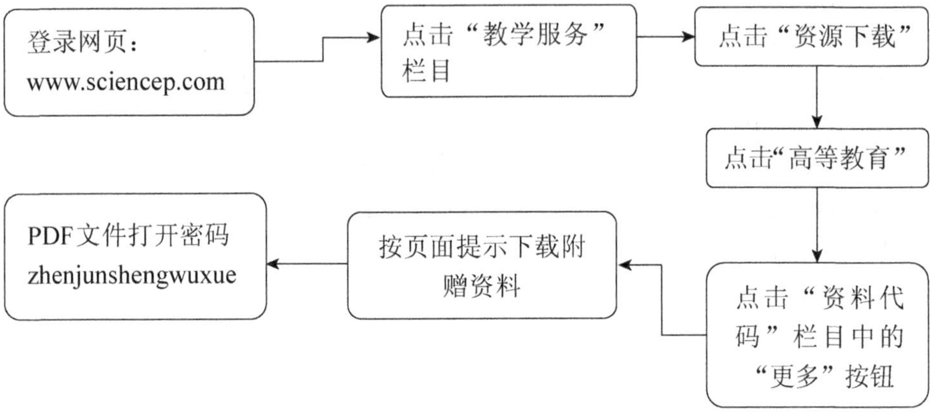

更多资源，请持续关注。